工程建设理论与实践丛书

农田水利建设 与技术应用

NONGTIAN SHUILI JIANSHE YU JISHU YINGYONG

朱龑飞 文守义 李军波 粟

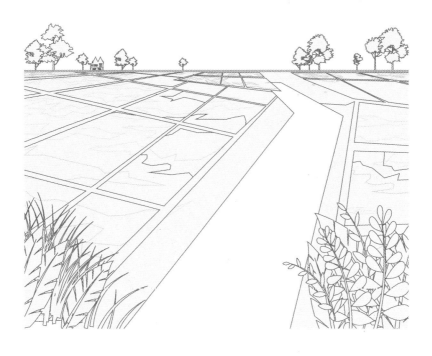

华中科技大学出版社
http://press.hust.edu.cn

中国·武汉

图书在版编目(CIP)数据

农田水利建设与技术应用/朱龑飞等主编. —武汉：华中科技大学出版社，2023.12
ISBN 978-7-5772-0413-0

Ⅰ.①农… Ⅱ.①朱… Ⅲ.①农田水利建设-研究-中国 Ⅳ.①F323

中国国家版本馆 CIP 数据核字(2024)第 013378 号

农田水利建设与技术应用
朱龑飞　文守义　李军波　粟　强　主编
Nongtian Shuili Jianshe yu Jishu Yingyong

策划编辑：周永华	
责任编辑：周江吟	
封面设计：杨小勤	
责任监印：朱　玢	
出版发行：华中科技大学出版社(中国•武汉)	电话：(027)81321913
武汉市东湖新技术开发区华工科技园	邮编：430223
录　　排：华中科技大学惠友文印中心	
印　　刷：武汉科源印刷设计有限公司	
开　　本：710mm×1000mm　1/16	
印　　张：20.25	
字　　数：364 千字	
版　　次：2023 年 12 月第 1 版第 1 次印刷	
定　　价：98.00 元	

本书若有印装质量问题，请向出版社营销中心调换
全国免费服务热线：400-6679-118　竭诚为您服务
版权所有　侵权必究

编 委 会

主 编　朱冀飞　湖南九一工程设计有限公司
　　　　　　文守义　湖南九一工程设计有限公司
　　　　　　李军波　昌吉市水利管理站(昌吉市三屯河流域管理处)
　　　　　　粟　强　湖南九一工程设计有限公司

副主编　高　鸿　九江市水利技术应用中心,九江市水利电力规划设计院
　　　　　　田仲奇　中国水电建设集团十五工程局有限公司
　　　　　　叶尔努尔·吐尔逊　昌吉市水利管理站(昌吉市三屯河流域管理处)

编 委　姚　伟　中铁十六局第一工程有限公司
　　　　　　游雪现　温州市温瑞平水系管理中心
　　　　　　张祺斌　泉州水务工程建设集团有限公司
　　　　　　于跃伟　山西省水利水电工程建设监理有限公司
　　　　　　郭仲敏　山西省水利水电工程建设监理有限公司
　　　　　　任志斌　山西省水利水电工程建设监理有限公司

前　言

在我国农业生产中,农田水利是一项重要的工程,也是我国农田生态的关键组成部分。高效的农田水利工程不仅可以有效地解决农田灌溉、排水等问题,同时也能发挥抗旱、防洪的作用,可以很好地控制农田的用水情况,为农作物的生长创造良好的生态环境,有效保证农作物的产量和品质。我国现有的农田水利工程在规模上不尽相同,而且分布较为广泛,尤其是近年来,各地区灌溉工程和排水工程数量不断增多。对于干旱和半干旱地区,以灌溉工程为主,同时配备一些排水设施,防止土壤盐碱化;对于湿润和半湿润地区,通常降水量较大,因此以排水工程为主,并辅以适当的灌溉设施,必要时为农作物提供水分。如何建设农田水利工程、布置水利设施、应用新技术,有效地促进我国农田水利工程的建设与发展,是一项事关国计民生的重大议题。

本书以农田水利为研究对象展开论述,主要分为绪论、农田水分与灌水技术、灌溉渠道系统规划设计、灌溉管道系统规划设计、灌区排水系统规划设计、灌排渠系建筑物设计、灌区工程管理、灌区信息化管理、中坪灌区农田水利改造工程设计案例9章,对农田水利的基本知识、规划设计、工程建设和管理,以及信息化管理做了详细介绍,可供农田水利建设领域相关人员参考。

本书在编写过程中引用了许多学者在科研、实践中的经验资料,在此一并表示感谢。由于时间有限,书中不足之处在所难免,希望读者批评、指正。

目 录

第1章 绪论 ·· (1)
  1.1 农田水利工程的组成、分类及特点 ·· (1)
  1.2 农田水利的发展概述 ·· (6)

第2章 农田水分与灌水技术 ·· (20)
  2.1 农田水分状况 ·· (20)
  2.2 土壤水分运动 ·· (26)
  2.3 作物需水量、灌溉用水量与灌水率 ·· (28)
  2.4 农田灌水技术 ·· (37)

第3章 灌溉渠道系统规划设计 ·· (72)
  3.1 灌溉渠道系统概述 ·· (72)
  3.2 灌溉排水系统渠道的规划布置 ·· (77)
  3.3 田间工程规划 ·· (83)
  3.4 灌溉渠道流量计算 ·· (85)
  3.5 渠道纵、横断面设计 ·· (89)

第4章 灌溉管道系统规划设计 ··· (103)
  4.1 灌溉管道系统的组成与分类 ··· (104)
  4.2 管道的种类及其规格 ··· (109)
  4.3 管道附件 ··· (115)
  4.4 灌溉管道系统的规划布置 ··· (118)
  4.5 灌溉管道系统的工作制度 ··· (124)
  4.6 灌溉管道系统的流量与压力推算 ··· (125)
  4.7 灌溉管道系统的结构设计 ··· (129)

第5章 灌区排水系统规划设计 ··· (132)
  5.1 灌区排水系统规划概述 ··· (132)
  5.2 灌区排水系统的设计标准 ··· (138)
  5.3 排水沟的设计水位与断面设计 ··· (145)
  5.4 排水承泄区规划 ··· (155)

5.5 田间排水工程规划 …………………………………………………… (157)
第6章 灌排渠系建筑物设计 …………………………………………… (181)
6.1 水闸 ……………………………………………………………………… (181)
6.2 渡槽 ……………………………………………………………………… (198)
6.3 倒虹吸管 ………………………………………………………………… (218)
6.4 涵洞 ……………………………………………………………………… (225)
第7章 灌区工程管理 ……………………………………………………… (230)
7.1 灌溉渠道系统管理 ……………………………………………………… (230)
7.2 灌区排水系统管理 ……………………………………………………… (238)
7.3 灌区灌排系统的续建配套与改造 ……………………………………… (244)
第8章 灌区信息化管理 …………………………………………………… (251)
8.1 概述 ……………………………………………………………………… (251)
8.2 灌区水情自动化监测 …………………………………………………… (254)
8.3 灌区墒情自动化监测 …………………………………………………… (259)
8.4 灌区用水信息化管理 …………………………………………………… (270)
第9章 中坪灌区农田水利改造工程设计案例 …………………………… (278)
9.1 工程基本情况说明 ……………………………………………………… (278)
9.2 工程布置及主要建筑物 ………………………………………………… (281)
9.3 灌区信息化专项设计 …………………………………………………… (301)
参考文献 ……………………………………………………………………… (313)
后记 …………………………………………………………………………… (316)

第1章 绪　　论

1.1　农田水利工程的组成、分类及特点

1.1.1　农田水利工程的组成

无论是治理水害还是开发水利，都需要通过一定数量的水工建筑物来实现。按照功能，水工建筑物大体分为三类。

1. 挡水建筑物

挡水建筑物是指阻挡或束窄水流、壅高或调节上游水位的建筑物，一般横跨河道的称为坝，沿水流方向在河道两侧修筑的称为堤。坝是形成水库的关键性工程。近代修建的坝，大多数是采用当地土石料填筑的土石坝或用混凝土浇筑的重力坝。重力坝依靠坝体自身的重量维持坝的稳定。当河谷狭窄时，可采用平面上呈弧线的拱坝。在缺乏足够的筑坝材料时，可采用钢筋混凝土筑成轻型坝（俗称"支墩坝"），但它抵抗地震作用的能力和耐久性都较差。砌石坝是一种古老的坝，不易于机械化施工，目前主要用于中、小型工程。大坝设计要解决的主要问题是坝体抵抗滑动或倾覆的稳定性、防止坝体自身的破裂和渗漏。在地震区建坝时，还要注意坝体或地基中浸水饱和的无黏性砂料，其在地震时有因强度突然消失而引起滑动的可能性，即"液化"。

2. 泄水建筑物

能从水库安全可靠地放泄多余或需要水量的建筑物，即泄水建筑物。历史上曾有不少土石坝，因洪水超过水库容量而漫顶造成溃坝。为保证土石坝的安全，必须在水利枢纽中设河岸溢洪道，一旦水库水位超过规定水位，多余水量将经由溢洪道泄出。混凝土坝有较强的抗冲刷能力，可利用坝体过水泄洪，称为"溢流坝"。修建泄水建筑物，关键是解决消能和防蚀、抗磨问题。泄出的水流一

般具有较大的动能和冲刷力,为保证下游安全,常利用水流内部的撞击和摩擦消除能量,如水跃或挑流消能等。当流速大于 10 m/s 时,泄水建筑物中行水部分的某些不规则地段可能出现"空蚀破坏",即高速水流在靠近边壁处出现的真空穴造成的破坏。防止空蚀破坏的主要方法是尽量采用流线型设计,提高压力或降低流速,使用高强材料,以及向局部地区通气等。对于多泥沙河流,还必须解决泄水建筑物的磨损问题。

3. 专门水工建筑物

除上述两类常见的水工建筑物外,还有为某一专门目的或为完成某一特定任务所建的水工建筑物。渠道是输水建筑物,多数用于灌溉和引水工程。如遇高山挡路,可盘山绕行或开凿输水隧洞穿过;如与河、沟相交,则须设渡槽或倒虹吸管,此外还有与桥梁、涵洞等交叉的建筑物。水力发电站枢纽按其厂房位置和引水方式可分为河床式、坝后式、引水道式和地下式等。水电站建筑物主要有集中水位落差的引水系统,防止突然关闭闸门时产生过大水击压力的调压系统,水电站厂房及尾水系统等。通过水电站建筑物的水流流速一般较小,但这些建筑物往往承受着较大的水压力,因此,许多部位要用钢结构。水库建成后,大坝阻拦了船只、木筏、竹筏及鱼类回游等的原有通路,对航运和养殖的影响较大。为此,应专门修建过船、过筏、过鱼的船闸、筏道和鱼道。

1.1.2 农田水利工程的分类

1. 按工程目的或服务对象划分

(1) 防止洪水灾害的防洪工程。

(2) 防止旱、涝、渍灾,为农业生产服务的灌溉和排水工程。

(3) 将水能转化为电能的水力发电工程。

(4) 创造和改善航运条件的航道和港口工程。

(5) 为工业和生活用水服务,并处理和排除污水和雨水的城镇供水和排水工程。

(6) 防止水土流失和水质污染,维护生态平衡的水土保持工程和环境水利工程。

(7) 保护和增进渔业生产的渔业水利工程。

(8) 围海造田,满足工农业生产或交通运输需要的海涂围垦工程等。

(9) 同时为防洪、灌溉、发电、航运等多种目标服务的综合利用水利工程。

2. 按工程对水的作用划分

(1) 蓄水工程:水库和塘坝(不包括专为引水、提水工程修建的调节水库),按大、中、小型水库和塘坝分别统计。

(2) 引水工程:从河道、湖泊等地表水体自流引水的工程(不包括从蓄水、提水工程中引水的工程),按大、中、小型规模分别统计。

(3) 提水工程:利用扬水泵站从河道、湖泊等地表水体提水的工程(不包括从蓄水、引水工程中提水的工程),按大、中、小型规模分别统计。

(4) 调水工程:水资源一级区或独立流域之间的跨流域调水工程,蓄水、引水、提水工程中均不包括调水工程的配套工程。

(5) 地下水源工程:利用地下水的水井工程,按浅层地下水和深层承压水分别统计。

(6) 排水工程:收集和排出人类生活污水及生产中各种废水、多余地表水和地下水(降低地下水位)的工程。

(7) 取水工程:水资源利用的重要组成部分,其任务是从水源取水,并送至水厂或用户。

(8) 输水工程:从水源将水引入用水区域的一系列工程措施,包括渠道、管道、隧洞、渡槽、倒虹吸管等。

(9) 水质净化和污水处理工程:采取合理、有效的处理手段,使用有效的设备和空间对收集的污水进行过滤和消毒等,经处理的污水可以供再次使用,或者排入某个特定的区域,不对环境和生态构成污染。

1.1.3 农田水利工程的特点

农田水利工程就是为消除水害和开发利用水资源而修建的工程。

我国水利历史悠久,传统农田水利工程主要指防治旱、涝、渍灾害,对农田实施灌溉、排水等服务于粮食生产的人工措施。其主要特点是:以发展农业灌溉为主要目标,目标单一,竭力开发水资源,甚至超过生态承载能力,严重破坏生态环境;单纯依靠工程措施满足供给要求,且重建设轻管理,重经济轻制度,重骨干工程轻配套建设;注重经济可行、技术可能,忽略环境生态要求;缺乏社会监督和用水户的参与;水利工程散、乱、杂,缺乏统一的规划。

为适应新时期乡村城镇化、经济发展的要求,现代农田水利工程不仅要注重功能配套,更要兼顾农业生产、农民生活、农村经济和农村生态环境;如今农村物质积累越来越多,农业经济越来越发达,农村城市化进程加快,农田水利需要努力提高工程建设标准,为农村经济发展和社会进步提供更多的防洪排涝保障;在物质生活更加丰富、文化更加自由的氛围下,农田水利工程已经不再局限于灌溉排水,也需要起到美化环境的作用;注重管理软件和管理硬件的建设,从水利机制入手,加强工程管理,从根本上扭转重建轻管的弊端;努力提高水资源的利用效率,注重生态环境的保护,坚持农田水利的可持续发展;注意高科技在水利管理和水利测量中的应用,使水利工程管理更加精准和现代化。

农田水利工程在不同时期具有不同的目标和发展重点:传统农田水利工程重视经济效益;现代农田水利工程重视综合发展、统筹环境保护,坚持可持续发展道路。由此可见,加快农业农村现代化目标的实现,赋予了农田水利工程更加艰巨而又紧迫的任务。新时期的农田水利工程需要更加注重人与水的和谐发展、工程的可持续发展。

农田水利工程与其他工程相比,具有如下特点。

(1) 有很强的系统性和综合性。单项农田水利工程是同一流域、同一地区内各项水利工程的有机组成部分,这些工程既相辅相成,又相互制约;单项农田水利工程往往是综合性的,各服务目标之间既紧密联系,又相互矛盾。农田水利工程和国民经济的其他部门也是紧密相关的。规划设计农田水利工程必须从全局出发,系统地、综合地进行分析研究,才能得到最为经济合理的方案。

(2) 对环境有较大的影响。农田水利工程不仅通过其建设对所在地区的经济和社会产生影响,而且对江河、湖泊及附近地区的自然面貌、生态环境、自然景观,甚至对区域气候,都将产生不同程度的影响。这种影响有利有弊,规划设计时必须对这种影响进行充分估计,努力发挥农田水利工程的积极作用,消除其消极影响。

(3) 工作条件复杂。农田水利工程中各种水工建筑物都是在难以确切把握气象、水文、地质等的自然条件下进行施工和运行的,多承受水的推力、浮力、渗透力、冲刷力等,工作条件较其他建筑物更为复杂。

(4) 农田水利工程的效益具有随机性,水文状况不同则效益不同,还与气象条件的变化有密切联系,影响面很广。农田水利工程规划是流域规划或地区水利规划的组成部分,而一项农田水利工程的兴建,对其周围地区的环境将产生很大的影响,既有兴利除害的一面,又有淹没土地、移民、迁建等不利的一面。为此,制定农田水利工程规划,必须从流域或地区的全局出发,统筹兼顾,以减少不利影响,达到经济效益、社会效益和环境效益最佳的效果。

(5) 农田水利工程一般规模大,技术复杂,工期较长,投资多,兴建时必须按照基本建设程序和有关标准进行。

(6) 群众性强,需要广大人民参与。农田水利遍及全国各地,与所有人的生产、生活都有密切关系,是一项群众性的事业。我国每年都要发动近亿劳动力从事已建成工程的清淤、维护、岁修,水毁工程修复和新工程的兴建工作。群众性、互助合作性是农田水利工程的重要特点之一。

(7) 公益性较强,需要政府扶持。农田水利工程既有农田灌溉、水产养殖和生活供水等兴利功能,也有防洪、除涝、降渍、治碱、防治地方病等除害减灾功能;既可以为花卉、蔬菜、果园、养鱼等高附加值产业服务,又承担着大田作物灌排、保障国家粮食安全的任务。

(8) 具有垄断性,需要政府加强宏观管理。按受益农户数量划分,小型农田水利工程可分为两大类:一类是农户自用的微型工程,如水窖、水池、浅井等;另一类是几十户、成百上千个农户共用,规模相对较大,具有农村公共工程性质的泵站、水库、引水渠等。受地形、水资源等条件限制,多数公共工程具有天然垄断性,不能像乡镇企业那样进行市场竞争。灌溉所用水资源,属于国家或集体所有,是公共资源。所有生活在当地的农户都有公平用水的权利。用水权是农民生存权的组成部分,为农民生存条件服务的公用水源和公用设施不适合被私人垄断。

(9) 工程点多、面广、量大。最初的小型农田水利工程,是因局部有灌溉、排水或者防洪排涝的需求,进行的小区域建设,未统筹考虑流域或行政单位的情况,缺乏整体规划或远景布置,呈现出点多、面广、线长、施工地点分散等特点,运行管理十分困难。

(10) 工程类型多、涉及内容广,建设规模存在较大的差异性。农田水利建设项目涵盖了服务"三农"(农业、农村和农民)的各类水利工程和设施,如水源工程、农村饮水安全工程、高效节水灌溉工程等,还包括为数众多的塘坝、堰闸、小型排灌泵站、机井、水池、水窖等各类小型农田水利工程;在建设规模上,既有大型灌区节水改造工程、大型泵站更新改造等规模较大的建设项目,也有小型农田水利工程、高效节水灌溉工程、雨水集蓄利用工程等小(微)型建设项目。

(11) 工程的管理体制和运行管护具有明显的多样化特征。如在工程管理体制上,有专管机构管理、群管组织管理、专管与群管相结合管理、农户自行管理等多种方式;在工程运行管护方面,各类专管机构按照"减员增效、定岗定员、管养分管"的改革思路正在不断探索,逐步建立工程运行管护的新机制。小型农田水利工程运行管护的形式比较多,既有各类农民用水合作组织(如用水户协会)、村集体负责运行管护的,也有通过承包、租赁、拍卖等方式进行管护的。

(12) 项目投资来源渠道多,建设资金构成相对复杂。从投资来源上,既有中央和地方各级政府的投入,也有工程管理单位和受益区农户的自筹投入(包括投工投劳);从资金构成上,不同类别、不同地区的建设项目,在投资结构上差异也较大,主要表现在建设项目投资安排中,中央投资的比例、地方配套的比例及有关的投资政策要求各不相同等。

1.2 农田水利的发展概述

1.2.1 农田水利的发展意义

2021年12月9日,联合国粮食及农业组织(Food and Agriculture Organization of the United Nations,FAO)发布旗舰报告《世界粮食和农业领域土地及水资源状况:系统濒临极限》。该报告指出,地球土壤、土地和水资源状况持续恶化,均已"濒临极限",到2050年时难以满足将近100亿全球人口的粮食需求。若沿着当前发展轨迹,为了实现粮食增产50%的目标,农业取水量可能将增加约35%。这可能引发环境灾害,加剧资源竞争,造成社会冲突。水资源短缺正在危害全球粮食安全和可持续发展,同时危及农业地区32亿人生计。

尽管我国耕地面积从20世纪70年代后期持续减少,但灌溉面积总体上稳定增加、灌溉水平不断提高,保证了我国农业的稳定发展。改革开放后,一方面农村体制改革极大地调动了广大农民的生产积极性;另一方面,也使过去在农业基础设施、农业和水利科学研究等方面积累的能量得以集中释放,彻底扭转了我国粮食长期严重短缺的局面。

我国降水分布极不均衡,洪涝、干旱灾害频繁,农业产量低且不稳定;约一半的国土属半干旱或干旱地区,水资源不足成为制约农业发展的主要因素。这与欧美许多国家海洋性气候得天独厚的自然条件有根本性区别。我国的另一特点是人口多、耕地资源少。满足众多人口对粮食等农产品的需求,保证社会稳定,对农业始终是一个很大的压力。兴修农田水利,提高农业抗灾能力,改善农业生产条件,在有限的耕地上精耕细作,提高单位面积产量和产值是解决上述问题的根本出路。我国的基本国情决定了农田水利重要地位作用的永久性,在可预见的未来相当长时间内不会有根本改变。

我国是一个传统的农业大国,根据《中华人民共和国 2022 年国民经济和社会发展统计公报》,2022 年末,全国总人口 141175 万人,其中城镇常住人口 92071 万人,占 65.2%;农村人口 49104 万人,占 34.8%。同时我国又是一个水旱灾害频繁的国家,农田水利是农业和农村经济发展的基础设施,在改善农业生产条件、保障农业和农村经济持续稳定增长、提高农民生活水平、保护区域生态环境等方面具有不可替代的重要地位和作用。

农田水利工程涉及闸、站、堤、河流、沟渠及水利配套设施,是农民抗御自然灾害,改善农业生产、农民生活、农村生态环境条件的基础设施,是促进农业增产、农民增收的物质保障条件。农田水利工程保障了人民生命财产安全和社会稳定,促进了城乡社会经济的发展和人民生活水平的提高,改善了农业生产条件和农村生态环境。

农田水利工程对保障国家食物安全意义重大。我国目前的农产品主要产于灌溉耕地,加快现有灌区的持续配套和更新改造,是稳定粮食生产能力的战略举措。由于农业用水总量不可能大幅度增加,扩大灌溉面积、提高灌溉保证率,均只能依靠提高灌溉水的利用率和水分生产率。此外,高效现代农业对灌溉保证率、灌水方法与技术的要求更高,对灌溉的依赖性更强,农田水利基本建设必须与现代农业发展要求相适应。

农田水利工程对农村经济可持续发展具有重要的促进作用。我国农村经济可持续发展包含农业可持续发展、农民收入稳定增加及生活质量的提高等具体要求。如果我国农业不能解决未来 16 亿人口(预测 2050 年中国人口将达到 16 亿)的吃饭问题,不能成为支撑国民经济和社会快速发展的基础产业,那么农业的可持续发展就从根本上失去了意义。从这个意义上说,农田水利基础设施是"基础的基础"。农业的可持续发展取决于其自身的综合竞争力,而良好的农业基础设施条件,才能保证大幅度降低农业生产成本、提高农业生产效益。

总之,农田水利是发展农业生产的基础保障,有效地改善了农业生产条件;农田水利是提高农民生活水平和繁荣农村经济的必要措施;农田水利对保护和改善农村生态环境起着重要作用;农田水利是促进农村社会主义精神文明建设与民主政治建设的重要载体。加强农田水利基本建设,提高农业综合生产能力,具有特殊重要的意义,是促进人与自然和谐、建设生态文明的重要支撑。农田水利基本建设是灾后重建和民生工程的重要内容;是扩大内需、巩固和发展经济的重要手段;是增强农业抗灾减灾能力、保障粮食安全的有力抓手;是发展现代农业的基础;是解决"三农"问题的基础。

1.2.2 农田水利的发展阶段

农田水利发展与人口、经济、社会发展密切相关,不同历史发展阶段,人口、经济、社会发展对农田水利发展提出不同的要求。同时,我国的农田水利发展历程又与制度密切相关。本书将我国农田水利发展分为四个时期:以单纯实现灌溉为主的建设时期、特定环境下的粗放发展时期、节水灌溉萌芽缓慢发展时期和以农业水资源高效利用为目标的可持续发展时期。

1. 以单纯实现灌溉为主的建设时期(1949—1957年)

1949年中华人民共和国成立以后,由于百废待兴,解决温饱问题是当时的第一要务,国家将农田水利建设作为农业基础建设的重点,实现灌溉以提高粮食产量。1952年,政务院第129次会议提出塘堰、沟洫、小型渠道、井、泉和水土保持等比较简单而有效的水利工程,应发动和组织群众力量,大量举办;1955年10月,中共中央发布《关于农业合作化的决议》;1956年,国家编制了《1956年到1967年全国农业发展纲要(草案)》。在上述政策背景下,小型农田水利建设在全国普遍开展。在农田灌溉发展上,一方面主要是修复由于战乱失修破坏的灌溉工程,另一方面组织发动农民群众修建了大量的塘坝和小型引水工程。1949—1957年,小型农田水利建设平稳、快速发展,全国有效灌溉面积由2.4亿亩发展到3.4亿亩(1亩≈667 m^2);粮食总产量由1132亿公斤增加到1951亿公斤。

2. 特定环境下的粗放发展时期(1958—1979年)

(1) 粗放加速阶段(1958—1965年)。

这一阶段,全国范围内掀起了全民兴修农田水利工程的热潮,在农田水利基础设施建设方面起到了促进作用。我国修建了一大批大、中型水库和灌区,小型农田水利工程更是遍地开花,数不胜数。1965年全国有效灌溉面积达到4.8亿亩,较1957年增长1.4亿亩。由于当时过于追求速度,一小部分工程因质量差、水源不足等被废弃,不过大部分工程经过续建又逐步发挥了效益。

(2) 停顿到恢复阶段(1966—1979年)。

这一阶段,我国农田水利建设一度陷于停顿。直到1970年,停顿数年的农田水利建设逐步得到恢复,1971年以后又有所发展。1972年华北大旱,国务院决定拨出专款和设备支持北方17省的打井工作,全国配套机井由1972年的100万眼增加到1980年的229万眼,对改变"南粮北调"局面发挥了重要作用。1976年,在中共中央、国务院的直接领导下,由水利电力部会同11个部委召开全国农田基本建设会议,要求抓好现有工程配套和当年受益的小型农田水利工程建设。到1976年全国有效灌溉面积达到6.8亿亩,粮食总产量达到2860亿公斤。1978年底召开的党的十一届三中全会,确定把党的工作重点转移到社会主义现代化建设上来。1979年9月,党的十一届四中全会通过了《关于加快农业发展若干问题的决定》,要求实行山、水、田、林、路综合治理,积极地逐步地改变生产条件,提高抗御自然灾害的能力,建设旱涝保收的高产稳产农田。到1979年底,我国粮食总产量达到3321亿公斤,还整修了大量的中小型农田水利工程,为20世纪80年代农业丰收奠定了重要的物质基础。

3. 节水灌溉萌芽缓慢发展时期(1980—2004年)

(1) 停滞徘徊阶段(1980—1990年)。

20世纪80年代,我国农村实行家庭联产承包责任制,生产经营体制发生重大变革,灌溉工程建设与管理改革没有同步跟进,部分工程设施无人管护,加上国家建设重点、投资结构调整,水利投入大幅度减少,农田水利建设规模缩小,再加之原有工程的老化失修和灌溉水源、灌溉面积被工业和城市建设占用等原因,灌溉面积甚至出现萎缩的情况。1986—1987年,中央连续召开了两次农村水利座谈会,指出存在的危机,国务院批转了会议纪要,要求建立劳动积累用工制度,水利投资恢复到1980年财政包干时的水平,但一直到20世纪80年代末都尚未恢复到1979年的水平。全国粮食总产量在1984年达到4073亿公斤后始终处于徘徊状态。

(2) 缓慢增长阶段(1991—2004年)。

1989年,国务院在《关于大力开展农田水利基本建设的决定》中强调,要充分认识农业的基础地位和水利的命脉作用。由于政策正确及劳力投入大幅增加和资金投入的配合,20世纪90年代后农田水利建设速度明显加快。1996年中央农村工作会议确定"九五"期间要把建设300个节水增产重点县作为一项重要任务,国家每年安排15亿元财政贴息贷款,促进节水灌溉快速发展。到1999年,全国有效灌溉面积达到8.01亿亩,其中节水灌溉工程面积2.59亿亩,粮食总产量达到5000亿公斤。2000年开始我国农村开始试行税费改革,2003年农村税费改革在全国全面开展,逐步取消了乡级统筹和村级提留,取消了"两工"(即农村义务工和劳动积累用工)制度。农村税费改革造成农田水利基本建设的投入机制发生重大改变,尤其是取消"两工"制度,农民投工大幅度减少。2002年全国农田水利基本建设累计投入劳动积累工27.1亿个工日,比20世纪90年代末农民投工高峰期的102亿个工日大幅减少。农田水利工程建设出现新的滑坡,粮食产量也相应受到影响。

在这一阶段,随着经济社会发展,工农业争水、城乡争水矛盾日益突出,国家逐渐开始重视"节水灌溉"发展。20世纪80年代中期开始,全国普遍推行泵站与机井节能节水技术改造,开展了低压管道输水灌溉技术的研究与推广,以及在试验示范基础上开始大规模推广喷灌、微灌技术。到"八五"末,有效灌溉面积中达到节水灌溉面积标准的比例为21.8%,全国灌溉水利用率提高到40%,灌溉水利用率和效益显著提高。

4. 以农业水资源高效利用为目标的可持续发展时期(2005年至今)

针对前一阶段农村税费改革后农田水利建设投入滑坡、小型农田水利工程管理主体缺位等问题,国家出台了一系列政策,并逐渐完善农田水利投入机制和运行管护机制。"十五"期间国家加大了大型灌区节水改造等农田水利重点工程的投入,同时开展了小型农田水利工程建设补助试点工作,并逐步增加经费支持,但增加的资金投入并未完全弥补农民投工大幅度减少的影响,特别是小型农田水利工程过去主要依赖农民投工建设,新的"欠账"正在形成。鉴于此,2005年中央一号文件决定,中央财政设立小型农田水利工程设施建设补助专项资金,以"民办公助"方式支持小型农田水利建设,这是以群众为主体兴办各种社会事业,政府给予一定资金支持的一种建设模式,并逐年增加资金投入。2009年财政部、水利部开始实施中央财政"小型农田水利重点县建设"。2011年中央一号文件强调小型农田水利工程产权制度和管理体制改革。自2012年开始,水利部、财政部等部门狠抓基层水利服务体系建设,出台从土地出让收益中计提农田水利建设资金的政策。2013年,水利部、财政部印发《关于深化小型水利工程管理体制改革的指导意见》,对小型农田水利工程的产权制度、管理制度和运行机制提出了规范性意见。2014年,水利部印发《水利部关于深化水利改革的指导意见》,要求深化农田水利投入机制、建设机制和管理体制改革。2015年12月31日,《中共中央 国务院关于落实发展新理念加快农业现代化实现全面小康目标的若干意见》发布并提出把农田水利作为农业基础设施建设的重点。2016年

1月4日至5日,全国农田水利改革现场会在云南省曲靖市召开,会议议题为加快体制机制创新,补齐农田水利短板。2016年1月29日,《国务院办公厅关于推进农业水价综合改革的意见》(国办发〔2016〕2号)发布并提出建立健全农业水价形成机制,促进农业节水和农业可持续发展。2016年4月27日,国务院第131次常务会议通过《农田水利条例》,自2016年7月1日起施行。

随着社会经济快速发展,水资源不足成为制约国民经济和农业发展的"瓶颈",粮食安全和生态环境安全等问题日益突出,农业可持续发展面临严峻挑战。为了提高资源利用效益,解决国民经济发展和农业可持续发展中的"水问题",国家开始高度重视节水灌溉的发展。国家利用国债资金、政策性贴息贷款,启动了"以节水为中心的大中型灌区续建配套与节水改造"、节水灌溉示范项目、300个节水增产重点县建设及节水型井灌区建设;水利部先后启动了18个农业节水示范市建设。"十五"期间,国家又相继启动了牧区节水灌溉示范项目、末级渠系节水改造试点项目;在资源节约和高效利用方面,开展了灌溉用水"总量控制、定额管理"等基础性研究工作,恢复建设了140多个灌溉试验站,节水灌溉的技术支撑体系开始建立。"十一五"期间,国家进一步加强了节水灌溉建设投资。2015年,《中共中央 国务院关于落实发展新理念加快农业现代化实现全面小康目标的若干意见》要求到2020年农田有效灌溉面积达到10亿亩以上,农田灌溉水有效利用系数提高到0.55以上。

2021年3月12日,全国人民代表大会发布的《中华人民共和国国民经济和社会发展第十四个五年规划和2035年远景目标纲要》提出,要深入推进优质粮食工程。推进农业绿色转型,加强产地环境保护治理,发展节水农业和旱作农业,深入实施农药化肥减量行动,治理农膜污染、提升农膜回收利用率,推进秸秆综合利用和畜禽粪污资源化利用。

2022年9月13日,水利部部长李国英在"中国这十年"系列主题新闻发布会对党的十八大以来的水利发展成就进行了介绍。十年来,我国加强农田灌溉工程建设,建成7330处大、中型灌区,农田有效灌溉面积达到10.37亿亩,在占全国耕地面积54%的灌溉面积上,生产了全国75%的粮食和90%以上的经济作物,为"把中国人的饭碗牢牢端在自己手中"奠定了坚实基础。我国坚持"节水优先"方针,实施国家节水行动,强化水资源刚性约束,推动用水方式由粗放低效向集约节约转变。2021年我国万元GDP(gross domestic product,国内生产总值)用水量、万元工业增加值用水量较2012年分别下降45%和55%,农田灌溉水有效利用系数从2012年的0.516提高到2021年的0.568。近十年我国用水总量基本保持平稳,以占全球6%的淡水资源养育了世界近20%的人口,创造了世界18%以上的经济总量。

2022年11月5日,首届全国智慧灌溉论坛暨国家灌溉农业绿色发展联盟会议召开。会议提到,我国有效灌溉面积由1949年的2.4亿亩发展到2021年的10.37亿亩。当前我国耕地灌溉率高达51%,是世界平均水平的2.68倍。中国已成为世界第一灌溉大国,灌溉科技发展为保障国家粮食安全做出重要贡献。会上,农业农村部农田建设管理司副司长吴洪伟介绍,到2022年底,全国将建成10亿亩高标准农田,高效节水灌溉的面积也超过4亿亩,农田灌溉方式进一步向集约节约转变。我国实际灌溉亩均用水量已经由1997年的492 m³下降到2021年的355 m³。实践证明,发展高效节水灌溉是加快农业农村现代化的一项重要举措。因此,要从"工程、农艺、品种"三方面全方位加快推进高效节水灌溉,进一步激发高效节水灌溉创新发展的动力。截至2022年底,全国已累计建成高标准农田10亿亩,意味着我国19.18亿亩耕地中,已经超过一半耕地属于高标准农田。根据2023年中央一号文件,未来要把全部永久基本农田建设成为高标准农田,《全国国土规划纲要(2016—2030年)》显示,2030年全面耕地保有量不低于18.25亿亩,永久基本农田保护面积不低于15.46亿亩。

可以说,在2005年以后,国家对农田水利承担了更多的事权,在加大工程建设投入的同时,积极推进改革,特别是加大节水灌溉的投入力度,注重农业水资源的高效利用,农田水利发展局面逐渐好转。

1.2.3 农田水利的发展现状与主要问题

1. 发展现状

半个多世纪以来,我国农田水利取得了显著成就,为我国农业和国民经济的快速发展创造了条件。我国农田水利的发展现状如下。

(1) 初步建立了比较完善的农田灌排体系。

(2) 修建农村各类饮水工程,改善了群众生产生活条件。

(3) 建成了一批牧区水利基础设施,为牧业发展创造了条件。

(4) 农田水利技术水平,如农田水利综合治理技术、机电灌排工程技术、渍害盐碱低产田治理技术和地下水开发利用技术等有了明显提高。

(5) 初步建立了农田水利服务体系。

(6) 初步形成了多元化的农田水利工程投资、建设与管理格局。

(7) 改善了农业生产条件,促进了农村经济发展。

大规模的农田水利建设增强了农业抵御水旱灾害的能力,提高了农业单产和复种指数,促进了农业种植结构的调整,繁荣了农村经济。西北、华北许多旱涝碱重灾区,经过多年治理,已变成了米粮仓。农田水利事业为我国农业和农村经济的发展打下了坚实的基础,促进了农业持续稳定增长,解决了全国人民吃饭这一头等大事。此外,农田水利的发展为农业生产结构的调整创造了条件,推动了畜牧业、养殖业发展,对于农民增加收入、脱贫致富和保持社会稳定,起到了重要作用。

2. 主要问题

多年来,人们在观念上对农田水利的认识有偏差,主要表现如下。

(1) 作为防灾减灾、改造农业自然禀赋条件的基础设施建设,农田水利的服务对象是弱势产业和弱势群体,农田水利建设所需投资数额较大,而灌溉排水的效果虽然十分显著,却具有很强的外部性,属于社会效益、间接效益,在经济发展水平不高的情况下,人们更愿意把资金投放在能够产生直接经济效益的项目上,舍不得向农田水利增加投入。

(2) 农田水利设施的使用和效益发挥受气候条件和农作物生长季节影响大,每年真正运行的时间只有几个月,一些地方遇到风调雨顺的时节,农田水利设施的利用率不太高。只要眼前没有自然灾害,人们就很容易把农田水利忘在脑后。

(3) 农田水利设施的使用者多为农民,直接受益者似乎也是农民(其实是全体社会成员),人们常常误认为农田水利是农民的事,在城乡分割二元体制影响远未消除的情况下,调整财政支出结构,向农田水利倾斜很难。

农田水利工程涉及的内容很多,整体上结构比较复杂,是一项综合性的系统工程,整个建设过程十分烦琐。只有建设单位和各级政府部门协调合作,才能在一定程度上保证农村农田水利工程顺利建设。从当前的实际情况来看,农田水利工程开发与建设过程中,还存在以下问题尚未解决,极易导致农田水利工程建设质量和应用性能受到不良影响。

(1) 缺乏统筹规划。

在农业生产过程中,必须关注农田水利工程的开发和筹划。但从当前的实际情况来看,在水利、农业开发投资渠道较多的大背景下,相关部门并没有结合农村地区实际发展需求对农田水利工程进行合理的统筹规划,导致一些农田水利工程的建设投资过于随意和盲目,缺乏科学性、合理性及系统性,使得建设重复、资金浪费问题十分严重,影响了农田水利工程的经济效益和社会效益。

(2) 缺少资金投入。

农田水利工程的开发与建设涉及的内容较多,需要足够多的资金投入,用于工程勘测、建设管理等。但从当前实际情况来看,因为受到地方财政的限制,一些地区的农田水利工程配套资金没有及时到位,很多项目不能顺利落实。

(3) 缺乏节水意识。

由于各地区地理环境存在一定的差异,水资源分布不均,一些地区水资源十分缺乏,农田干旱问题十分常见。要解决这一难题,除了开发农田水利工程,大众提高节水意识也是十分重要的。当前灌溉工程运行过程中需要很多维护管理费用,导致很多人对喷灌、管灌和滴灌等节水模式比较排斥,这样也在一定程度上增加了节水灌溉技术的推广难度。

(4) 缺乏管理主体。

在农田水利工程建设与运行的过程中,有效的管理工作是十分重要的。很多农田水利工程在此方面并没有予以高度重视,没有将管理责任分配到个人。当前农田水利建设与分散经营之间存在矛盾,没有明确的责任主体和管理主体,村民对于农田水利工程的运行管理工作缺乏积极性和主动性,导致经常出现农田水利设施无人管护的状况。

(5) 缺少保障机制。

近年来,许多农田水利工程的建设与运营缺少完善的保障机制。在整个建设过程中,几乎所有资金都由政府部门提供,忽略了社会资本的融入,而且各方面的保障程度没有达到相应的标准,导致农田水利工程建设工作经常被各种因素影响而出现中断。

(6) 缺乏先进技术。

当前在很多地区的农田水利工程建设过程中,农业技术的发展还是一项薄弱环节,尤其是一些经济条件较差的地区,依然采用传统的灌溉方式,出现了严重的水资源浪费现象。

1.2.4　农田水利的发展趋势

依照"创新、协调、绿色、开放、共享"五大发展理念,全面贯彻"节水优先、空间均衡、系统治理、两手发力"的新时期水利工作方针,大力推进水生态文明建设,节约利用水资源,改善城乡水环境,维护健康水生态,保障国家水安全,加快推动形成节约资源和保护环境的空间格局、经济结构、生产方式、生活模式,以水资源可持续利用保障经济社会可持续发展。因此,农田水利工程建设工作必须从以下几方面入手。

(1) 积极推广节水灌溉技术。

实施节水灌溉是促进农业结构调整的必要保障。加大农业节水力度、减少灌溉用水损失,有利于解决农业面源污染、转变农业生产方式、提高农业生产力,是一项革命性措施,必须放在农田水利建设的突出位置。要加大节水设施与节水技术的推广力度,扶持节水灌溉典型工程,完善防渗渠系配套设施,合理发展喷灌、滴灌工程,重点发展浅湿灌溉技术,在有条件的地方对主干渠道逐步实现衬砌化。

(2) 努力提高农田灌排标准。

农业结构调整的不断深入对农田灌溉、排涝、降渍水平提出了越来越高的要求,应加强对灌、排、降技术标准的研究。今后农田水利基本建设要适应农业结构调整的需要,切实提高供水保证率和农田排涝能力的标准,更好地为农业生产提供高标准的灌排服务。同时,要加强农业产业结构的规划研究,以利于农田水利配套设施发挥更好的作用。

(3) 加大农村水环境治理力度。

近年来,水污染带来的水环境恶化、水质破坏问题日益严重,给水产养殖带来了负面影响,鱼、虾、蟹死亡等现象时有发生;同时,水土流失影响了农村的生态环境。加强农村水环境治理,保护农村水资源,改善农村居民生活条件,创造良好的水生态环境,显得越来越重要。

(4) 加快小城镇防洪排涝工程建设。

农村城镇化、集镇城市化进程的推进迫切需要解决农村小城镇防洪排涝问题,特别是从抵御突发性台风暴雨带来的灾害影响来看,农村城镇的水利设施难以适应短历时暴雨的排涝要求,甚至有的小城镇还没有形成完整的防洪排涝工程体系,一旦发生较大的洪涝灾害,必将给广大人民群众的生命财产造成损失。

(5) 提高农村供水能力。

目前,农村居民饮用水和农村工业用水主要是地下水,在农村存在一定的地质灾害隐患,故必须提高农村特别是小城镇的自来水供水能力,加快管网敷设,解决农村居民生活用水和工业生产用水问题,顺利推进地下水深井的封填工作。同时,在生产力布局上应综合考虑,加强村镇科学规划工作,修建集镇截污处理厂,解决污染源,提高污水处理能力,形成良好的环境风貌。

(6) 加快圩区治理步伐。

圩区和半高田面积比较多的地区,受灾程度较大,受灾频率较高。应坚持不懈地进行圩区治理和半高田地区的防洪排涝配套工程建设,继续加高加固圩堤土方,土方已经完成的要抓紧配套,对老化失修的泵闸要进行更新改造,半高田地区要消灭"活络坝",切实提高圩区防洪排涝能力。

(7) 强化防洪排涝工程的管理。

防洪排涝工程是以社会效益为主的公益性水利工程,直接关系到人民群众的生命财产安全,关系到工农业生产的发展,因此加强管理工作非常重要。

①解决工程维护运行管理经费来源问题:积极争取财政支持;用好已出台的有关规费征收政策;对通过确权划界取得的水土资源或经营性资产,通过出租、承包等形式获取收益。

②界定工程管理性质:对公益性工程的管理单位做到精简高效,其编制内人员经费要纳入公共财政预算;做好管、养分开工作,养护工作通过企业化、市场化机制操作,减轻管理单位的财政负担。

③研究制定排涝费收取办法:根据当地工情、水情和种植养殖业及工业经济特点,研究制定排涝标准,提供优质服务;按照能源费、工资、维修费、管理费、折旧费等核定排涝费,细化受益面积、保护人口、企业产值、种植养殖业等负担比例,由管理单位向受益个人、受益单位收取排涝费,由县及县级以上政府出台政策,建立财政、集体(或企业)和个人共同负担机制,解决排涝费用问题。

(8) 进一步完善小型农田水利工程经营管理改革。

农田水利是农业现代化不可缺少的基础设施,不具有完全市场化的竞争能力。目前,农田水利工程建设和管理工作,若无法依靠个人完成,则应通过建立农民用水户协会来完成。按照"谁受益、谁负担,谁投资、谁所有"的原则,明晰工程所有权,放开建设权,搞活经营权,规范管理权。小型农田水利工程可以根据工程类型、特点和当地经济社会环境灵活经营管理,可以由水利站直接经营管理,还可以通过产权转让由私人经营管理,甚至可以采用经营管理权承包、租赁或聘用"能人"等方式加强经营管理。在目前的情况下,政府既不能把农田水利当作"包袱"甩掉,也不能继续沿用计划经济体制下政府包揽的做法。在租赁、承包甚至产权转让的工程管理中,要切实防止掠夺性经营。同时,要加强行业管理,制订考核办法,建立奖惩制度。要加强对经营者的业务培训和技术指导,协调解决经营过程中遇到的矛盾和问题,对因农业产业结构调整及其他建设而减少灌区面积的,村镇应该进行相应调节,以确保经营者的利益。在保护经营者合法收益的同时,应严格要求经营者按照规定缴纳会费。

1.2.5 新时代农田水利的政策需求

1. 确立政府主导、农民参与、社会支持的工作方针

农田水利是一项以公益性为主的系统工程,要抓好这项工作,离不开政府主导,也离不开农民群众的积极参与、社会各界的全力支持。农田水利作为提高与稳定农业综合生产能力、促进农村经济发展、保障国家粮食安全的重要基础设施,政府必须发挥主导作用,这是政府义不容辞的责任。目前,政府的主导作用日益明显,随着国家经济社会持续发展,财政收入不断提高,政府应当发挥主导作用。但是我国农田水利建设点多、量大、面广,由政府包办不现实。此外,在政府资金的引导下,采取更加民主的组织决策方式,农民有参与农田水利建设的积极性;在激励政策的引导下,提供更加优惠的条件,社会有支持农田水利建设的积极性。因此,应尽快确立政府主导、农民参与、社会支持的农田水利工作方针。

2. 建立中央决策、省级统筹、县级实施的管理体制

合理界定政府与农民的责任,明确划分各级政府的事权,创新管理体制。考虑现实可能性与合理性,农民承包责任田内的工程建设与管理由农民负责,责任田外的工程建设与管理由各级政府负责。考虑到农田水利的基础性、公益性特点,省级以上政府特别是中央政府应承担更多的责任。同时,农田水利也是一个地区改变生产条件、生活环境的重要手段,传统农田水利主要以县为基础开展,农田水利建设离不开县级政府,如今县级政府仍是农田水利重要的组织实施主体。因此,应建立与完善中央决策、省级统筹、县级实施的管理体制。各级政府事权划分建议如下。

(1) 中央政府:统一领导和组织全国的农田水利建设与管理工作,编制总体规划,拟订建设与管理标准,承担主要投入责任,开展农田水利建设与管理绩效评价工作,建立激励约束机制,督促地方政府认真开展农田水利工作。

(2) 省级政府:统筹区内农田水利建设工作,审核年度农田水利建设项目,省级财政安排农田水利建设与管理专项资金,组织验收纳入基建程序或财政重点建设工程的项目,对辖区内县级政府开展农田水利建设情况进行考评。

(3) 县级政府:主要负责组织相关部门编制县级农田水利建设总体规划,确定并上报年度农田水利建设的计划和重点工程,组织工程建设与管理。农田水

利建设与管理具体工作可以由乡镇政府组织实施。

3. 合理划定中央政府、地方政府和农民群众的投入责任

按照各级政府、农民在农田水利建设与管理中承担的责任,确定各主体的投入责任。根据中央与地方的财政收入分配比例,确定投入责任,中央政府承担主要投入责任(55%以上),建立专项资金逐步弥补取消"两工"制度造成的农田水利投入缺口。省级政府按照其财政收入分成比例(25%以上),承担一定的投入责任。农民承担自己责任田内工程建设的投入责任,超出农民承受能力的,政府采取以奖代补等方式给予补助。

在投入责任明确后,各级政府要切实履行责任。一是要加大财政投入力度。建立与财力挂钩的农田水利投入增长长效机制,中央政府应逐年大幅增加农田水利投入规模,省级政府也应按相应比例增加投入。二是建立农田水利综合补偿补贴制度。重点建立小型农田水利工程公益性任务补偿机制、农业用水补贴机制、农田水利工程建筑材料与设备补贴机制。由农村集体、农民用水合作组织、农民群众经营的小型农田水利工程,根据其承担的公益性职能,核定运行费补偿规模;因水价倒挂形成的灌溉水费、电费亏损,由灌区主管部门的同级财政部门进行补偿;将农田水利工程建设设备和材料纳入农机综合补贴范畴,适当提高补贴比例。

4. 推进农民用水合作组织的规范化建设

目前,我国的政策法制、经济社会等外部环境已发生重大改变,传统的农田水利建设组织模式已不能适应形势要求。在此背景下,农民用水合作组织在农田水利建设与管理中的作用越来越突出。我国从 20 世纪 90 年代初开始探索发展农民用水合作组织,但由于多种原因,当前农民用水合作组织的建设步伐相对滞后,未能发挥其应有的作用。建议各级政府出台农民用水合作组织扶持政策,制定配套措施,明确其职能定位与工作重点,加大政府投入力度,提高其运转经费投入水平,促进其良性发展:①明确农民用水合作组织是用水单位和农户自愿组织、自主经营、民主管理、利益共享、风险共担的管水用水组织,具备作为项目法人的条件;②明确农民用水合作组织主要承担小型农田水利工程和大、中型灌区末级渠系的建设与管理工作职能;③建立稳定的经费保障机制。各级财政部门设立专项补助资金对农民用水合作组织予以扶持,其他运行经费纳入用水户终端水价统一核算,确保其正常运转。

5. 确立农田有效灌溉面积控制红线制度

维持灌溉面积相对稳定是保障国家粮食安全的内在要求。借鉴耕地保护红线管理制度,确立农田有效灌溉面积控制红线制度。明确农田水利规划、占用灌溉面积论证、占用灌溉面积审批、占补平衡等配套制度,为农田有效灌溉面积控制红线制度的确立和落实提供保障。编制农田水利有关规划时,应综合考虑耕地保护红线、人口规模、灌溉发展水平、粮食安全等因素,划定全国农田有效灌溉面积控制红线,并明确各省的红线控制指标,然后将控制红线指标逐级分解到市、县。逐步建立和完善占用灌溉面积论证、占用灌溉面积审批、占补平衡等制度,严禁非法占用农田有效灌溉面积。出台有关农田有效灌溉面积控制红线的考核办法或方案,将农田有效灌溉面积控制红线管理责任纳入各级政府目标考核体系,与耕地保护红线、农田灌溉水有效利用系数一起考核。对未完成农田有效灌溉面积控制红线责任目标的,严格实行问责制,追究有关人员的责任。

第 2 章　农田水分与灌水技术

2.1　农田水分状况

农田水分状况指农田地面水、土壤水和地下水的数量、存在形式及其在时空上的变化。灌溉是一项人工补充土壤水分以改善作物生长条件的技术措施。农田土壤水与作物生长关系最为密切，它直接影响到作物生长的水、气、热、养分等状况。而地面水和地下水只有通过一定的转化关系变为土壤水分，才能为作物吸收利用。因此，农田水分状况是作物生长环境的核心。

2.1.1　农田水分存在的形式

农田水分存在三种基本形式，即地面水、土壤水和地下水。土壤水是与作物生长关系最密切的水分存在形式。

土壤水按其形态不同可分为气态水、吸着水、毛管水和重力水等。

(1) 气态水：存在于土壤空隙中的水汽，有利于微生物的活动，故对植物根系有利。由于数量很少，气态水在计算时常忽略不计。

(2) 吸着水：包括吸湿水和薄膜水两种形式。吸湿水紧附于土粒表面，不能在重力和毛管力的作用下自由移动，其含量达到最大时的土壤含水率称为吸湿系数。薄膜水吸附于吸湿水外部，只能沿土粒表面速度极小地移动，其含量达到最大时的土壤含水率称为土壤的最大分子持水率。

(3) 毛管水：土壤间细小的孔隙可视为毛管，毛管中水气界面为弯月面，弯月面下的液态水因表面张力作用而承受吸持力（又称毛管力），土壤中薄膜水达最大值后，多余的水分便由毛管力吸持在土壤的细小孔隙中，称为毛管水。

天然条件下，地下水在毛管力的作用下将沿土壤中的细小孔隙上升，由此而保持在毛管孔隙中的水分称为毛管上升水。当地下水位埋藏很深时，毛管上升水远远不能到达表层土壤，此时降雨或灌溉后由毛管力保持在上层土壤细小孔隙中的水分称为毛管悬着水，毛管悬着水含量达到最大值时的土壤含水率称为田间持水率。

（4）重力水：若土壤的含水率超过了土壤的田间持水率，多余的水分不能为毛管力所吸持，在重力作用下将沿非毛管孔隙下渗，这部分土壤水分称为重力水。土壤中的孔隙全部为水所充满时的土壤的含水率称为饱和含水率或全蓄水量。

这几种土壤水分的形式并无严格的分界线，其所占比重视土壤质地、结构、有机质含量和温度等而异。可以假想在地下水面以上有一个很高（无限长）的土柱，如果地下水位长期保持稳定，地表也不发生蒸发、入渗，则经过很长的时间以后，地下水面以上将会形成一个稳定的土壤水分分布曲线。这个曲线反映了土壤负压和土壤含水率的关系，即土壤水分特征曲线（图 2.1），这一曲线可通过一定试验设备确定。土壤在吸水和脱水过程中的水分特征曲线是不同的，这种现象常称为滞后现象。土壤水分特征曲线表示土壤水吸力（以水柱高度表示）随着土壤含水率的增大而减小的过程，但并不能反映水分形态的严格界限。

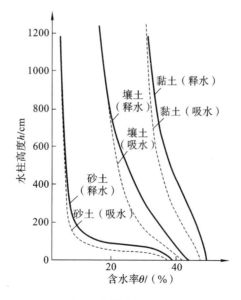

图 2.1　土壤水分特征曲线

根据水分对作物的有效性，土壤水也可分为无效水、有效水和过剩水（重力水）。吸着水紧附于土粒的表面，一般不能为作物所利用，为无效水。当土壤含水率降低至吸湿系数的 $1.5 \sim 2.0$ 倍时，植物就会发生永久性凋萎现象，这时的含水率称为凋萎系数。不同土质，其永久凋萎点含水率是不相同的，相应的土壤负压变化于 $7 \times 10^5 \sim 4 \times 10^6$ Pa（10^5 Pa$=0.987$ 大气压），一般取为 1.5×10^6 Pa。

凋萎系数不仅取决于土壤性质,而且还与土壤溶液浓度、根毛细胞液的渗透压力、作物种类和生育期有关。重力水在无地下水顶托的情况下,很快排出根系层;在地下水位高的地区,重力水停留在根系层内时,会影响土壤正常的通气状况,这部分水分有时称为过剩水。持水率在无效水和重力水之间的毛管水,容易为作物吸收利用,属于有效水。一般常将田间持水率作为重力水和毛管水及有效水和过剩水的分界线。在生产实践中,常将灌水 2 d 后土壤所能保持的含水率作为田间持水率,相应的土壤负压为$(1\sim3)\times10^4$ Pa。由于土质不同,排水的速度不同,因此排除重力水所需要的时间也不同。灌水 2 d 后的土壤含水率,并不能完全代表停止重力排水时的含水率。特别是随着土壤水分运动理论的发展和观测设备精度的提高,人们认识到灌水后相当长时间内土壤含水率在重力作用下是不断下降的。虽然变化速率较小,但在长时间内仍可达到一定量。因此,田间持水率并不是一个稳定的数值,而是一个与时间有关的函数,田间持水率在农田水利实践中无疑是一个十分重要的指标,但以灌水后某一时间的含水率作为田间持水率,只能是一个相对的概念。

2.1.2　旱作地区农田水分状况

旱作地区各种形式的水分,并不能全部被作物直接利用。如地面水和地下水必须适时、适量地转化成作物根系吸水层(可供根系吸水的土层)中的土壤水,才能被作物吸收和利用。通常地面不允许积聚水,以免造成淹涝,危害作物。地下水一般不允许上升至根系吸水层,以免造成渍害,而只应通过毛细管作用上升至根系吸水层,供作物利用。这样,地下水必须维持在根系吸水层以下一定距离处。

在不同条件下,地面水和地下水补给土壤水的过程是不同的,现分别作如下说明。

(1)当地下水位埋深较大和土壤上层干燥时,如果降雨(或灌水),地面水逐渐向土中入渗。降雨开始时,水自地面进入表层土壤,使土壤含水率接近饱和,但其下层土壤含水率仍未增加。雨停后,达到土层田间持水率后的多余水量,则将在重力及毛管力的作用下,逐渐向下移动,经过一定时间后,上部各土层中的含水率均接近田间持水率。

在土壤水分重新分布的过程中,由于植物根系吸水和土壤蒸发,表层土壤水分逐渐减少。

(2)当地下水位埋深较小,作物根系吸水层上面受地面水补给,而下面又受上升毛管水的影响时,土层中含水率的分布和随时间的变化情况如下。

当有地面水补给土壤时,首先在土壤上层出现悬着毛管水。地面水补给量越大,则入渗的水量所达到的深度越大,直至与地下水面以上的上升毛管水衔接。当地面水补给土壤的量超过了原地下水位以上土层的田间持水能力时,将造成地下水位的上升。在上升毛管水能够进入作物根系吸水层的情况下,地下水位便直接影响着根系吸水层中的含水率。在地表积水较久时,入渗的水量将使地下水位升高到地表,与地面水相连接。

作物根系吸水层中的土壤水以毛管水形式最容易被旱作物吸收,毛管水是对旱作物生长最有价值的水分形式。超过毛管水最大含水率的重力水,一般都下渗流失,不能在土壤中保存,因此,很少能被旱作物利用。同时,如果重力水长期保存在土壤中,也会影响到土壤的通气状况(通气不良),对旱作物生长不利。所以,旱作物根系吸水层中允许的平均最大含水率一般不超过根系吸水层中的田间持水率。当根系吸水层的土壤含水率下降到凋萎系数以下时,土壤水分也不能为作物利用。

当植物根部从土壤中吸收的水分来不及补给叶面蒸发时,便会使植物体的含水量不断减少,特别是叶片的含水量迅速降低。这种由于根系吸水不足以致破坏植物体水分平衡和协调的现象,即"干旱"。根据原因不同,干旱可分大气干旱和土壤干旱两种情况。在农田水分尚不妨碍植物根系的吸收,但由于大气的温度过高和相对湿度过低,阳光过强,或遇到干热风造成植物蒸腾耗水过大时,都会使根系吸水速度不能满足蒸发需要,这种情况即"大气干旱"。我国西北、华北均有大气干旱。大气干旱过久,会造成植物生长停滞,甚至使作物因过热而死亡。若土壤含水率过低,植物根系从土壤中所能吸取的水量很少,无法补偿叶面蒸发的消耗,则形成"土壤干旱"的情况。短期的土壤干旱会使产量显著降低,长期的土壤干旱则会造成植物死亡。土壤干旱的危害性要比大气干旱更为严重。为了防止土壤干旱,最低的要求就是使土壤水的渗透压力不小于根毛细胞液的渗透压力,凋萎系数便是这样的土壤含水率临界值。

土壤含水率降低,使土壤溶液浓度增大,从而引起土壤溶液渗透压力增加,因此,土壤根系吸水层的最低含水率,还必须能使土壤溶液浓度不超过作物在各个生育期所容许的最高值,以免发生凋萎。这对盐渍土地区来说更为重要。土壤水允许的含盐溶液浓度的最高值视盐类及作物的种类而定。按此条件,根系吸水层内土壤含水率应不小于式(2.1)中的值。

$$\theta_{\min} = \frac{S}{C} \times 100\% \tag{2.1}$$

式中：θ_{min} 为按盐类溶液浓度要求所规定的最小含水率（占干土重的百分数）；S 为根系吸水土层中易溶于水的盐类数量（占干土重的百分数）；C 为允许的盐类溶液浓度（占水重的百分数）。

养分浓度过高会影响到根系对土壤水分的吸收，甚至发生枯死现象。因此在确定最小含水率时还需考虑养分浓度的最大限度。

根据以上所述，旱作物田间（根系吸水层）允许平均最大含水率应不超过田间持水率，最小含水率应不小于凋萎系数。为了保证旱作物丰产所必需的田间适宜含水率范围，应在研究水分状况与其他生活要素之间的最适关系的基础上，总结实践经验，并与先进的农业增产措施相结合。

2.1.3　水稻地区农田水分状况

由于水稻的栽培技术和灌溉方法与旱作物不同，因此农田水分存在的形式也不相同。我国水稻灌水技术，传统上采用田面建立一定水层的淹灌方法，故田面经常（除烤田外）有水层存在，并不断地向根系吸水层中入渗，供给水稻根部以必要的水分。地下水埋藏深度、不透水层位置、地下水出流情况（有无排水沟、天然河道、人工河网）不同，地面水、土壤水与地下水之间的关系也不同。

当地下水埋藏较浅，又无出流条件时，由于地面水不断下渗，原地下水位至地面间土层的土壤空隙达到饱和，此时地下水便上升至地面，并与地面水连成一体。

当地下水埋藏较深，出流条件较好时，地面水虽然不断入渗，并补给地下水，但地下水位常保持在地面以下一定的深度。此时，地下水位至地面间土层的土壤空隙不一定达到饱和。

水稻是喜湿性作物，保持适宜的淹灌水层，能为水分及养分的供应提供良好的条件；同时，还能调节和改善其他气候状况。但过深的水层（不合理的灌溉或降雨过多造成的）对水稻生长也是不利的，特别是长期的深水淹灌，会引起水稻减产，甚至死亡。因此，淹灌水层上下限的确定，具有重要的实际意义，其通常与作物品种发育阶段、自然环境及人为条件有关，应根据实践经验来确定。

2.1.4　农田水分状况的调节措施

在天然条件下，农田水分状况和作物需水要求通常是不相匹配的。在某些年份或一年中的某些时间，农田常会出现水分过多或水分不足的现象。

农田水分过多的原因有以下几方面。

(1) 降雨量过大。

(2) 河流洪水泛滥,湖泊漫溢,海潮侵袭和坡地水进入农田。

(3) 地形低洼,地下水汇流和地下水位上升。

(4) 出流不畅等。

而农田水分不足的原因如下。

(1) 降雨量不足。

(2) 降雨形成的地表径流大量流失。

(3) 土壤保水能力差,水分大量渗漏。

(4) 蒸发量过大等。

农田水分过多或水分不足的现象,可能是长期的,也可能是短暂的,而且可能是前后交替的。同时,造成农田水分过多或水分不足的原因,可能单独存在,也可能同时产生影响。

农田水分不足,通常称为"干旱"。农田水分过多,若是降雨过多,旱田地面积水,稻田淹水过深,造成农业歉收的现象,则称为"涝";若是地下水位过高或土壤上层滞水,土壤过湿,影响作物生长发育,导致农作物减产或失收现象,则称为"渍";此外,因河、湖泛滥而形成的灾害,则称为"洪灾"。

当农田水分不足时,一般应采取增加来水或减少去水的措施,增加农田水分的主要措施就是灌溉。这种灌溉按时间不同,可分为播前灌溉、生育期灌溉和储水灌溉(为了充分利用水资源提前在农田进行储水)。此外,还有为其他目的而进行的灌溉,例如培肥灌溉(借以施肥)、调温灌溉(借以调节气温、土温或水温)及冲洗灌溉(借以冲洗土壤中有害盐分)等。减少农田去水量的措施也是十分重要的。在水稻田中,一般可采取浅灌深蓄的办法,以便充分利用降雨。旱地上亦可尽量利用田间工程进行蓄水,或者采取深翻改土、免耕、塑料膜和秸秆覆盖等措施,减少棵间蒸发量,提高土壤蓄水能力。无论是水田还是旱地,都应注意改进灌水技术和方法,以减少农田水分蒸发量和渗漏损失量。

当农田水分过多时,应针对不同的原因,采取相应的调节措施。排水(排除多余的地面水和地下水)是解决农田水分过多的主要措施之一,但是在低洼易涝地区,必须与滞洪滞涝等措施统筹安排,此外还应注意与农业技术措施相结合,共同解决农田水分过多的问题。

2.2 土壤水分运动

土壤水是农田水分存在的主要形式,土壤水分运动是农田水分循环的一个重要环节。

1. 达西定律

在某些情况下,土壤中水的流动对研究灌溉需水量和平均蒸发蒸腾速率是很重要的。饱和水流的达西定律能推广应用于非饱和土壤,其水流通量计算见式(2.2)和式(2.3)。

$$q = -k(\psi)\nabla\psi \tag{2.2}$$

或

$$q = -k(\theta)\nabla\psi \tag{2.3}$$

式中:q 为非饱和土壤中的水流通量;$\nabla\psi$ 为总土水势梯度;$k(\psi)$、$k(\theta)$ 为土水势和土壤含水率函数的导水率,一般通过试验确定。

2. 连续性方程

依据质量(水量)守恒原理,能推得非饱和土壤中的水流连续性方程,见式(2.4)。

$$\frac{\partial \theta}{\partial t} = -\nabla q \tag{2.4}$$

式中:$\frac{\partial \theta}{\partial t}$ 为土壤容积含水率随时间的变率;q 为水流通量;∇ 为矢量微分算符,即 $\nabla = \partial/\partial x + \partial/\partial y + \partial/\partial z$。

3. 非饱和水流运动的基本方程

将式(2.3)代入式(2.4)可得非饱和水流运动的基本方程,见式(2.5)。

$$\frac{\partial \theta}{\partial t} = \nabla[k(\theta)\nabla\psi] \tag{2.5}$$

对于非饱和流动,其总土水势 ψ 一般由基质势(ψ_m)和重力势(ψ_g)组成。其中,重力势与土壤性质无关,仅取决于土壤点与标准参考状态的高差,则有 $\psi_g = \pm z$,z 为土壤点至参考状态平面的距离,z 前的正负号与所取坐标的相对位置有关,坐标向上取正号,坐标向下则取负号。则 $\psi = \psi_m \pm z$,代入式(2.5)则可得到非饱和土壤水流运动的基本方程,见式(2.6)。

$$\frac{\partial \theta}{\partial t} = \nabla[k(\theta)\nabla(\psi_m \pm z)] = \nabla[k(\theta)\nabla\psi_m] \pm \frac{\partial k(\theta)}{\partial z} \quad (2.6)$$

将式(2.6)在直角坐标系下展开为式(2.7)。

$$\frac{\partial \theta}{\partial t} = \frac{\partial}{\partial x}\left[k(\theta)\frac{\partial \psi_m}{\partial x}\right] + \frac{\partial}{\partial y}\left[k(\theta)\frac{\partial \psi_m}{\partial y}\right] + \frac{\partial}{\partial z}\left[k(\theta)\frac{\partial \psi_m}{\partial z}\right] \pm \frac{\partial k(\theta)}{\partial z} \quad (2.7)$$

对于农田土壤水分,通常考虑一维竖向流动,此时其基本方程简化为式(2.8)。

$$\frac{\partial \theta}{\partial t} = \frac{\partial}{\partial z}\left[k(\theta)\frac{\partial \psi_m}{\partial z}\right] \pm \frac{\partial k(\theta)}{\partial z} \quad (2.8)$$

在非饱和土壤水运动的研究中,为了应用方便,式(2.7)还可以用扩散方程的形式表达,若不考虑滞后作用,则有式(2.9)。

$$\frac{\partial \theta}{\partial t} = \frac{\partial}{\partial x}\left[D(\theta)\frac{\partial \theta}{\partial x}\right] + \frac{\partial}{\partial y}\left[D(\theta)\frac{\partial \theta}{\partial y}\right] + \frac{\partial}{\partial z}\left[D(\theta)\frac{\partial \theta}{\partial z}\right] \pm \frac{\partial k(\theta)}{\partial z} \quad (2.9)$$

式中:$D(\theta)$ 是土壤水扩散系数,其物理意义为单位含水率梯度下通过单位面积的土壤水通量,cm^2/h。

式(2.9)中,在一维竖向流动条件下,则可简化为式(2.10)。

$$\frac{\partial \theta}{\partial t} = \frac{\partial}{\partial z}\left[D(\theta)\frac{\partial \theta}{\partial z}\right] \pm \frac{\partial k(\theta)}{\partial z} \quad (2.10)$$

上述以基质势 ψ_m 为因变量的基本方程是主要的,其优点是可用于统一系统的饱和-非饱和流动问题的求解,也适用于分层土壤的水分运动计算,但方程中用到非饱和导水率 $k(\psi_m)$ 或 $k(\theta)$,因参数值随土壤基质势或含水率变化的范围太大,常造成计算困难并引起误差。以含水率 θ 为因变量的基本方程求解得出的含水率分布及随时间的变化比较符合人们当前的使用习惯。这些方程中的非饱和扩散率 $D(\theta)$ 随含水率变化的范围较导水率要小得多,故这种形式的基本方程常为人们采用。但是,对于层状土壤,由于层间界面处含水率是不连续的,以 θ 为因变量的扩散方程则不适用。在求解饱和-非饱和流动问题时,这种形式的方程也不宜使用。

若已知土壤水分运动参数,针对具体的条件(入渗或蒸发),用解析的方法,或更多用数值方法对基本方程进行求解,便可得到含水率 θ 或基质势 ψ_m 的空间分布及随时间的变化;或者直接通过达西定律与连续性方程,采用土壤水分运动通量法(零通量面法、表面通量法或定位通量法)研究田间土壤剖面上的通量变化。这对于研究作物需水量,测定土壤水分平衡,计算土层底部的土壤水分通量,提高作物需水量的实测精度是十分必要的。

2.3 作物需水量、灌溉用水量与灌水率

2.3.1 作物需水量

1. 作物需水量的概念及其影响因素

作物需水量指作物在适宜的土壤水分和肥力水平下,经过正常生长发育,获得高产时的植株蒸腾量、棵间蒸发量及构成植株体的水量之和。构成植株体的水量很少,可忽略不计,在实际计算中认为作物需水量等于高产水平条件下的植株蒸腾量与棵间蒸发量之和。植株蒸腾量与棵间蒸发量之和称为蒸发蒸腾量,也有人称此为"腾发量"、"蒸散发量"或"农田总蒸发量"。

除了蒸发蒸腾,农田水分消耗还有一条重要途径是深层渗漏(或田间渗漏)。深层渗漏是指旱田中由于降水量或灌溉水量太多,土壤水分超过了田间持水率,向根系吸水层以下的深层土层产生渗漏的现象。深层渗漏一般是无益的,且会造成水分和养分的流失,合理的灌溉应尽可能地避免深层渗漏产生。作物需水量或作物耗水量中的一部分靠降水来供给,另一部分靠灌溉供给。灌溉供给量指必须通过灌溉补充的土壤原有储水量和有效降雨量及地下水利用量不能满足作物蒸发蒸腾的部分,根据农田水量平衡方程来估算。

影响作物需水量的因素很多,主要有以下方面。

(1) 气象因素。

气象因素包括太阳辐射、气温、空气湿度、风速等。

太阳辐射是作物蒸发蒸腾所需能量的唯一来源。据分析,作物需水量与太阳辐射强度成一定比例关系。但是,当太阳辐射强度太高时,气孔会关闭,叶面蒸腾量减少,整个作物需水量也相应减少。

辐射强度及其变化,可用气温来衡量,因而气温也是影响土壤蒸发和作物蒸发蒸腾量的重要因素。许多分析结果表明,作物需水量与气温呈线性关系或指数关系。

空气湿度对作物需水量亦有较大影响。空气湿度越低,则叶面与大气之间的水汽压差越大,叶面与大气之间的蒸发蒸腾速度加快,即蒸发蒸腾量加大。空

气湿度越高,则叶面与大气之间的水汽压差越小,蒸发蒸腾速度越慢。

风速对作物需水量的影响是通过加快水汽扩散速度、减小水汽扩散阻力来实现的。风速越大,水汽扩散阻力越小,从而促进蒸发蒸腾作用。

(2) 土壤含水率。

土壤含水率是影响旱作物需水量的主要因素之一。当土壤含水率降低时,土壤水分亏缺,土壤中毛管传导度降低,植物根系的吸水速率降低,引起叶片含水量降低,从而导致作物叶面蒸腾强度低于土壤无水分亏缺时的蒸腾强度。在降水或灌溉后,土壤水分不断蒸发,表层土壤不断干燥,造成棵间蒸发量减少。因此,作物需水量会随土壤含水率的变化而变化。

(3) 作物的生物学特性。

同一作物不同生育阶段对水分要求不同,一般作物在生育前期、后期需水较少;生育中期需水较多。在全生育期中,作物对水分亏缺最敏感、作物需水最迫切,以及水分对作物产量影响最大的时期称为"关键需水期"。不同作物的关键需水期不同,如水稻的关键需水期在孕穗至开花期;小麦为拔节到灌浆期;玉米为抽雄到乳熟期。概括起来,大多数作物的关键需水期,均在生殖器官形成至开花前夕,或正当开花时期。

(4) 农业技术措施。

农业技术措施间接影响作物需水量。播种密度和施肥量,会影响作物叶面积和株高,从而间接影响作物需水量。不同的耕作方式也会影响作物需水量,灌水或降雨后通过耕、耙、锄、压等一套保墒技术会减少棵间蒸发量,从而提高作物水分利用效率。采取覆盖秸秆或薄膜等措施也会降低作物需水量。

(5) 灌溉排水措施。

灌溉排水措施也只是对作物需水量产生间接影响。其通过改变土壤含水率,或者通过改变农田小气候以至于作物生长状况来引起作物需水量的变化。

2. 作物需水量的计算

作物需水量数据可取自实测结果。但是,在灌溉工程设计中,往往需要作物需水量资料的地区或典型年份缺乏实测资料,在灌溉用水管理中进行灌水预报时,又需要事先确定未来时期的作物需水量。因此,无论是规划设计还是管理运用灌溉工程,都需要用估算的方法来确定作物需水量。

在我国,作物需水量计算方法可分为两类:一类是直接计算作物需水量;另一类是分两步进行,先计算潜在需水量,再据此计算作物需水量。

(1) 直接计算作物需水量的方法。

直接计算作物需水量的方法均为经验公式法,即根据作物需水量、主要气象要素、作物产量(或土壤含水率)等实测成果,用回归分析方法确定作物需水量随这些因素变化的经验公式。

①以水面蒸发量为参数的作物需水量计算法(又称"α 值法"或"蒸发皿法")。

大量灌溉试验资料表明作物需水量与水面蒸发量之间存在一定的相关性,因此,可以根据水面蒸发量这一参数来计算作物需水量。其计算公式见式(2.11)或式(2.12)。

$$\mathrm{ET} = \alpha E_0 \tag{2.11}$$

或

$$\mathrm{ET} = aE_0 + b \tag{2.12}$$

式中:ET 为计算时段(旬、月、生育阶段或全生育期)内的作物需水量,以水层深度 mm 计;E_0 为与 ET 同时段的水面蒸发量,以水层深度 mm 计,E_0 一般采用 80 cm 口径蒸发皿的蒸发值;a、b 为经验常数;α 为需水系数,或称"蒸发系数",为作物需水量与水面蒸发量的比值。

使用 α 值法时,除了必须注意蒸发皿的规格、安装方式及观测场地的规范化,还必须注意非气象条件(如土壤、水文地质、农业技术措施、水利措施等)对 α 值的影响,否则将会给资料整理工作带来困难,并使计算成果产生较大误差。对于水稻和土壤供水充足的旱作物,此法的误差一般小于 20%。对于土壤水分不足的旱作物,其需水量受土壤含水率的影响较为明显,α 值法的误差较大。

②以产量为参数的作物需水量计算法(简称"K 值法")。

在一定的气象和农业技术措施条件下,作物产量与需水量有较大的关系。因而把作物在一定的自然条件和农业技术措施下所获得的产量与其相应的需水量联系起来,以需水系数 K 表示它们之间的关系,见式(2.13)和式(2.14)。

$$\mathrm{ET} = KY \tag{2.13}$$

式中:ET 为作物全生育期内总需水量,mm 或 m^3/hm^2;Y 为作物单位面积产量,kg/hm^2;K 为以产量为指标的需水系数。

或

$$\mathrm{ET} = KY^n + c \tag{2.14}$$

式中:K 为单位产量的需水量,m^3/kg;n、c 为经验指数和常数;其余符号意义同前。K、n 及 c 的数值可通过试验确定。

K 值法使用简便,只要确定了计划产量便可算出需水量,同时此法使需水量与产量相联系,有助于进行灌溉经济分析计算。此法用于旱作物需水量计算,有一定的可靠性。尤其在中、低产范围,其误差常在30%以下,但对于土壤水分充足的旱田和水稻田,作物需水量主要受气象条件控制而与产量的相关性不大,用此法推算的误差较大。此外,此法只能用于推算全生育期的总需水量,不能用来推算各阶段的需水量。

③以多因素为参数的作物需水量计算法。

根据两个以上因素估算作物全生育期需水量,我国采用的方法见式(2.15)和式(2.16)。

$$\mathrm{ET} = aE_0 Y^n + b \tag{2.15}$$

或

$$\mathrm{ET} = dE_0 + fY^m + g \tag{2.16}$$

式中:a、d、f 为经验系数;n、m 为经验指数;b、g 为经验常数,均可通过分析实测资料确定。其余符号意义同前。

(2) 通过潜在需水量计算作物需水量的方法。

潜在需水量即参照作物需水量,指土壤水分充足、地面开阔、生长茂密的矮草地上的蒸发蒸腾量。潜在需水量不受土壤含水率和作物种类的影响,故可以只根据气象因素,用经验或半经验方法先算出潜在需水量,再考虑作物及土壤因素,将其修正为作物需水量。

①潜在需水量的计算。

潜在需水量是按日历时段(月或旬)根据当时的气象条件分阶段地进行计算的。实用的计算方法有以下两种。

a. 气温推算法(布莱尼-克莱多法)。公式见式(2.17)。

$$\mathrm{ET}_0 = CP(0.46T + 8) \tag{2.17}$$

式中:ET_0 为考虑月份的潜在需水量或参照作物蒸发蒸腾量,mm/d;T 为月平均气温,℃;P 为各月昼长时间占全年昼长时间的百分数;C 为取决于最低相对湿度、日照率和白天风速的修正系数。

b. 能量平衡法(彭曼综合法)。根据能量平衡原理、水汽扩散原理及空气的导热定律等,彭曼(1948年)提出了潜在需水量计算公式。

1979年联合国粮农组织考虑不同高程条件下的气压修正,将彭曼公式的形式做了一些变动,变动后的公式见式(2.18)。

$$\mathrm{ET}_0 = \frac{\frac{P_0}{P} \times \frac{\Delta}{\gamma} R_n + E_a}{\frac{P_0}{P} \times \frac{\Delta}{\gamma} + 1} \tag{2.18}$$

式中：P_0、P 为海平面标准大气压和计算地点的实际气压，hPa；Δ 为饱和水汽压-温度曲线上的斜率，hPa/℃；γ 为湿度计常数，0.66 hPa/℃；R_n 为太阳净辐射；E_a 为干燥力。

R_n 和 E_a 分别由经验公式即式(2.19)和式(2.20)计算。

$$R_n = 0.75 R_a + \left(a + b\frac{n}{N}\right) - \sigma T_k^4 \left(0.56 - 0.79\sqrt{e_a}\right)\left(0.1 + 0.9\frac{n}{N}\right) \tag{2.19}$$

$$E_a = 0.26(e_s - e_a)(1 + Cu_2) \tag{2.20}$$

式中：R_a 为大气顶部的太阳辐射，mm/d，其值与纬度和月份有关；n、N 为实际日照时间和最大可能的日照时间，h；σ 为斯蒂芬-玻尔兹曼常数，当 ET_0 用 mm/d 表示时，其值为 2.01×10^{-9}；T_k 为热力学温度（$T_k = 273.15 + t$，t 为摄氏温度，℃）K；e_a 为实际水汽压，hPa；e_s 为饱和水汽压，hPa；u_2 为 2 m 高处风速；C 为与温度有关的风速修正系数；a、b 为经验系数，其值与地区条件有关，应根据各地辐射观测资料分析选用。

目前，国内应用能量平衡法计算参照作物需水量取得了大量的成果，并绘制了参照作物需水量的等值线图，这对于灌溉工程的规划、设计与用水管理具有十分重要的价值。

②实际作物需水量的计算。

a. 适宜水分条件下的计算方法。这种条件主要指土壤在适宜含水率上、下限之间，作物不会因缺水或水分过多而影响生长发育。在此条件下，已知潜在需水量后，采用"作物系数法"计算需水量。其计算公式为式(2.21)。

$$\mathrm{ET} = K_c \mathrm{ET}_0 \tag{2.21}$$

式中：ET 为某时段实际作物需水量，mm/d；ET_0 为某时段潜在需水量，mm/d；K_c 为作物系数，随作物种类及发育阶段而异，由试验确定，我国不同地区几种主要作物的作物系数见有关书籍给出的值。

b. 缺水条件的计算方法。在广大北方干旱缺水地区，灌溉水源满足不了作物全生育期实行充分灌溉的要求，作物全生育期内有些阶段的土壤含水率低于适宜土壤含水率下限会造成减产，在此条件下，土壤水分不足时的作物需水量可由土壤水分充足时的作物需水量乘以土壤水分修正系数而得到，即式(2.22)。

$$\mathrm{ET} = K_\omega K_c \mathrm{ET}_0 \tag{2.22}$$

式中：K_ω 为土壤水分修正系数；其余符号意义同前。

土壤水分修正系数随土壤含水率而变化，普遍采用的是对数形式的詹森公式，见式(2.23)和式(2.34)。

$$K_\omega = \frac{\ln(A_\omega + 1)}{\ln(101)} \tag{2.23}$$

$$A_\omega = \frac{\theta - \theta_p}{\theta_f - \theta_p} \tag{2.24}$$

式中：A_ω 为相对有效含水率；θ 为土壤含水率；θ_p、θ_f 为凋萎系数和田间持水率。

2.3.2 灌溉用水量

灌溉用水量是某一灌溉面积上需要水源供给的总灌溉水量。其大小及其变化情况，与作物组成、各种作物的灌溉制度、灌溉面积，以及渠系输水和田间灌水的水量损失等因素有关。因此，确定灌溉用水量，须取得必要的基本资料。

1. 年灌溉用水量

灌溉用水量包括作物正常生长所需灌溉的水量、渠系输水损失水量和田间灌水损失水量，也称"毛灌溉用水量"。对于某种作物的某次灌水，需供水到田间的灌水量，称为"净灌溉用水量"。

（1）净灌溉用水量。

某种作物某次灌水的净灌溉用水量为该次灌水定额与其灌水面积的乘积，即式(2.25)。

$$M_{净i} = m_i \omega_i \tag{2.25}$$

式中：$M_{净i}$ 为第 i 种作物某次净灌溉用水量，m^3；m_i 为第 i 种作物某次灌水的灌水定额，m^3/hm^2；ω_i 为第 i 种作物的灌溉面积，hm^2。

全灌区任何一个时段内的净灌溉用水量（$M_净$），是该时段内各种作物净灌溉用水量之和，即式(2.26)。

$$M_净 = \sum M_{净i} \tag{2.26}$$

全灌区某个时段的净灌溉用水量也可通过综合净灌水定额求得，见式(2.27)。

$$m_{综,净} = \sum (\alpha_i m_i) \tag{2.27}$$

式中：$m_{综,净}$ 为全灌区某时段内综合净灌水定额，m^3/hm^2；m_i 为第 i 种作物在该时段内灌水定额，m^3/hm^2；α_i 为第 i 种作物的灌溉面积 ω_i 占全灌区总灌溉面积 ω 的比值。

则某时段净灌溉用水量计算见式(2.28)。

$$M_{净} = m_{综,净}\omega \qquad (2.28)$$

式中：ω 为全灌区的总灌溉面积，hm^2。

(2) 毛灌溉用水量。

计入水量损失后，全灌区某时段的毛灌溉用水量计算见式(2.29)～式(2.31)。

$$M_{毛} = m_{综,毛}\omega \qquad (2.29)$$

$$m_{综,毛} = \frac{m_{综,净}}{\eta_{水}} \qquad (2.30)$$

$$\eta_{水} = \frac{M_{净}}{M_{毛}} \qquad (2.31)$$

式中：$M_{毛}$ 为全灌区某时段毛灌溉用水量，m^3；$m_{综,毛}$ 为全灌区该时段相应的综合毛灌水定额，m^3/hm^2；$\eta_{水}$ 为灌溉水利用系数，各级渠道的长度、流量、沿渠土壤、水文地质条件、渠道工程状况和灌溉管理水平等有关。

2. 多年灌溉用水量的确定

以上是某一具体年份的灌溉用水量，但在半湿润及半干旱地区，灌溉用水量年际变化较大。因此，农业用水供需平衡时，需要有多年灌溉用水量资料。应根据各年的气象资料以及多年灌溉用水量资料，推求作物需水量并估算各种作物的净灌溉用水量和各年的灌溉用水量。

3. 灌溉用水量频率曲线及应用

有了多年灌溉用水量数据，就可以用数理统计原理求得年灌溉用水量的理论频率曲线。大量实际资料分析表明，灌溉用水量频率曲线也可采用皮尔逊Ⅲ型曲线，其统计参数亦有一定的规律性，一般为 $c_v = 0.15 \sim 0.45$（c_v 为变差系数，也称"离势系数"）；$c_s = 1.0 c_v \sim 3.0 c_v$（$c_s$ 为偏差系数，也称"偏态系数"）。

有了灌溉用水量频率曲线，就可以推求各典型年的灌溉用水量。在采用数理统计法进行多年调节计算时，可以将灌溉用水量频率曲线与来水频率曲线进行组合，从而推求多年调节兴利库容或处理其他水文水利计算问题。

2.3.3 灌水率

灌水率是指灌区单位面积(例如以 100 hm² 计)上所需灌溉的净流量,利用它可以计算灌区渠首的引水流量和灌溉渠道的设计流量。灌水率 q_d 应根据灌区各种作物的每次灌水定额,分别进行计算。设灌区内有各种作物,某一作物 i 的种植面积占灌区总种植面积的百分数为 α_i,各次灌水定额分别为 $m_{ki}(k=1,2,\cdots)(m^3/hm^2)$,要求各次灌水在 $T_{ki}(k=1,2,\cdots)$ 昼夜内完成,则其各次灌水率见式(2.32)。

$$q_{k,di} = \frac{\alpha_i m_{ki}}{864 T_{ki}} \quad (2.32)$$

式中:$q_{k,di}$ 为第 i 种作物第 k 次灌水的灌水率,m³/(s·100 hm²);T_{ki} 为第 i 种作物第 k 次灌水延续时间,d;m_{ki} 为第 i 种作物第 k 次灌水定额,m³/hm²。

由式(2.32)可见,灌水延续时间直接影响灌水率,从而在设计渠道时,也影响着渠道的设计流量和渠道及渠系建筑物的造价。因此,必须根据灌水延续时间、作物种类、灌区土壤类型、气候条件、灌溉面积及农业措施,经综合分析后确定合理的灌水时间。灌水时间越短,作物对水分的要求将越容易得到及时满足,但这将加大渠道的设计流量,并造成渠系的工程量增大。不同作物允许的灌水延续时间也不同,对主要作物的关键性灌水,灌水延续时间不宜过长;次要作物可长一些。总之,灌水延续时间的长短必须根据具体情况进行综合分析确定。对于大中型灌区,我国各地主要作物灌水延续时间大致如下。

① 水稻:泡田期灌水 7~15 昼夜;生育期灌水 3~5 昼夜。

② 小麦:播前灌水 10~20 昼夜;拔节后灌水 10~15 昼夜。

③ 棉花:苗期、花铃期灌水 8~12 昼夜;吐絮期灌水 8~15 昼夜。

④ 玉米:拔节抽穗灌水 10~15 昼夜;开花期灌水 8~13 昼夜。

对于面积较小的灌区,灌水延续时间要相应减小,例如一条农渠的灌水延续时间一般为 12~24 h。

为了确定设计灌水率(以便推算渠首引水流量或灌溉渠道设计流量),通常可先针对某一设计代表年计算出灌区各种作物每次灌水的灌水率(以北方某灌区为例,见表 2.1),并将所得灌水率绘成直方图(图 2.2),该直方图称为灌水率图。从图 2.2 中可见,各时期的灌水率相差悬殊,造成渠道输水断断续续,不利于管理,如以其中最大的灌水率计算渠道流量,势必偏大,不合理。所以,必须对初步计算的灌水率图进行必要的修正,尽可能消除灌水率高峰和短期停水带来的误差。

表 2.1 北方某灌区灌水率计算

作物	作物所占面积/(%)	灌水次数	灌水定额/(m³/hm²)	灌水时间/(日/月) 始	终	中间日	灌水延续时间/d	灌水率/[m³/(s·100 hm²)]
小麦	50	1	975	16/9	27/9	22/9	12	0.047
		2	750	19/3	28/3	24/3	10	0.044
		3	825	16/4	25/4	21/4	10	0.048
		4	825	6/5	15/5	11/5	10	0.048
棉花	25	1	825	27/3	3/4	31/3	8	0.030
		2	675	1/5	8/5	5/5	8	0.024
		3	675	20/6	27/6	24/6	8	0.024
		4	675	26/7	2/8	30/7	8	0.024
谷子	25	1	900	12/4	21/4	17/4	10	0.026
		2	825	3/5	12/5	8/5	10	0.024
		3	750	16/6	25/6	21/6	10	0.021
		4	750	10/7	19/7	15/7	10	0.021
玉米	50	1	825	8/6	17/6	13/6	10	0.048
		2	750	2/7	11/7	7/7	10	0.044
		3	675	1/8	10/8	6/8	10	0.039

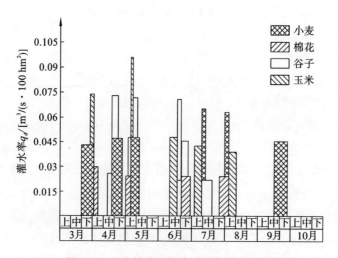

图 2.2 北方某灌区初步计算的灌水率图

在修正灌水率图时,要以不影响作物需水要求为原则,尽量保持主要作物关键用水期的各次灌水不动或稍有移动(往前移动为主,前后移动不超过 3 d),调整其他各次灌水,使修正后的灌水率图比较均匀、连续,在灌水时间上尽量分出次数来,两次灌水必须有一定的时间间隔,便于工程维修。此外,为了减少输水损失,并使渠道工作制度比较平稳,在调整时不应使灌水率数值相差悬殊,一般最小灌水率应不小于最大灌水率的 40%。修正后的灌水率图见图 2.3。

设计灌水率值应从图 2.3 中选取延续时间较长的最大灌水率值。这样做主要是为了不因短暂的大流量输水而扩大整个渠道,以节省渠道工程量。在渠道运用过程中,如果出现一些短暂的大流量,则由渠堤超高部分的断面去满足。

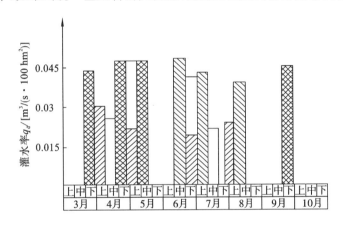

图 2.3 北方某灌区修正后的灌水率图

2.4 农田灌水技术

2.4.1 灌水技术的分类及适用条件

1. 灌水技术的分类

灌水技术就是灌溉水进入田间并湿润根区土壤的技术与方式。其目的在于将集中的灌溉水流转化为分散的土壤水分,以满足作物对水、气、肥的需要。灌水技术一般是按照是否全面湿润整个农田、水输送到田间的方式和湿润土壤的方式来分类。常见的灌水技术可分为全面灌溉和局部灌溉两大类。

1) 全面灌溉

灌溉时湿润整个农田根系活动层内的土壤,常规灌水技术都属于这一类。全面灌溉比较适合于密植作物。全面灌溉主要有地面灌溉和喷灌两类。

(1) 地面灌溉:水从地表面进入田间并借重力和毛细管作用浸润土壤,所以也称为"重力灌水法"。这种方法是最古老也是目前应用最广泛、最主要的一种灌水方法。

按湿润土壤方式的不同,地面灌溉又可分为畦灌、沟灌、淹灌和漫灌。

①畦灌:用田埂将灌溉土地分隔成一系列小畦,灌水时,将水引入畦田后,水在畦田上形成很薄的水层,并沿畦长方向流动,在流动过程中主要借重力作用逐渐湿润土壤。

②沟灌:在作物行间开挖灌水沟,水从输水沟进入灌水沟后,在流动的过程中主要借毛细管作用湿润土壤。与畦灌比较,其显著的优点是不会破坏作物根部附近的土壤结构,不会导致田面板结,能减少土壤水分的蒸发损失,适用于宽行距的中耕作物。

③淹灌:一般指格田灌。淹灌是用田埂将灌溉土地分成许多方格形田块,灌水时格田内保持一定深度的水层,水在重力作用下渗入土壤。

④漫灌:在田间不做任何沟埂,灌水时任其在地面漫流,借重力渗入土壤,是一种比较粗放的灌水方法。灌水均匀性差,水量浪费较大。

(2) 喷灌:利用专门设备将有压水送到灌溉地段,并以喷头(出流量 $q>250$ L/h)喷射到空中散成细小的水滴,像天然降雨一样进行灌溉。其突出优点是对地形的适应性强,机械化程度高,灌水均匀,灌溉水利用系数高,尤其适合于透水性强的土壤,并可调节空气湿度和温度。但喷灌的基建投资较高,而且受风的影响大。

2) 局部灌溉

这类灌水技术的特点是灌溉时只湿润作物周围的土壤,而远离作物根部的行间或棵间的土壤仍保持干燥。为了要做到这一点,这类灌水技术都要通过一套塑料管道系统将水和作物所需要的养分直接输送到作物根部附近,并且准确地按作物的需要,将水和养分缓慢地加到作物根区范围内的土壤中,使作物根区的土壤经常保持适宜于作物生长的水分、通气和营养状况。一般局部灌溉的灌溉流量都比全面灌溉小得多,因此其又称为"微量灌溉",简称"微灌"。这类灌水技术的主要优点是:灌水均匀,节约能量,灌水流量小;对土壤和地形的适应性强;能提高作物产量,增强耐盐能力;便于自动控制,明显节省劳力。局部灌溉比较适合于灌溉宽行作物、果树、瓜类等。

(1)渗灌:利用修筑在地下的专门设施(地下管道系统)将灌溉水引入田间耕作层借毛细管作用自下而上湿润土壤,所以又称为"地下灌溉"。近来也有在地表下埋设塑料管,由专门的渗头向作物根区渗水。其优点是灌水质量好,蒸发损失少,少占耕地,便于机耕,但地表湿润差,地下管道造价高,容易淤塞,检修困难。

(2)滴灌:由地下灌溉发展而来,利用一套塑料管道系统将水直接输送到每棵作物根部,水由每个滴头直接滴在根部上的地表,然后渗入土壤并浸润作物根系最发达的区域。其突出优点是非常省水,自动化程度高,可以使土壤湿度始终保持在最优状态,缺点是需要大量塑料管,投资较高,滴头极易堵塞。把滴灌毛管布置在地膜的下面,可基本上避免地面无效蒸发,也称为"膜下灌"。

(3)微喷灌:又称"微型喷灌"或"微喷灌溉",用很小的喷头(微喷头)将水喷洒在土壤表面。微喷头的工作压力与滴头差不多,但是它是在空中消散水流的能量。由于同时湿润的面积大一些,这样流量可以大一些,喷洒的孔口也可以大一些,出流流速比滴头大得多,所以堵塞的可能性大大减小了。微喷灌既有喷灌的特点,也有滴灌的特点。

(4)涌灌:又称"涌泉灌溉",通过置于作物根部附近的开口的小管向上涌出的小股水流或小涌泉将水灌到土壤表面。灌水流量较大(但一般也不大于220 L/h),远远超过土壤的渗吸速度,因此通常需要在地表形成小水洼来控制水量的分布。其适用于地形平坦的地区,特点是工作压力很低,与低压管道输水的地面灌溉相近,出流孔口较大,不易堵塞。

(5)膜上灌:灌溉水在地膜表面的凹形沟内借助重力流动,并从膜上的出苗孔流入土壤进行灌溉。这样,地膜既减少了渗漏损失,又和膜下灌一样减少地面无效蒸发,更主要的是比膜下灌投资低。

除以上所述外,局部灌溉还有多种形式,如拖管灌溉、雾灌等。

2. 灌水技术的适用条件

上述灌水技术各有其优缺点,都有其一定的适用范围,在选择时主要应考虑到作物、地形、土壤和水源等条件。对于水源缺乏地区,应优先采用滴灌、渗灌、微喷灌和喷灌;在地形坡度较陡而且地形复杂的地区及土壤透水性大的地区,应考虑采用喷灌;对于宽行作物,可用沟灌;密植作物则采用畦灌;果树和瓜类等可用滴灌;水稻主要用淹灌;在地形平坦、土壤透水性不大的地方,为了节约投资,可考虑用畦灌、沟灌或淹灌。各种灌水技术的适用条件及优缺点见表2.2和表2.3。

表2.2　各种灌水技术的适用条件

灌水技术		作物	地形	水源	土壤
地面灌溉	畦灌	密植作物(小麦、谷子等)、牧草、某些蔬菜	坡度均匀,坡度不超过0.2%	水量充足	中等透水性
	沟灌	宽行作物(棉花、玉米等)、某些蔬菜	坡度均匀,坡度不超过5%	水量充足	中等透水性
	淹灌	水稻	平坦或局部平坦	水量丰富	透水性小,盐碱土
	漫灌	牧草	较平坦	水量充足	中等透水性
喷灌		经济作物、蔬菜、果树	各种坡度均可,尤其适用于复杂地形	水量较少	适用于各种透水性,尤其是透水性大的土壤
局部灌溉	渗灌	根系较深的作物	平坦	水量缺乏	透水性较小
	滴灌	果树、瓜类、宽行作物	较平坦	水量极其缺乏	适用于各种透水性
	微喷灌	果树、花卉、蔬菜	较平坦	水量缺乏	适用于各种透水性

表2.3　各种灌水技术的优缺点

灌水技术		水的利用率	灌水均匀性	不破坏土壤的团粒结构	对土壤透水性的适应性	对地形的适应性	改变空气湿度	结合施肥	结合冲洗盐碱土	基建与设备投资	平整土地的土方工程量	田间工程占地	能源消耗量	管理用劳力
地面灌溉	畦灌	○	○	—	○	—	—	○	○	○	—	—	+	○
	沟灌	○	○	○	○	—	—	○	○	○	—	—	+	○
	淹灌	○	○	—	—	—	—	—	+	○	—	—	+	○
	漫灌	—	—	—	—	—	—	—	+	+	○	—	+	○
喷灌		+	+	+	+	+	+	○	—	—	+	—	—	○
局部灌溉	渗灌	+	+	+	+	—	—	—	—	—	+	+	+	+
	滴灌	+	+	+	+	—	—	+	—	—	+	+	+	+
	微喷灌	+	+	+	+	—	+	+	—	—	+	+	+	+

注:"+"代表优;"—"代表差;"○"代表一般。

下面,针对几种典型的灌水技术进行详细介绍。

2.4.2 畦灌

畦灌田间工程如图 2.4 所示。实施畦灌技术要注意提高灌水技术,即要根据地面坡度、土地平整情况、土壤透水性能、农业机具等因素合理地选定畦田规格和控制入畦流量、放水时间等技术要素。一般自流灌区畦长 30~100 m;畦宽应按照当地农业机具宽度的整倍数确定,一般为 2~4 m,每亩 5~10 个畦田。入畦单宽流量一般控制在 3~6 L/(s·m),以水量分布均匀和不冲刷土壤为原则。畦田的布置应根据地形条件变化,保证畦田沿长边方向有一定的坡度。一般适宜的畦田田面坡度为 0.001~0.003。如果地面坡度较大,土壤透水性较弱,则可适当增加畦长,适当减小入畦流量;如果地面坡度较小,土壤透水性较强,则要适当缩短畦长,加大入畦流量,才能使灌水均匀,并防止深层渗漏。灌水技术要素之间的正确关系,应根据总结实践经验或分析田间试验资料来确定。

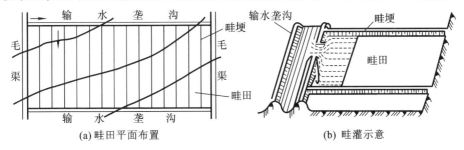

图 2.4 畦灌田间工程

(1) 灌水时间 t 内渗入水量 H_t 应与计划的灌水定额 m 相等,即

$$m = H_t = \frac{K_1}{1-\alpha} t^{1-\alpha} = K_0 t^{1-\alpha} \tag{2.33}$$

式中:K_1 为在第一个单位时间末的土壤渗吸系数(或渗吸速度),m/h;K_0 为在第一个单位时间内的土壤平均渗吸速度,$K_0 = K_1/(1-\alpha)$,m/h;α 为指数,其值根据土壤性质及最初土壤含水率而定,一般为 0.3~0.8(轻质土壤 α 值较小,重质土壤 α 值较大;土壤的最初含水率越大,α 值越小,即渗吸速度在时间上的变化越缓);H_t 为单位时间内渗入土壤的水深,m。

根据式(2.33)可求得畦灌的灌水时间 t,见式(2.34)。

$$t = \left(\frac{m}{K_0}\right)^{\frac{1}{1-\alpha}} \tag{2.34}$$

(2) 进入畦田的灌水总量应与畦长 l 上达到灌水定额 m 所需的水量相等,即

$$3.6qt = ml \qquad (2.35)$$

式中：q 为每米畦宽上的灌水流量（单宽流量），L/(s·m)；t 为灌水时间，s；l 为畦长，m；m 为灌水定额，m。

（3）为了使畦田上各点土壤湿润均匀，就应使水层在畦田各点停留的时间相同。为此，在实践中往往采用及时封口的方法，即当水流到离畦尾还有一定距离时，就封闭入水口，使畦内剩余的水流向前继续流动，至畦尾时则会全部渗入土壤。

由上述可见，为了保证畦灌的灌水质量，首先应当控制灌水流量和灌水时间。

2.4.3 沟灌

沟灌的田间布置示意如图 2.5 所示。适宜的沟灌坡度一般为 0.005～0.02。一般灌水沟是沿地面坡度方向布置，但当地面坡度较大时，可以与地形等高线成锐角，使灌水沟获得适宜的比降。灌水沟的间距视土壤性质而定。根据灌水沟两侧土壤湿润范围（图 2.6），一般轻质土壤的间距较窄，重质土壤的间距较宽。表 2.4 列出了一些参考数值，具体灌水沟间距还要结合作物的行距来确定。

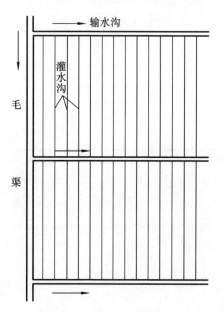

图 2.5 沟灌的田间布置示意

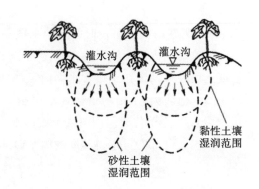

图 2.6 灌水沟两侧土壤湿润范围示意

表 2.4　不同土质条件下灌水沟间距

土质	轻质土壤	中质土壤	重质土壤
间距/cm	50～60	65～75	75～80

沟灌的技术参数主要是沟长与入沟流量。沟长与入沟流量都与地面坡度及土壤透水性能有关,它们之间是相互制约的。一般沟灌是使水流入灌水沟后,在流动过程中使部分水量渗入土壤,待灌水停止后,再在沟中存蓄一部分水量,使其逐渐渗入土壤。这样,各灌水技术参数之间的关系如下。

(1) 计划的灌水定额应等于在 t 时间内的渗入水量与灌水停止后在沟中存蓄水量之和,即

$$mqt = (b_0 h + p_0 \overline{K}_t t) l \tag{2.36}$$

$$h = \frac{ma - p_0 \overline{K}_t t}{b_0} = \frac{ma - p_0 H_t}{b_0} \tag{2.37}$$

式中:h 为沟中平均蓄水深度,m;a 为灌水沟间距,m;m 为灌水定额,m;q 为灌水沟流量,m³/s;l 为沟长,m;b_0 为平均水面宽,m;p_0 为在 t 时间内,灌水沟的平均有效湿周,m;γ 为借毛细管作用沿沟的边坡向旁侧渗水的校正系数,土壤毛细管性能越好,系数越大,一般 γ 值为 1.5～2.5;$\overline{K}_t$ 为在 t 时间内的平均渗吸速度,m/h;H_t 为在 t 时间内的入渗深度,m。

(2) 沟长与坡度及沟中水深有下列关系。

$$l = \frac{h_2 - h_1}{i} \tag{2.38}$$

式中:h_1 为灌水停止时沟首水深,m;h_2 为灌水停止时沟尾水深,m;i 为沟的坡度。

为了使土壤湿润均匀,$h_2 - h_1$ 应不超过 0.06 m。如果灌水沟的最小极限坡度为 0.002,则其最小长度为 30 m。

(3) 当沟长和流量已知时,灌水时间 t(单位:s)为

$$t = \frac{mal}{3.6q} \tag{2.39}$$

在一些地面坡度较大,土壤透水性小的地区,实践中多采用细流沟灌,也就是在水流动过程中将全部水量渗入土壤,灌水停止后在沟中不形成积水。因此,各灌水要素之间的关系如下。

(1) 灌水时间 t。由于在灌水停止后沟中不存蓄水量,所以在灌水时间 t 内的入渗水量就应该等于计划灌水定额,即

$$mal = p_0 \overline{K}_t tl = p_0 K_0 t^{1-\alpha} l \tag{2.40}$$

因此

$$t = \left(\frac{ma}{K_0 p_0}\right)^{\frac{1}{1-a}} \quad (2.41)$$

(2) 灌水流量与灌水沟长度的关系如下。

$$3.6qt = mal \quad (2.42)$$

细流沟灌的灌水沟规格与一般沟灌相同，只是在每个灌水沟口放一个控制水流的小管，引入小流量，一般采用 0.1～0.3 L/s。沟内水深不超过沟深的一半。每条输水沟一次可开 20～40 条灌水沟。控制水流的小管，可用竹管或瓦管，管孔直径约为 15 mm。对于黏质土壤，也可用锹开一个三角形小口代替灌水管。细流沟灌的优点是沟内水流流动缓慢，完全靠毛细管作用浸润土壤，能更好地使灌水分布均匀，节约水量，不破坏土壤的团粒结构，不流失肥料。

灌水沟的断面一般呈梯形或三角形。浅沟深 8～15 cm，上口宽 20～35 cm；深沟深 15～25 cm，上口宽 25～40 cm。水深一般为 1/3～2/3 沟深。

2.4.4 喷灌

1. 喷灌的主要灌水质量指标

喷灌在灌水质量方面有其特殊的要求，所以衡量其质量的指标与其他灌水技术也就不完全相同，一般以喷灌强度、喷灌均匀度和水滴打击强度三项来衡量。

(1) 喷灌强度。

喷灌强度就是单位时间内喷洒在单位面积土地上的水量，即单位时间内喷洒在灌溉土地上的水深，一般用 mm/min 或 mm/h 表示。由于喷洒时，水量分布常常是不均匀的，因此喷灌强度有点喷灌强度 ρ_i 和平均喷灌强度 $\bar{\rho}$（面积和时间都平均）两种概念。

点喷灌强度 ρ_i 是指一定时间 Δt 内喷洒到某一点土壤表面的水深 Δh 与 Δt 的比值，即

$$\rho_i = \frac{\Delta h}{\Delta t} \quad (2.43)$$

平均喷灌强度 $\bar{\rho}$ 是指在一定喷灌面积上各点在单位时间内的喷灌水深的平均值，以平均喷灌水深 $\bar{h}$ 与相应时间 t 的比值表示。

$$\bar{\rho} = \frac{\bar{h}}{t} \quad (2.44)$$

单喷头全圆周喷洒时的平均喷灌强度 $\bar{\rho}_{全}$（单位：mm/h）可用式（2.45）计算。

$$\bar{\rho}_{全} = \frac{1000q\eta}{A} \qquad (2.45)$$

式中：q 为喷头的喷水量，m³/h；A 为一个喷头在全圆周转动时的湿润面积，m²；η 为喷灌水的有效利用系数，即扣去喷灌水滴在空中的蒸发和漂移损失，一般为 0.8~0.95。

在喷灌系统中，各喷头的润湿面积有一定重叠，实际的喷灌强度要比式（2.45）计算的高一些，为准确起见，可以用有效湿润面积 $A_{有效}$ 代替式（2.45）中的 A 值。

$$A_{有效} = S_l S_m \qquad (2.46)$$

式中：S_l 为支管上喷头的间距，m；S_m 为支管的间距，m。

在一般情况下，平均喷灌强度应与土壤透水性相适应，应使喷灌强度不超过土壤的入渗率（渗吸速度），这样喷洒到土壤表面的水才能及时渗入水中，而不会在地表形成积水和径流。

测定喷灌强度一般是与喷灌均匀度试验结合进行。具体方法是在喷头的润湿面积内均匀地布置一定数量的雨量筒，喷洒一定时间后，测量雨量筒中的水深。雨量筒所在点的喷灌强度用式（2.47）计算。

$$\rho_i = \frac{10W}{t\omega} \qquad (2.47)$$

式中：ρ_i 为点喷灌强度，mm/min；W 为雨量筒盛接的水量，cm³；t 为试验持续时间，min；ω 为雨量筒上部开敞口面积，cm²。

而喷灌面积上的平均强度为

$$\bar{\rho} = \frac{\sum \rho_i}{n} \qquad (2.48)$$

式中：n 为雨量筒的数目。

(2) 喷灌均匀度。

喷灌均匀度是指在喷灌面积上水量分布的均匀程度，也是衡量喷灌质量的主要指标之一。它与喷头结构、工作压力、喷头布置形式、喷头间距、喷头转速的均匀性、竖管的倾斜度、地面坡度、风速、风向等因素有关。

表征喷灌均匀度的方法很多，但都各有利弊，因此只介绍两种常用的表示方法。

① 喷洒均匀系数 C_u（单位：%）的计算如式（2.49）所示。

$$C_u = 100\left(1.0 - \frac{|\Delta h|}{h}\right) \qquad (2.49)$$

式中：h 为整个喷灌面积上的平均喷灌水深；Δh 为点喷灌水深平均偏差。

在喷灌面积上的水量分布得越均匀，Δh 值越小，即 C_u 值越大。C_u 值一般应不低于 70%。

喷洒均匀系数一般指一个喷灌系统的喷洒均匀系数，单个喷头的喷洒均匀系数是没有意义的，这是因为单个喷头的控制面积是有限的，要进行大面积灌溉必然要由若干个喷头组合起来形成一个喷灌系统。单个喷头在正常压力下工作时，一般是靠近喷头部分湿润较多，边缘部分不足，而当几个喷头在一起时，湿润面积有一定重叠，就可以使土壤湿润得比较均匀。为了便于测定，常取 3~4 个喷头布置成三角形或矩形，测定它们之间所包围面积的喷洒均匀系数，这一数值基本上可以代表在平坦地区无风情况下喷灌系统的喷洒均匀系数。在工程设计中一般要求 $C_u=70\%\sim90\%$。

②水量分布图。用这种图来衡量喷灌均匀度比较准确、直观，它与地形图一样标示出喷洒水量在整个喷洒面积内的分布情况，但是没有指标，不便于比较。一般常用此法表示单个喷头的水量分布情况，如图 2.7 所示，也可以绘制几个喷头组合的水量分布图或喷灌系统的水量分布图。

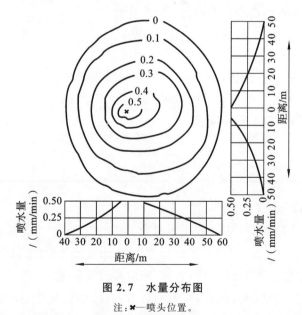

图 2.7　水量分布图

注：✕—喷头位置。

（3）水滴打击强度。

喷头喷洒出来的水滴对作物的影响，可用水滴打击强度来衡量。水滴打击强度也就是单位喷洒面积内水滴对作物和土壤的打击动能，与水滴的大小、降落速度及密集程度有关。但目前尚无合适的方法来测量水滴打击强度,因此一般采用水滴直径来衡量。

水滴直径是指落在地面或作物叶面上的水滴直径。水滴太大,容易破坏土壤表层的团粒结构并形成板结,或把土溅到作物叶面上,打伤作物的幼苗;水滴太小,在空中蒸发损失大,受风力的影响大。因此要根据灌溉作物、土壤性质选择适当的水滴直径。

2. 喷头的种类及其工作原理

喷头(又称"喷灌器")是喷灌机与喷灌系统的主要组成部分,其作用是将有压的集中水流喷射到空中,形成细小的水滴并使水滴均匀地散布在其所控制的灌溉面积上,因此喷头的结构形式及其制造质量直接影响喷灌的质量。

喷头的种类很多,按其工作压力及射程可分为低压喷头(或称"近射程喷头")、中压喷头(或称"中射程喷头")和高压喷头(或称"远射程喷头"),这种分类目前还没有明确的划分界限,但大致可以按表 2.5 所列的范围分类。用得最多的是中射程喷头,这是由于其消耗的功率小且比较容易得到较好的喷灌质量。

表 2.5 喷头按工作压力与射程分类

项目	低压喷头	中压喷头	高压喷头
工作压力/kPa	100~200	200~500	>500
流量/(m³/h)	0.3	0.8~40	>40
射程/m	5~14	14~40	40

喷头按照结构形式与水流形状,可以分为旋转式喷头、固定式喷头和孔管式喷头三种。

(1) 旋转式喷头。

旋转式喷头是目前使用较普遍的一种喷头形式,一般由喷嘴、喷管、粉碎机构、传动机构、扇形机构、弯头、空心轴、轴套等部分组成。压力水流通过喷管及喷嘴形成一股集中水舌射出,由于水舌内存在涡流,又在空气阻力及粉碎机构(粉碎螺钉、粉碎针或叶轮)的作用下被粉碎成细小的水滴,并且传动机构使喷管和喷嘴围绕竖轴缓慢旋转,这样水滴就会均匀地喷洒在喷头的四周,形成一个半径等于喷头射程的圆形或扇形湿润面积。

旋转式喷头由于水流集中,所以射得远(可以达 80 m),是中射程和远射程喷头的基本形式。

传动机构和扇形机构是旋转式喷头的重要组成部分,因此常根据传动机构的特点对旋转式喷头进行分类,常用的形式有摇臂式、叶轮式、反作用式等。又可以根据是否装有扇形机构,即是否能作扇形喷灌,将旋转式喷头分为全圆周转动的喷头和可以进行扇形喷灌的喷头两大类。在平坦地区的固定式系统,一般用全圆周转动的喷头即可;而在山坡地上或在移动式系统、半固定系统中,以及有风时,则要求做扇形喷灌,以保证喷灌质量和留出干燥的退路。

①摇臂式喷头的传动机构是一个装有弹簧的摇臂。在摇臂的前端有一个偏流板和一个勺形导水片,喷灌前偏流板和导水片置于喷嘴的正前方,当开始喷灌时水舌通过偏流板或直接冲到导水片上,并从侧面喷出,水流的冲击力使摇臂转动60°~120°并把摇臂弹簧扭紧,然后在弹簧力作用下摇臂又回位,使偏流板和导水片进入水舌,在摇臂惯性力和水舌对偏流板的切向附加力的作用下,敲击喷体(即喷管、喷嘴、弯头等组成的一个可以转动的整体)使喷管转动3°~5°,于是又进入第二个循环(每个循环周期为0.2~2.0 s),如此往复就可使喷头不断旋转。

摇臂式喷头的缺点:在安装不水平(或竖管倾斜)与有风的情况下旋转速度不均匀,喷管从斜面向下旋转(或顺风)时转得较快,而从斜面向上旋转(或逆风)时则转动得比较慢,这样两侧的喷灌强度就不一样,严重影响了喷灌均匀性。但是它结构简单,便于推广,在一般情况下,尤其是在固定式系统上使用的中射程喷头运转比较可靠。因此,现在这种喷头使用得最普遍。

②叶轮式喷头(又称"蜗轮蜗杆式喷头")是靠喷嘴射出的水舌冲击叶轮,带动传动机构使喷头旋转。由于水舌流速很高,叶轮的转速可达2000 r/min。而喷头要求3~5 r/min的转速,因此必须通过两级蜗轮蜗杆或一级蜗轮蜗杆、一级棘轮变速。这种喷头加工制造比摇臂式喷头复杂,再加上扇形机构,使整个喷头制造工艺要求较高,所以其推广受到一定的限制。但其不受振动的影响,可以直接装在拖拉机上用于移动式机组。这种喷头多用于中、高压移动式喷灌机,在坡地也可装在倾斜的竖管上,可适当改善水量分布的均匀性。

③反作用式喷头就是利用水舌离开喷嘴时对喷头的反作用力直接推动喷管旋转。这类喷头结构一般比较简单,但其共同缺点是工作不可靠,所以推广受到很大限制。

(2)固定式喷头。

固定式喷头也称为"漫射式喷头"或"散水式喷头",它的特点是在喷灌过程中所有部件相对于竖管是固定不动的,而水流是在全圆周或部分圆周(扇形)同时向四周散开。与旋转式喷头比较,因其水流分散,喷得不远,所以这一种喷头射程短(5~10 m),喷灌强度大(15 mm/h 以上),多数喷头的水量分布不均匀,近处喷灌强度比平均喷灌强度高得多,因此其使用范围受到很大的限制。但其结构简单,没有旋转部分,所以工作可靠,而且一般工作压力较低,被用于公园、菜地和自动行走的大型喷灌机。按结构形式划分,其可以分为折射式、缝隙式和离心式三种。

①折射式喷头一般由喷嘴、折射锥和支架组成。水流由喷嘴垂直向上喷出,遇到折射锥即被击散成薄水层沿四周射出,在空气阻力作用下即形成细小水滴散落在四周地面上。

②缝隙式喷头就是在管端开出一定形状的缝隙,使水流能均匀地散成细小的水滴,缝隙与水平面 30°角,使水舌喷得较远,其工作可靠性比折射式喷头差,因为缝隙易被污物堵塞,所以对水质要求较高,水在进入喷头之前要经过过滤。但是这种喷头结构简单,制作方便,一般用于扇形喷灌。

③离心式喷头由喷管和带喷嘴的蜗形外壳构成。工作时水流沿切线方向进入蜗壳,使水流绕垂直轴旋转,这样经过喷嘴射出的水膜同时具有离心速度和圆周速度,所以喷嘴张开后水膜就向四周散开,在空气阻力作用下,水膜被粉碎成水滴散落在喷头的四周。

(3) 孔管式喷头。

该喷头由一根或几根较小直径的管子组成,在管子的顶部分布有一些小喷水孔,喷水孔直径为 1~2 mm。有的孔管只有一排小孔,水流朝一个方向喷出,并装有自动摆动器,使管子往复摆动,喷洒管子两侧的土地;也有的孔管有几排小孔,以保证管子两侧都能灌水,这样就不用安装自动摆动器,结构比较简单,要求的工作压力低(100~200 kPa)。

孔管式喷头的共同缺点:喷灌强度较高;水舌细小受风影响大;由于工作压力低,支管上实际压力受地形起伏的影响大,通常只能用于平坦的土地,此外孔口太小,堵塞问题也非常严重,因此其使用范围受到很大的限制。

3. 旋转式喷头的主要水力参数及影响因素

对于一个好的喷头,要求其结构简单,工作可靠;满足喷灌的主要灌水质量指标的要求,也就是喷灌强度小于土壤允许喷灌强度、水滴直径小和喷洒均匀度高;在同样工作压力、同样流量下射程最远。在喷头的设计和应用中,应全面考虑各方面的要求,不可片面追求射程远而忽视喷灌的灌水质量。为了能正确使用喷头,就需要了解影响主要水力参数(射程、喷灌强度、喷洒均匀度和水滴直径)的因素,以便在实践中根据需要调节或选择这些参数,使之符合规划设计的要求。

(1)影响喷头射程的因素。

喷头的射程是喷洒水深为 0.3 mm/h(微喷头为 0.15 mm/h)的点到喷头(微喷头)中心的距离。喷头的射程主要取决于工作压力和流量,但喷射仰角、转速、水舌的形状等对其射程也有影响。

①工作压力 H 和喷嘴直径 d (流量 Q)。当喷嘴直径一定时,射程随着压力的加大而增加,开始时增加较快,而后逐渐变缓,到一定极限值后则停止增加。不同喷嘴直径的压力与射程关系用不同曲线表示,在同一个压力下,喷嘴直径越大,极限射程也就越大。

从水力学得知,喷嘴的流量 q 可按式(2.50)计算。

$$q = \mu f \sqrt{2gH} \tag{2.50}$$

式中:μ 为流量系数,取 0.85~0.95;f 为喷嘴过水面积(对于圆形喷嘴,$f = \pi d^2/4$,d 为喷嘴直径),m^2;H 为喷嘴前的水头(喷头工作压力减去喷头内的水头损失,m;g 为重力加速度,取 9.81 m^2/s。

这样在工作压力一定时,对于相同直径的喷嘴,其流量也就是相同的,所以喷嘴直径的大小也就反映了流量的大小。为了增加射程,仅仅加大工作压力或加大喷嘴直径(相当于加大流量)都得不到理想的结果,而且考虑到一个喷头消耗的功率 N(单位:kW),在一定功率下,只有在工作压力和流量(可反映为喷嘴直径)有正确比例时才能获得最远的射程。同时水滴直径应符合农作物的要求。

②喷射仰角 α。固体在真空中以 45°角抛射时抛射距离最远,但水舌在静止的空气中喷射仰角与射程的关系受到空气阻力的影响,当其他因素相同时,$\alpha = $ 28°~32°时射程最远,因此通常喷射仰角取 30°。对于某些特殊用途的喷头,其喷射仰角可小些。例如,果园树下喷灌和防霜冻喷灌常用低仰角的喷头。喷射仰角 $\alpha = $ 4°~13°的喷头称为"低角度喷头"。

③转速。当喷头以 0.33~0.5 r/min 的转速旋转时,射程下降 10%~15%。射程越大,下降的百分数也就越大。因此,在设计和使用喷头时要使喷头转速不要太快;但转速太慢又会使水舌的雨幕范围之内的实际喷灌强度远大于平均喷灌强度,而造成局部的积水和径流。中射程喷头一般转速为 0.33~1 r/min,远射程喷头转速宜为 0.2~0.33 r/min。

④水舌的性状。要使水舌射程远,关键是要使从喷嘴喷出来时的水舌密实

(即掺气少)，表面光滑，而且水舌内的水流紊动少。为达到这些要求，除了喷嘴加工尽量光滑，更重要的是在喷嘴之前的水流应当经过整直，使水流平稳，大部分流速都平行于水舌轴线。

有时为了减小水滴直径，常在喷嘴前加粉碎针，这样就会把水舌划破，提早掺气，加快水舌的粉碎过程，但同时又严重影响喷头的射程。因此，水滴细和射程远是有矛盾的。

由上可见，影响射程的因素很多，但最主要的是工作压力和喷嘴直径，因此在一般情况下，可用经验公式[式(2.51)]估算射程 R(单位：m)。

$$R = 1.35\sqrt{dH} \tag{2.51}$$

式中：H 为喷嘴前水头，m；d 为喷嘴直径，mm。

(2) 影响喷灌水量分布的因素。

①工作压力 H。这是影响喷灌水量分布的主要因素，从图 2.8 中可以看出：单喷嘴的喷头不加粉碎时，如果压力适中，水量分布曲线近似于一个等腰三角形；当压力过低时，由于水舌粉碎不足，水量大部分集中在远处，中间水量少，成"轮胎形"分布；当压力过高时，由于水舌过度粉碎，大部分水滴都射得不远，因此近处水量集中，远处水量不足。

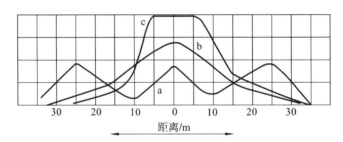

图 2.8 在不同条件下单个喷头的水量分布曲线(喷头在 0 位置)(单位：m³/s)

注：a—压力过低；b—压力适中；c—压力过高。

②喷头的布置形式和间距。其直接影响喷灌系统的水量分布。合理的喷头布置形式和间距可通过试验或计算求得。

③风向、风力。风对水量分布产生很大影响。例如，在风的影响下，喷头附近水量高度集中，湿润面积由圆形变成椭圆形，湿润面积缩小，均匀系数降低；而且因逆风减少的射程要比顺风增加的射程大。因此在布置喷头时，应适当布置得密一些，以抵消风的影响。

(3) 影响水滴直径的因素。

从一个喷头喷洒出来的水滴大小不一，水滴群的粒径分布主要取决于工作压力和喷嘴直径,但也受粉碎机构、喷嘴形状、摇臂敲击频率和转速的影响。

不同喷嘴直径的平均水滴直径和喷头压力之间的关系如图 2.9 所示,当喷头的喷嘴直径不变时,平均水滴直径随着压力的提高而迅速减小;对于同一个压力,喷嘴直径越大,平均水滴直径就越大。

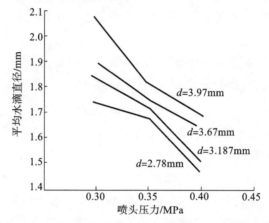

图 2.9 不同喷嘴直径的平均水滴直径和喷头压力之间的关系

由于测量水滴粒径分布 p_d 比较麻烦,因此有时采用经验公式[式(2.52)]来粗略地评价一个喷头水滴粒径分布的优劣。

$$p_d = \frac{H}{1000d} \tag{2.52}$$

式中:H 为喷头工作水头,mmH_2O(毫米水柱,$1\ mmH_2O = 1\ Pa$);d 为喷嘴直径,mm。

一般认为当 $p_d = 1.5 \sim 3.5$ 时,这个喷头的水滴粒径分布是合乎要求的。

当掌握了上述参数之间的关系后,在使用喷头时,就可以灵活地采用或改变某些参数以符合生产的需要,例如,在作物的幼苗期需要水滴细小,就可加大喷头压力或减小喷嘴直径使水滴直径变小;而在喷头间距较宽时,就可加大压力或加大喷嘴直径以增加喷头的射程。

4. 喷灌的主要技术参数及其确定方法

影响喷灌灌水质量的主要技术参数包括喷头间距(即喷头沿支管的间距)、支管间距(即喷头沿干管方向的间距)、支管方向和喷头组合方式(矩形或三角形)等。

(1)喷头间距、支管间距。

当前普遍采用的确定喷头间距、支管间距的方法有如下几种。

①几何组合法。其基本特点是要求喷灌系统内的所有面积必须完全被喷头的湿润面积所覆盖,也就是说不能有漏喷现象。考虑到经济因素,为了使单位面积的造价尽量低,就要使喷头间距尽可能大。所以,几何组合法基本上是将喷头布置在对角线上并使喷头的湿润圆相切。对于不同的喷洒方式(全圆周或扇形)及喷头组合方式,按照几何作图的方法就不难求出各自的支管间距和喷头间距,见图2.10和表2.6。这些间距均以喷头射程(湿润半径)乘系数来表示。但是由于喷头内的水流紊动,水泵工作不稳定,管道阻力变化和空气流或风等因素的影响,喷头射程是不稳定、不断变化的,有时波动还是比较大的,因此用这种方法设计出来的系统仍然有发生漏喷的可能性。针对这一问题,相关研究人员曾对此进行了修正,并提出了修正几何组合法。

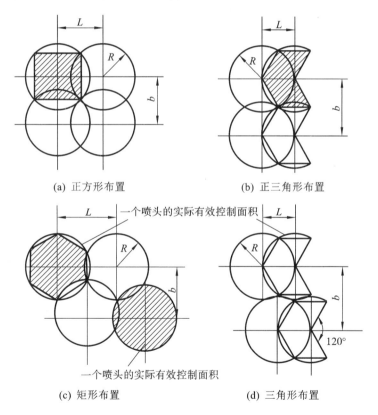

(a) 正方形布置 (b) 正三角形布置

(c) 矩形布置 (d) 三角形布置

图2.10 喷头组合方式

表 2.6 不同喷头组合方式的支管间距、喷头间距和有效控制面积

喷洒方式	组合方式	支管间距 b	喷头间距 L	有效控制面积	图形编号
全圆周	正方形	1.42R	1.42R	$2R^2$	(a)
	正三角形	1.5R	1.73R	$2.6R^2$	(b)
扇形	矩形	1.73R	R	$1.73R^2$	(c)
	三角形	1.865R	R	$1.865R^2$	(d)

②修正几何组合法。在几何组合法中对喷头射程没有一个明确的定义,可以是最大射程,也可以是有效射程,为了避免任意性,可以用一个有明确定义的设计射程代替喷头射程(或最大射程)R。

设计射程的定义见式(2.53)。

$$R_{设} = KR \tag{2.53}$$

式中:$R_{设}$为喷头的设计射程,m;K 为系数,是根据喷灌系统形式、当地的风速、动力的可靠程度等来确定的一个常数,一般为 0.7~0.9(对于固定式系统,由于竖管装好后就无法移动,如有空白就无法补救,故可以考虑取 0.8;对于多风地区,可以取 0.7;也可以通过试验确定 K 值,但 K 值一定不能取 1.0,否则将无法保证喷灌质量);R 为喷头射程(或最大射程),m。

该方法的特点在于不仅要求所有面积必须完全被喷头的湿润面积所覆盖,而且还要有一定的重叠,这样就可以保证即使有外来因素(风、水压等)的影响也不至于发生漏喷。该方法的优点在于简单易行,而且有较明显的图像,在不规则的组合情况下(如不规则的田块、田边地角等)易于进行喷点的布置;缺点在于没有足够的经验时,不易确定恰当的 K 值,另外也没有考虑均匀系数的要求。

③经验系数法。该方法的特点是考虑了风的影响,而且湿润面积有较大的重叠,对于不同的风速采用不同的经验系数 C,然后按喷头间距 $S_1 = CR$ 进行组合:无风情况下,支管上喷头之间的经验系数 $C_1=1.00$,支管之间的经验系数 $C_m=1.35$;有风情况下通常的 C 值见表 2.7,各喷头制造厂家也经常在样本中给出每种喷头适用的组合间距,这实际上也是经验系数法的一种表示方法。

表 2.7 经验系数(一)

风速/(km/h)	0	0~8.1	8.1~16.1	>16.1
C	1.30	1.20	1.00	0.44~0.60

有的单位根据国内的试验资料归纳,也提出了一些经验系数,见表 2.8。据

介绍,该系数适用整个 PY1 系列的喷头,均能获得 80% 以上的均匀系数,而且其他类似喷头亦可参考此表布置。

表 2.8 经验系数(二)

风力等级	风速/(km/h)	C_1	C_m
1	1.1~5.4	1.00	1.30
2	5.8~11.9	1.00~0.80	1.30~1.20
3	12.2~19.4	0.80~0.60	1.10~1.00

以上 3 种方法存在的共同问题是:没考虑不同的单喷头水量分布图形对组合以后的组合均匀度的影响;未进行认真的经济分析,有时并不是最经济的;没有同时考虑土壤的允许喷灌强度。

④特性曲面模拟法。

该方法同时考虑以下四项要求来确定喷头间距和支管间距:组合均匀系数 C_u 应大于设计要求值 C_0;整个田块上不发生漏喷,或漏喷百分数(漏喷面积占总面积的百分数)在允许值以下;组合后的平均喷灌强度不大于土壤允许喷灌强度;设备投资和运行费用最低。

显然,组合均匀系数、漏喷百分数、平均喷灌强度、设备投资和运行费用这四个参数都是随喷头间距 S_1 和支管间距 S_m 而变化的,而且是两者的连续函数,因此,对于以上每个参数必然存在着一个以该参数为垂直坐标(Z 轴),分别以 S_1 和 S_m 为 X 轴和 Y 轴的立体的空间特性曲面,而且由于这四个参数和 S_1、S_m 值都不可能是负值,所以特性曲面不会超过第一象限。从这四个特性曲面可以找到任何一个对应于不同 S_m 和 S_1 的四个参数。例如,从组合均匀系数特性曲面就可以找到任何一对 S_m 和 S_1 的组合均匀系数。为了便于表达和应用,可将这些特性曲面投影到平面上,绘出以 S_m 为横坐标,以 S_1 为纵坐标的四个参数的等值线图。图 2.11 即组合均匀系数等值线图。这样只要将四个参数的等值线图重叠在一起,就可以得到符合以上四项要求的 S_1 和 S_m 值。

组合均匀系数为 70% 并符合设计要求的范围如阴影面积所示(图 2.12)。该范围由三根线所包围,而该范围就是符合组合均匀系数大于或等于 70%、允许喷灌强度、不发生漏喷三个条件的范围,即在范围内的所有点(S_m 和 S_1)都符合这三项设计要求。但最后选用哪一点,就要通过经济分析来确定,具体可将单位面积投资等值线图与图 2.12 重叠,在阴影范围之内找出单位面积投资最低点,并考虑到支管和干管的标准长度等因素,选定其设计点,找出 S_m 和 S_1 的设计

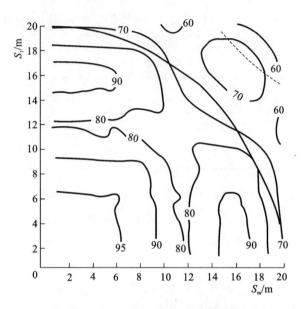

图 2.11 组合均匀系数等值线图

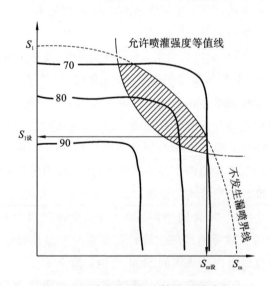

图 2.12 喷头间距与支管间距的确定

注：$S_{m设}$—指设计喷头间距；$S_{l设}$—设计支管间距。

值。由图 2.12 也可以看出，对于有些 S_m 和 S_l 的组合，尽管 $C_u \geqslant C_0$，但仍有漏喷现象。

(2) 支管方向。

对于支管的布置方向，除了考虑地形的影响（在平地上与地边平行，在坡地上最好与坡度方向平行或垂直),一般就是考虑风向的影响。现在普遍认为,有风时湿润面积由圆形变成椭圆形,平行于风的方向,顺风方向的湿润面积增加,逆风方向的湿润面积减少;垂直于风的方向,两侧湿润面积都减少,因此从经济的角度出发,支管最好与风向垂直。

(3) 喷头组合方式。

喷头组合方式是矩形好还是三角形好,目前还没有定论。但使用几何组合法或修正几何组合法时,三角形布置的喷灌系统要比矩形的经济一些。因为正三角形布置的单喷头有效控制面积是正方形布置的 1.3 倍,对于同样的喷灌面积就可以少布置一些喷点,支管间距也要大一些。

5. 拟定灌水定额和灌水周期

(1) 设计灌水定额($m_设$)。

设计灌水定额可用式(2.54)计算。

$$m_设 = 0.1H(\theta_{\max} - \theta_{\min}) \tag{2.54}$$

式中:H 为作物土壤计划湿润层的厚度,对于大田作物,一般采用 40~60 cm;$\theta_{\max}$ 为灌后土层允许达到的含水量的上限(以占土层体积的百分数表示),相当于田间持水率;$\theta_{\min}$ 为灌前土层含水量下限(以占土层体积的百分数表示),相当于田间持水率的 60%~70%。

(2) 设计灌水周期($T_设$)。

在喷灌系统规划设计中,主要是确定作物耗水最旺时期的允许最大间隔时间(两次灌水的间隔时间),即设计灌水周期(以天计),可用式(2.55)计算。

$$T_设 = \frac{m_设}{e} \tag{2.55}$$

式中:e 为作物耗水最旺时期的日平均耗水量,可根据试验确定,mm/d;其余符号意义同前。

一次灌水所需时间 t 可按式(2.56)和式(2.57)确定。

$$t = \frac{m_设}{\overline{\rho}_{系统}} \tag{2.56}$$

$$\overline{\rho}_{系统} = \frac{1000q\eta}{S_m S_l} \tag{2.57}$$

式中:$m_设$ 为设计灌水定额,mm;$\overline{\rho}_{系统}$ 为喷灌系统的平均喷灌强度,mm/d,应小于土壤的允许喷灌强度;η 为喷洒水有效利用系数,一般选用 0.7~0.9;q 为一个喷头的流量,m^3/h;S_m 为支管间距,m;S_l 为喷头间距,m。

同时工作的喷头数 $N_{喷头}$ 可按式(2.58)计算。

$$N_{喷头} = \frac{A}{S_m S_l} \frac{t}{T_{设} C} \quad (2.58)$$

式中：A 为整个喷灌系统的面积，m^2；C 为一天中喷灌系统有效工作时间，h；其他符号意义同前。

同时工作的支管数 $N_支$ 可按式(2.59)计算。

$$N_支 = \frac{N_{喷头}}{n_{喷头}} \quad (2.59)$$

式中：$n_{喷头}$ 为一根支管上的喷头数，以一根支管的长度除以喷头间距 S_l 求得。

若计算出的 $N_支$ 不是整数，则应考虑减少同时工作的喷头数或适当调整支管的长度。

2.4.5 滴灌

1. 滴头的种类及其工作原理

滴头是滴灌系统的关键部件，其作用是将到达滴头前毛管中的压力水流消能后，以稳定的小流量滴入土壤，通常由塑料压注而成。工作压力为 100 kPa 左右，流道最小孔径为 0.3~1.0 mm，流量为 0.6~1.2 L/h。

对滴头的要求如下：出流流量小，均匀而且稳定，受外界因素（温度、压力等）影响小，结构简单，便于制造和安装，价格低廉，坚固耐用，不易堵塞。

能满足以上要求的滴头很多，但结构与工作原理各异。按照水力学原理及结构形式，滴头可分为以下几类。

(1) 微管式滴头。

这是比较简单的一种滴头，用一根内径为 0.8~2.0 mm 的微塑料管直接插入毛管，借助水流在长长的微管中流动的摩擦水头损失来消除多余的能量。可以用改变微管长度的办法来调节出流量。其流量可用式(2.60)计算。

$$q = a l^b H^c D^d \quad (2.60)$$

式中：q 为微管式滴头的出流量，L/h；l 为微管长度，m；H 为工作压力，kPa；D 为微管内径，mm；a、b、c、d 是随 D 值而定的系数。

微管内的水流多数处于层流状态，但是在内径大于 0.8 mm，而且流量较大时，可能处于紊流状态。在层流状态下，水温的变化对流量将有明显的影响；在紊流状态下，则影响较小。

一般情况下微管就从毛管上拖下来,将出口放在需要滴灌的地方,有时为了便于移动,常将微管缠绕在毛管上。

尽管微管式滴头结构简单,精度不是很高(制造偏差系数F_v约为4%),但在许多国家仍广泛应用,其特别适合于地形起伏的丘陵坡地,这是因为微管式滴头可以通过改变长度,来适应因分布高程变化而造成的管中压力变化。

(2) 管式滴头。

其原理与微管式滴头相似,同属流道滴头,只不过是用塑料压成一个长流道来达到消能的目的。工作压力一般为100~150 kPa。流量一般为2~12 L/h。其流道的形状可以是螺纹式,也可以是迷宫式或者平面螺纹。按与毛管的连接方式划分,管式滴头可以分为以下两种。

①管间式滴头:滴头两端与毛管相连,滴头本身形成毛管的一部分,装有这种形式滴头的毛管便于移动,移动时不易损坏滴头。

②管上式滴头:又称"侧向安装滴头",滴头的进水口在毛管管壁上,滴头可直接附在毛管上,也可以通过小管接出一定距离。

管式滴头的流量可用式(2.61)计算。

$$q = 113.8A \left(\frac{2gHD}{fl}\right)^{1/2} \qquad (2.61)$$

式中:q 为滴头出流量,L/h;A 为孔口面积,mm^2;g 为重力加速度,一般取 9.81 m/s^2;H 为工作压力水头,m;D 为流道内径,mm;l 为流道长度,m;f 为摩擦系数。

在层流状态下,过水断面的形状对其水力学特性影响较大,而在紊流状态下,则影响较小。紊流时非圆过水断面用 $4R$ 来代替式(2.61)中的 D 值,可以得到较精密的结果,此处的 R 是水力半径(mm)。

管式滴头的突出优点是结构紧凑,安装成本低,批量生产质量容易控制。制造偏差系数 F_v 一般为3%~7%,其缺点是局部水头损失较大。

为了减少滴头堵塞,这种滴头可以做成自清洗的滴头,在正常工作压力下,流道变小;而在系统刚开始工作时,由于压力低,流道变大,可用较大的流量冲洗孔口。这种滴头一般称为"补偿式滴头"。

(3) 孔口式滴头。

该滴头由一个孔口和一个盖子组成,水流从孔口射出,冲在盖子上以达到消能的目的,孔口一般较小(0.5~1.0 mm),工作压力也较低(20~30 kPa),灌水均匀性差,易堵塞,但简单、价廉、易于更换。流量受压力变化的影响小,流量一般为6~70 L/h,但通常在15 L/h以上。其结构如图2.13所示,流动状态几乎总是紊流。

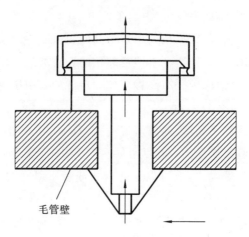

图 2.13　孔口式滴头结构示意

其出流量可用式(2.62)表示。

$$q = SC\sqrt{2gH} \tag{2.62}$$

式中：q 为出流量，L/h；S 为孔口断面面积，mm^2；H 为工作压力水头，m；C 为常数；g 为重力加速度，取 9.81 m/s^2。

孔口式紊流滴头的制造偏差系数 F_v 一般很大，高达 47%，但对温度的变化不太敏感。为克服堵塞问题，现在已有弹性改变过水断面面积的孔口式滴头，这种滴头在每次灌溉开始和结束时压力较低，过流比较大，会进行一次冲洗。当压力变大时，圆球将弹性部件压扁而使孔口变小，这具有压力补偿的作用，因此制造偏差系数 F_v 可降低到 1.6%～3.5%。

(4) 涡流式滴头。

该滴头是靠水流切向流入涡室内形成强烈的旋转运动，造成极大的水头损失来消能，然后水流由涡室中间的孔口流出。其优点是出流孔口可比孔口式滴头大 1.7 倍左右。其缺点是很难得到较低的流量，价格较贵。

(5) 双壁毛管。

这种毛管由两层管壁组成。内层管通过毛管主要流量，工作压力为 30～150 kPa，并有部分水流通过内层管壁上的小孔流到外层管，然后再从外层管外壁上流出。其出流量与管径、内压和内外孔口数目比有关，一般为 1～5 L/h，出口的间距根据灌水量来确定。这种毛管与其他滴头相比，比较经济，有时一套双壁毛管可以用 1～2 个生长季，还可以设计出很低的流量，容易安装，极不易堵塞,可广泛用于季节性的中耕作物,但是在坡地上出流量不均匀。

通常滴头流量与压力的关系可以用经验公式[式(2.63)]确定,该公式称为"滴头流量函数"。

$$q = K_c H^x \tag{2.63}$$

式中:q 为滴头流量,L/h;K_c 为表征滴头尺度的比例系数;H 为滴头的工作压力水头,m;x 为表征滴头流态的流量指数。

由式(2.63)可绘出如图 2.14 所示的曲线,x 是直线的斜率。从图 2.14 可以清楚地看出不同流态时滴头压力与流量的关系。

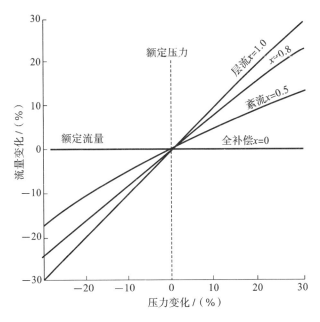

图 2.14 不同流态时滴头压力与流量的关系

2. 滴头的选择与布置

(1) 滴头的选用原则。

①流量符合设计要求,组合后能满足作物的需要又不产生深层渗漏与径流。一般不希望每个滴头流量太小,否则用量太大,既不经济也不方便,最好大于 6 L/h,而且流量对压力和温度变化的敏感性小。

②工作可靠、不易堵塞,一般要求出流孔口大,出流流速大。

③性能规格整齐划一,制造误差小且不能超过 10%。

④结构简单,价格便宜。

(2) 滴头与毛管的布置方式。

毛管是将水送到每一棵作物根部的最后一级管道,滴头一般是直接装在毛管上或通过微管(直径大约 5 mm)接到毛管上。滴头布置在作物的根系范围内。为了提高灌水均匀度,减少个别滴头堵塞所造成的危害,每棵作物至少布置有 2 个滴头,其布置方式有以下几种。

①单行直线布置:一根毛管控制一行作物。

②双行直线布置:两根毛管控制一行作物,便于管理和收存毛管。

③单行带环状布置:滴头通过绕树毛管相连,滴水点分布与根系一致,但收存和铺设比较麻烦。

④单行带微管布置:从毛管上分出微管式滴头,微管的出水口环绕作物四周布置,与单行带环状布置相似。

3. 滴灌的主要灌水质量指标

(1) 灌水均匀系数。

滴灌是一种局部灌溉,所以不要求在整个灌水面积上水量分布均匀,而要求每一棵作物灌到的水量是均匀的。影响对每一棵作物灌水均匀性的因素如下。

①滴头的水力学特性,主要是滴头流量对压力和温度变化的敏感性。

②滴头的制造偏差,可用制造偏差系数 F_v 表示,其计算见式(2.64)和式(2.65)。

$$F_v = \frac{S_d}{q_0} \tag{2.64}$$

$$S_d = \frac{\sqrt{q_1^2 + q_2^2 + \cdots + q_n^2} - nq_0}{\sqrt{n-1}} \tag{2.65}$$

式中:S_d 为至少 50 个新的滴头所测得流量的标准偏差;$q_1, q_2, \cdots, q_n$ 分别为各个滴头的流量值,L/h;q_0 为所有滴头的平均流量值,L/h;n 为供试滴头的总数。

F_v 值一般变化在 2%~10%,但一般要求 F_v 值不大于 5%。

③管网上水压力分布的不均匀性,这主要是由管网的摩阻损失和地面高程变化造成的。

④各滴头处气温及水温的差异。

⑤完全堵塞或部分堵塞滴头的数目。

考虑到这些因素,将滴头的灌水均匀系数 E_u 表示成如式(2.66)所示的形式。

$$E_u = 100\left[1 - \frac{1.27 F_v}{\sqrt{e}}\right]\frac{q_{\min}}{q_0} \tag{2.66}$$

式中：$q_{\min}$ 为根据正常流量压力关系曲线计算的与最小压力相对应的流量，L/h；e 为每株作物最少的滴头数目。

一般要求 E_u 值大于或等于 94%，在任何情况下也不得低于 90%。

(2) 灌溉效率。

灌溉效率 $\eta_水$ 也称为灌溉水利用系数，用于表征灌溉水的有效利用程度，定义为净灌溉用水量 $M_净$ 与毛灌溉用水量 $M_毛$ 之比，可用式(2.67)计算。

$$\eta_水 = K_s E_u \tag{2.67}$$

式中：K_s 为蒸腾灌水比，是在灌水最少处蒸腾水量与总灌溉用水量之比，也可以表示为 1 减去蒸发水量与总灌溉用水量之比和深层渗漏损失水量与总灌溉用水量之比，其数值取决于管理水平，在管理非常好的情况下，K_s 在干旱地区可达 0.95，在湿润地区可达 1.0，一般设计值取 0.9。

滴灌有时需要附加 10% 的灌溉用水量，以补偿淋洗的需要，那么毛灌溉用水量就可以用式(2.68)计算。

$$M_毛 = \frac{1.10 M_净}{\eta_水} \tag{2.68}$$

4. 滴灌系统的布置和设计

设计滴灌系统前，应收集必需的资料，如 1/2000～1/500 地形图和农业气象资料、土壤资料等。地形图上应标明滴灌面积所在位置、水源位置、现有田块布置、村庄和道路等。水源水质要进行分析，测定其 pH 值，泥沙及污物含量，硼、锂含量，以及以硝酸盐和硝酸铵形式存在的含氮量等。

(1) 滴灌系统的布置。

滴灌系统的管道一般分干管、支管和毛管三级，布置时要求这三级管道尽量互相垂直，以使管道长度最短，水头损失最小。在山区、丘陵地区，干管多沿山脊或在较高位置平行于等高线布置，支管垂直于等高线布置，毛管平行于等高线并沿支管两侧对称布置，以防滴头出水不均匀。

滴灌系统的布置，特别是毛管布置是否合理，直接关系到工程造价的高低、材料用量的多少和管理运行是否方便等。在果园滴灌中，由于果树的株行距都较大，而且水果产值较高，有条件的地方可以采用固定式滴灌系统，也可以采用移动式滴灌系统。我国目前在发展大田作物滴灌时，为了降低工程造价和减少塑料管材用量,均采用了移动式滴灌系统。一条毛管总长 40~50 m,其中有一段 2~5 m 长的毛管不装滴头,称为"辅助毛管"。这样,一条毛管就可以在支管两侧 60~80 m 宽,上下 4~8 m 的范围内移动,控制灌溉面积 0.5~1.0 亩,使每亩滴灌建设投资降低到 40~60 元,其布置形式如图 2.15 所示。

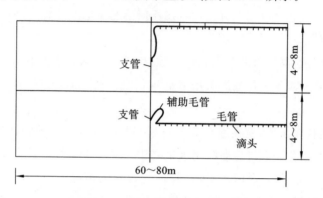

图 2.15　大田滴灌毛管布置形式

(2)滴灌的灌溉制度。

①灌水定额。滴灌设计灌水定额是指作为滴灌系统设计依据的最大一次灌水量($h_{滴}$),如果用灌水深度表示,可以用式(2.69)计算,即

$$m_{滴} = \frac{a\theta pH}{1000} \tag{2.69}$$

式中:$m_{滴}$ 为设计灌水定额,mm;a 为允许消耗的水量占土壤有效持水量的比例(由于滴灌能及时、准确地向根层土壤供水,因此可以使每次的灌水量较小,对于需水较敏感的蔬菜等作物,$a=20\%\sim30\%$,对于一般耐旱的作物,$a=30\%\sim40\%$,而对于根深的果树,$a=30\%\sim50\%$),%;θ 为土壤有效持水量,%;p 为土壤湿润比[在滴灌后地面以下 30 cm 深处土壤湿润面积与滴灌面积(包括滴头湿润的面积和没有湿润的面积)的比值,其数值与滴头流量、滴头间距和土壤类别有关],%;H 为计划湿润层深度(蔬菜为 0.2~0.3 m,大田作物 0.3~0.6 m,果树为 1.0~1.2 m),m。

国内外试验资料表明,在降雨量较小的干旱地区,对果树滴灌,湿润比 p 应小于 33%;在降雨量较多的地区,滴灌只是间歇性补充灌水,p 值应小于 20%,对于蔬菜和大田作物,其湿润比要高一些,一般为 70%~90%。

②设计灌水周期。滴灌的设计灌水周期用式(2.70)计算,即

$$T = \frac{m_{滴}}{e} \tag{2.70}$$

式中：T 为灌水周期，d；e 为作物需水旺盛期日平均耗水量，mm/d。

e 值可以根据当地滴灌试验资料或群众灌水经验确定，亦可根据式（2.71）估算。

$$e = \left(0.1 + \frac{A_y}{100}\right)e_{\max} \tag{2.71}$$

式中：A_y 为遮阴率（在垂直阳光照射下，作物阴影面积与总面积之比，对于大田作物和蔬菜，A_y 为 60%～95%；对于果园，幼树期 A_y 为 20%～40%，成树期 A_y 为 60%～80%），%；$e_{\max}$ 为作物需水旺盛期最大蒸腾量（不同作物、不同生育期，在不同的气候条件下，$e_{\max}$ 值不一样，可根据试验确定），mm/d。

目前，国内各地在进行滴灌设计时，大致采用如下灌水周期（T）：果树为 3～5 d，蔬菜为 1～2 d，而大田作物则采用 5～8 d。

③一次灌水延续时间。灌水延续时间 t 用式（2.72）计算，即

$$t = \frac{m_{\text{滴}} S_e S_l}{q_{\text{滴}}} \tag{2.72}$$

式中：S_e 为滴头间距，m；S_l 为毛管间距，m；$q_{\text{滴}}$ 为滴头流量，L/h。

在果园滴灌时，以单株树为计算单元，则一次灌水延续时间应该用式（2.73）计算。

$$t = \frac{m_{\text{滴}} S_r S_t}{n q_{\text{滴}}} \tag{2.73}$$

式中：t 为一次灌水延续时间，h；n 为一棵树下安装的滴头个数；S_r 为果树行距，m；S_t 为果树株距，m；其余符号意义同前。

④轮灌区数目的确定。对于固定式滴灌系统，轮灌区数目 N 可按式（2.74）计算。

$$N \leqslant \frac{24T}{t} \tag{2.74}$$

对于移动式滴灌系统，则为

$$N \leqslant \frac{24T}{n_{\text{移}} t} \tag{2.75}$$

式中：$n_{\text{移}}$ 为一条毛管控制面积内毛管移动的次数，大田为 10～20 次。

⑤一条毛管控制的灌溉面积 f。对于固定式滴灌系统，毛管固定在一个位置上灌水，控制面积计算见式（2.76）。

$$f = 0.0015 S_l L \tag{2.76}$$

式中：f 为一条毛管控制的灌溉面积，亩；L 为毛管长度（移动式滴灌系统中为安

装滴头的毛管段),m。

对于移动式滴灌系统,一条毛管一昼夜控制的灌溉面积可用式(2.77)计算。

$$f = 0.0015 n_{移} S_{移} L \tag{2.77}$$

式中:$S_{移}$ 为一条毛管每次移动的距离,m;其余符号意义同前。

(3) 滴灌系统控制的灌溉面积计算。

在灌溉水源能得到充分保证的条件下,滴灌面积取决于管道的输水能力。水源流量不能满足整个灌区需要时,滴灌面积可用式(2.78)计算。

$$A = m_{毛} f N \tag{2.78}$$

其中

$$m_{毛} = \frac{Q}{Q_{毛}} \tag{2.79}$$

式中:A 为滴灌系统控制的灌溉面积,亩;$m_{毛}$ 为同时工作的毛管条数,条;Q 为水源流量,L/h;$Q_{毛}$ 为一条毛管的输水流量,L/h;其余符号意义同前。

(4) 滴灌水力计算。

滴灌系统各级管道布置好以后,可从最末一级毛管开始,逐级推算各级管道(毛管、支管和干管)的水头损失。在具体设计中,要求同一支管上第一条毛管的第一个滴头的水头 h 与最末一条毛管的最后一个滴头的水头 h' 的差值,不超过滴头设计工作压力的20%,使滴头的滴水量比较均匀(流量差值不超过10%);并据此确定支管、毛管的最大长度。

滴灌时多用塑料管道。国内外常采用威廉-哈森公式计算管道沿程水头损失,见式(2.80)。

$$\Delta H = 15.27 \frac{Q^{1.852}}{D^{4.871}} L \tag{2.80}$$

式中:ΔH 为沿程水头损失,m;L 为管长,m;Q 为流量,L/h;D 为管内径,cm。

在支管中,因为水流进入毛管,所以其流量随支管长度而减少。在管道沿程均匀出流情况下,由于摩阻引起的总水头损失可以用式(2.81)计算,但必须再乘以相应的多孔系数加以修正(类似喷灌管道的计算),也可以用修正的威廉-哈森公式计算,见式(2.81)。

$$\Delta H = 5.35 \frac{Q^{1.852}}{D^{4.871}} L \tag{2.81}$$

式中:符号意义同前,仅常数不同。

毛管和支管水力学计算的步骤如下:

① 已知管道输水流量,初步选定管径 D。

②假定管道长度,计算总水头损失(沿程水头损失与局部水头损失之和)和任一管段断面的压力水头 H_i,计算见式(2.82)。

$$H_i = H - \Delta H_i \pm \Delta H'_i \tag{2.82}$$

式中:H 为进口压力水头;ΔH_i 为沿管长任一管段的水头损失;i 为相对管长,即任一管段距进口端的长度 l 与全管长 L 之比;$\Delta H'_i$ 为任一断面处由管坡引起的压力水头变化,下坡取"−"号,上坡取"+"号。

③求沿管长压力分布曲线,得到最大压力水头和最小压力水头及进口工作压力。

④校核支管控制的范围内,滴头工作压力的变化 $H_{var} = 1 - \dfrac{H_{min}}{H_{max}}$ 是否在规定范围内,其中 H_{min} 和 H_{max} 分别为毛管最小压力和最大压力(一般不在同一毛管上)。

⑤若 H_{var} 不符合要求,应改变支管、毛管的直径和相应长度,重新计算,直至符合要求为止。相同 H_{var} 的支管、毛管直径(D)和长度(L)有许多种组合,最好做出若干种比较方案,进行优选。

干管水力计算,可按经济直径(或经济水力坡度 i)选择合理直径,然后计算沿程水头损失,推求满足支管进口压力的干管工作压力,见式(2.83)。

$$H_A = H_B + \Delta H \pm \Delta Z \tag{2.83}$$

式中:H_A 为管段上端压力水头;H_B 为管段下端压力水头;ΔZ 为两端地形高差,下坡取"−"号,上坡取"+"号。

经济水力坡度 i 值越大,所需管径就越小,每亩投资也就越少。但是,i 值越大,所需要的抽水扬程就高,从而又增大了管理运行费用。因此,在设计滴灌系统时,要合理选择水力坡度 i 值。

应该指出,上述各级管道的压力还应加上局部阻力损失 $h_{局}$。为方便计算,目前一般以沿程水头损失的 10% 估算局部阻力损失。

5. 滴灌系统的堵塞及其处理方法

(1) 滴灌系统堵塞的原因。

①悬浮固体堵塞:如由河(湖)水中含有泥沙及有机物引起。

②化学沉淀堵塞:水流由于温度、流速、pH 值的变化,常产生一些不易溶于水的化合物,沉积在管道和滴头中,按其化学成分来分,主要是铁化合物沉淀(由铁管锈蚀引起)、碳酸钙沉淀和磷酸盐沉淀等。

③有机物堵塞:胶体形态的有机质、微生物的孢子和单细胞,一般不容易被过滤器排除,在适当的温度下,当含气量及流速减小时,常在滴灌系统内团聚和繁殖,引起堵塞。

(2) 滴灌系统堵塞的处理方法。

①酸液冲洗法。对于碳酸钙沉淀,可用 36% 的盐酸加入水中,占水容积的 0.5%~2%,用 1 m 水头的压力输入滴灌系统,滞留 5~15 min。当被钙质黏土堵塞时,可用硝酸稀释液冲洗;除去铁的沉淀需用硫酸。

②压力疏通法。用 5×10^5~1×10^6 Pa 的压缩空气或压力水冲洗滴灌系统,对疏通有机物堵塞效果很好。清除前,先将管道系统充满水,然后与空气压缩机连通,当所有水被排除半分钟后,关闭空气压缩机。但此法有时会使滴头流量超过设计值,或将较薄弱的滴头压裂,且对碳酸盐堵塞无效。

在滴灌系统运行过程中,更重要的是加强管理,切实采取以下预防措施:维护好过滤设备;设置沉淀池预先处理灌溉水;定期测定滴头的流量和灌溉水的铁、钙、镁、钠、氯的离子浓度,以及 pH 值和碳酸盐含量等,及早采取措施;防止藻类滋生,毛管应采用加炭黑的聚乙烯软管,使其不透阳光,或用氯气、高锰酸钾及硫酸铜处理灌溉水;采用活动式滴头,以便拆卸冲洗。

2.4.6 微喷灌

1. 微喷灌的主要灌水质量指标

微喷灌是介于喷灌与滴灌之间的一种灌水技术,因此,其主要灌水质量指标分别与两者相似。微喷灌的灌水均匀系数和灌水效率与滴灌相同。微喷灌的喷灌强度要求与喷灌相似,不同之处在于微喷灌是局部灌溉,一般不考虑湿润面积的重叠,所以要求单喷头的平均喷灌强度不超过土壤的允许喷灌强度。另外由于微喷头的出口与普通喷头的出口比起来一般都非常小,水滴对作物土壤的打击力都不大,不会构成对作物和土壤团粒结构的威胁,所以水滴直径不作为主要灌水质量指标,主要灌水质量指标是灌水均匀系数、灌水效率和单喷头平均喷灌强度。

2. 微喷头的种类及其工作原理

微喷头也是喷头的一种,具有体积小、压力低、射程短、雾化好等特点。小的微喷头外形尺寸为 0.5~1.0 cm,大的也只 10 cm 左右;其工作压力一般为

50～300 kPa。因此微喷头的结构一般要比喷头简单得多,多数是用塑料一次压注成型的,复杂一些的也只有 5～6 个零件,也有用金属或采用一些金属部件制作的微喷头。微喷灌的喷嘴直径一般小于 2.5 mm;单个微喷头的喷水量一般不大于 300 L/h。由于微喷头主要是作为一种局部灌水方法,所以不要求微喷头具有很大的射程,一般微喷头的射程从 10 cm～7 m 不等。

微喷头的作用有两个方面:一方面是将水舌粉碎成细小的水滴并喷洒到较大的面积上,以减少发生地面径流和局部积水的可能性;另一方面是用喷洒的方式,消散到达微喷头前的水头。滴头则是利用水流流过孔口或迷宫时的阻力来消散水头。只要能起到这两方面作用,而且工作参数在上述范围之内的喷头都可以称为"微喷头"。各种形式、不同规格的微喷头现在已有数百种之多。

按喷洒的图形(或湿润面积的形状)划分,微喷头可以分为全圆周喷洒和扇形喷洒两种。

(1) 全圆周喷洒的微喷头:单个微喷头的湿润面积是圆形的。这种喷头也可以用于全面灌溉。

(2) 扇形喷洒的微喷头:单个微喷头的湿润面积是一个或多个扇形的,而且各扇形的中心角也不相同。这种微喷头一般只能用于局部灌溉。因为其组合后不容易得到均匀的水量分布,所以不适用于全面灌溉。由于一些果树的树干不适合经常处于湿润状态,因此常将扇形的缺口对着树干,这样可以避免打湿树干。与一般喷头不同的是,一般喷头每个喷头只有一个扇形湿润面积,而一个微喷头却可以有几个扇形湿润面积。

按其工作原理,常用的微喷头可以分为射流式微喷头、离心式微喷头、折射式微喷头和缝隙式微喷头四种。其工作原理均与喷头相似。其中,后三种都没有运动部件,在喷洒时整个微喷头各部件都是固定不动的,因此统称为"固定式微喷头"。

(1) 射流式微喷头:一般是利用反作用原理使之旋转,其特点是水流集中、射程远,因此平均喷灌强度也就比较低,特别适用于全面灌溉及透水性较低的土壤的局部灌溉。

(2) 离心式微喷头:一种利用离心力来喷洒的微喷头,其特点是工作压力低,雾化程度高,一般形成全圆周湿润面积。由于在离心室内能够消散大量能量,所以在同样流量的条件下,微喷头的孔口可以比较大,从而大大减少了堵塞的可能性。

(3) 折射式微喷头:与一般折射式喷头不同,其折射锥的折射角不一定是

120°,可以是180°甚至更大。因此有时将射流式喷头的折射臂取下,换上一个平的折射锥,就成了折射式微喷头,这样提高了微喷头部件的通用性。一般折射锥表面是光滑的,但也有折射锥沿圆周方向做成齿形,其作用在于使水流沿圆周方向能分布得比较均匀,也可以提高雾化程度。一些扇形喷洒的折射式微喷头则只有一个方向有支架,水流向另一个方向射出。

(4) 缝隙式微喷头:水流经过缝隙喷出水舌,在空气阻力作用下裂散成水滴。缝隙式微喷头一般由两部分组成,下部是底座,上部是带有缝隙的盖,其特点是射程近,喷水强度大,造价低,但喷灌质量相对没有那么好。

3. 微喷头的选择与布置

(1) 微喷头的选择。

在选用微喷头时要考虑到农作物对灌溉的要求,还要注意对土壤环境造成的影响。

①单喷头平均喷灌强度不超过土壤允许的喷灌强度,这与喷灌相似。

②喷水量要适合于作物灌水量的要求,特别注意考虑灌水量随着生育阶段的变化。

③制造误差小,不得超过11%。

④喷水量对应力和温度变化的敏感性差。

⑤工作可靠,主要是不易堵塞,为此孔口应适当大些;对于有旋转部件的微喷头,还要求旋转可靠。

⑥经济耐用。

微喷头要根据作物的种类、植株的间距、土壤的质地与入渗能力及作物的需水量等来选择。除应满足主要灌水质量指标的要求外,喷洒湿润土层还应满足作物根系发育的要求,在不同生育阶段都能使根系得到全面湿润。

(2) 微喷头的布置。

微喷头的布置包括在高度上的布置和在平面上的布置。在高度上的布置,一般是放在作物的冠盖下面,但是不能太靠近地面,以免暴雨时将泥沙溅到微喷头上而堵塞喷嘴或影响折射臂旋转,也不能太高以免打湿枝叶。安装高度一般为20~50 cm,对于专门要湿润作物叶面的灌溉系统,则可将微喷头安装在作物的冠盖之上。在平面上布置,一般来说是每棵作物布置一个微喷头,要求30%~75%的根系得到灌溉,以保持产量和足够的根系锚固力。根系湿润范围主要取决于土壤类型与土层深度、喷水量、微喷头喷洒覆盖范围与形状、灌水历时等。

如果微喷灌是作物水分的唯一来源或主要来源(在非常干旱的地区),则作物根系发育形状与湿润土壤的形状一致,干的地方根系不发达。这时微喷头的布置是至关重要的,最好灌溉的湿润图形与作物枝干对称,应促使根系延伸到离作物枝干的距离等于作物高1/4处,以确保作物有足够的锚固力。对于微喷灌来说,土壤的湿润范围比地面湿润面积略大一些。可以根据以上原则合理布置,灵活安排。

微喷头一经安置,不要轻易移往他处,以免由于过去灌溉建立起来的根系吸不到水,而新湿润的土壤内没有根系吸水,作物会因缺水而减产。另外,原来被水分冲向湿润球四周的盐分也会因改变湿润范围而进入根区造成盐害。如果微喷头只是作为降雨的补充,作物根系平时就可以得到良好、全面的发育,这时微喷灌灌水图形的变化是不会严重影响作物根系的发育的。

第3章 灌溉渠道系统规划设计

3.1 灌溉渠道系统概述

3.1.1 灌溉渠道系统的组成

灌溉渠道系统(又称"灌溉渠系")一般是由输配水渠系、田间工程、退(泄)水渠道和渠系建筑物等组成的。

1. 输配水渠系

输配水渠系是从水源把水按计划输送分配到各个田块的各级渠道系统,这类渠道是常年保存的,又称为固定渠道。根据控制面积和水量分配层次,固定渠道可分为若干等级。大、中型灌区的固定渠道一般分为干渠、支渠、斗渠和农渠4级。在地形复杂的大型灌区,固定渠道的等级往往多于4级,干渠可分成总干渠和分干渠,支渠可下设分支渠,甚至斗渠也可下设分斗渠。在小型灌区,固定渠道的等级较少。若灌区呈狭长的带状,则固定渠道的等级可减少;若干渠的下一级渠道很短,则固定渠道可分为干渠、斗渠、农渠3级。通常情况下,干渠、支渠主要起输水作用,称为"输水渠道";斗渠和农渠主要起配水作用,称为"配水渠道"。

2. 田间工程

田间工程通常指最末一级固定渠道(农渠)和固定沟道(农沟)之间的条田范围内的临时渠道、排水小沟、田间道路、稻田的格田和田埂、旱地的灌水畦和灌水沟、小型建筑物及土地平整等农田建设工程。所以,农渠以下的毛渠、输水沟和灌水畦(沟)等属于田间工程。

3. 退(泄)水渠道

退(泄)水渠道主要包括渠首排沙渠、中途泄水渠和渠尾退水渠,其主要作用是定期冲刷和排放渠首段的淤沙、排泄入渠洪水、退泄渠道剩余水量及下游出现工程事故时断流排水等，达到调节渠道流量、保证渠道及建筑物安全运行的目的。中途退水设施一般布置在重要建筑物和险工渠段的上游。干渠、支渠的末端应设退水渠和退水闸。

4. 渠系建筑物

（1）引水建筑物。从河流无坝引水灌溉时，引水建筑物主要包括渠首进水闸和拦沙坎等。其作用是调节引入干渠的流量，并尽量减少泥沙的引入。有坝引水时的引水建筑物是由拦河坝、冲沙闸和进水闸等组成的灌溉引水枢纽。其作用是壅高水位、冲刷进水闸前的淤沙、调节干渠的进水流量，以及满足灌溉对水位、流量的要求。需要提水灌溉时修筑在渠首的水泵站和需要调节河道流量满足灌溉要求时修建的水库，也均属于引水建筑物。

（2）配水建筑物。配水建筑物主要包括分水闸和节制闸。

①分水闸：建在上级渠道向下级渠道分水处，上级渠道的分水闸就是下级渠道的进水闸。斗渠、农渠的进水闸惯称为"斗门"和"农门"。分水闸的作用是控制和调节分往下级渠道的配水流量，其结构形式有开敞式和涵洞式两种。

②节制闸：垂直渠道中心线布置，其作用是根据需要，抬高上游渠道的水位或阻止渠水继续流向下游。在下列情况下需要设置节制闸。

a. 在下级渠道中，个别渠道进水口处的设计水位和渠底高程较高，当上级渠道的工作流量小于设计流量时，就进水困难，为了保证该渠道能正常引水灌溉，就要在分水口的下游设节制闸，壅高上游水位，满足下级渠道的引水要求。

b. 下级渠道实行轮灌时，须在轮灌组的分界处设置节制闸，在上游渠道轮灌供水期间，用节制闸拦断水流，把全部水量分配给上游轮灌组中的各条下级渠道。

c. 为了保护渠道上的重要建筑物或险工渠段，退泄降雨期间汇入上游渠段的降雨径流，通常在它们的上游设泄水闸，在泄水闸与被保护建筑物之间设节制闸，使多余水量从泄水闸流向天然河道或排水沟道。

（3）交叉建筑物。渠道穿越山岗、河沟和道路时，需要修建交叉建筑物。常见的交叉建筑物有隧洞、渡槽、倒虹吸管、涵洞和桥梁等。

①隧洞。当渠道遇到山岗时，因石质坚硬或开挖工程量过大，往往不能采用深挖方渠道，若沿等高线绕行，渠道线路又过长，工程量仍然较大，而且增加了水头损失，在这种情况下，可选择在山岗单薄的地方凿洞而过。

②渡槽。当渠道穿过河沟和道路时，如果渠底高于河沟最高洪水位，或渠底

高于路面的净空且大于行驶车辆要求的安全高度,可架设渡槽,让渠道从河沟和道路的上空通过。渠道穿越洼地时,若采取高填方渠道工程量太大,也可采用渡槽。

③倒虹吸管。当渠道穿过河沟和道路时,如果渠道水位高出路面或河沟洪水位,但渠底高程却低于路面或河沟洪水位;或渠底高程虽高于路面,但净空不能满足交通要求,就要用压力管道代替渠道,从河沟和道路下面通过。压力管道的轴线向下弯曲,形似倒虹,故称倒虹吸管。

④涵洞。当渠道与道路相交,渠道水位低于路面,而且流量较小时,常在路面下面埋设平直的管道,称为"涵洞"。当渠道与河沟相交,河沟洪水位低于渠底高程,而且河沟洪水流量小于渠道流量时,可用填方渠道跨越河沟,在填方渠道下面建造排洪涵洞。

⑤桥梁。当渠道与道路相交,渠道水位低于路面,而且流量较大、水面较宽时,要在渠道上修建桥梁,满足交通要求。

(4)衔接建筑物。当渠道通过坡度较大的地段时,为了防止渠道冲刷,保持渠道的设计比降,可将渠道分成上、下两段,中间用衔接建筑物连接,这种建筑物常见的有跌水和陡坡。当渠道通过跌差较小的陡坎时,可采用跌水;当渠道通过跌差较大、地形变化均匀的地段时,多采用陡坡。

(5)泄水建筑物。为了防止因沿渠坡面径流汇入渠道或下级(游)渠道事故停水而使渠道水位突然升高,威胁渠道的安全运行,必须在重要建筑物和大填方段的上游及山洪入渠处的下游修建泄水建筑物,泄放多余的水量。通常是在渠岸上修建溢流堰或泄水闸,当渠道水位超过加大水位时,多余水量即自动溢出或通过泄水闸泄出,确保渠道的安全运行。泄水建筑物具体位置的确定,还要考虑地形条件,应选在能利用天然河沟、洼地等作为泄水出路的地方,以减少开挖泄水沟道的工程量。从多泥沙河流引水的干渠,常在进水闸后选择有利泄水的地形,开挖泄水渠,设置泄水闸,根据需要开闸泄水,冲刷淤积在渠首段的泥沙。为了退泄灌溉余水,干渠、支渠、斗渠的末端应设退水闸和退水渠。

(6)量水建筑物。在灌溉工程的正常运行过程中,需要控制和测量水量,以便实施科学的用水管理。在各级渠道的进水口需要测量入渠水量,在末级渠道上需要测量向田间灌溉的水量,在退水渠上需要测量渠道退泄的水量。在现代化灌区建设中,要求在各级渠道进水闸下游,建造专用的量水建筑物或安装专业的量水设备。三角形薄壁堰、矩形薄壁堰和梯形薄壁堰在灌区量水中使用较为广泛。

本书第 6 章将对水闸、渡槽、倒虹吸管、涵洞等渠系建筑物进行详细介绍。

3.1.2 灌溉渠道系统的分类

在现代灌区建设中,灌溉渠道系统和排水沟道系统是并存的,两者互相配合,协调运行,共同构成完整的灌区灌溉排水系统。

(1) 灌溉渠道按其使用寿命可分为固定渠道和临时渠道两种:固定渠道是指多年使用的永久性渠道;临时渠道是指使用寿命小于1年的季节性渠道。

(2) 灌溉渠道按控制面积和水量分配层次可分为若干等级:大、中型灌区的固定渠道一般分为干渠、支渠、斗渠、农渠4级;农渠以下的小渠道一般为季节性的临时渠道。

(3) 灌溉渠道按渠道横断面形式可分为挖方断面灌溉渠道、填方断面灌溉渠道和半挖半填断面灌溉渠道。渠道横断面结构详细介绍见本书第3.5.3节。

3.1.3 灌溉渠道系统的规划原则

(1) 干渠应布置在灌区的较高地带,其他各级渠道应布置在各自控制范围内的较高地带。

(2) 使工程量和工程费用最少。一般来说,渠线应尽可能短直,以减少占地面积和工程量。

(3) 灌溉渠道的位置应参照行政区划确定,尽可能使各用水单位都有独立的用水渠道,以利管理。

(4) 斗渠、农渠的布置要满足机耕要求。

(5) 灌溉渠道系统规划应与排水系统规划结合进行。应避免沟、渠交叉,以减少交叉建筑物。

(6) 灌溉渠道系统布置应与土地利用规划(如耕作区、道路、林带、居民点等规划)相配合。

3.1.4 灌溉渠道系统的工作制度

灌溉渠道系统的工作制度就是渠道的输水工作方式,分为续灌和轮灌两种。

1. 续灌

在一次灌水延续时间内,自始至终连续输水的渠道称为"续灌渠道"。这种输水工作方式称为"续灌"。

为了各用水单位受益均衡,避免因水量过分集中而造成灌水组织和生产安排困难,一般灌溉面积较大的灌区,干渠、支渠多采用续灌的工作方式。

2. 轮灌

同一级渠道在一次灌水延续时间内轮流输水的工作方式称为"轮灌"。实行轮灌的渠道称为"轮灌渠道"。

轮灌缩短了各条渠道的输水时间,加大了输水流量,同时工作的渠道长度较短,减少了输水损失水量,有利于农业耕作和灌水工作的配合,有利于提高灌水工作效率。但是,轮灌加大了渠道的设计流量,也就增加了渠道的土方量和渠道建筑物的工程量。如果流量过分集中,还会造成劳动力紧张,在干旱季节还会影响各用水单位的均衡受益。所以,一般较大的灌区,只在斗渠以下实行轮灌。

实行轮灌时,渠道分组轮流输水,分组方式可归纳为以下两种。

(1) 集中编组:将邻近的几条渠道编为一组,上级渠道按组轮流供水,如图3.1(a)所示。采用这种编组方式,上级渠道的工作长度较短,输水损失水量较小。但相邻几条渠道可能同属一个生产单位,会引起灌水工作紧张。

(2) 插花编组:将同级渠道按编号的奇数或偶数分别编组,上级渠道按组轮流供水,如图3.1(b)所示。这种编组方式的优缺点恰好与集中编组的优缺点相反。

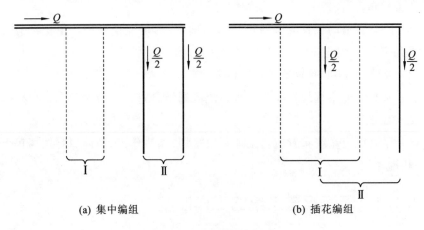

图 3.1 轮灌分组方式

注:Q—渠道流量。

实行轮灌时,无论采取哪种分组方式,轮灌组的数目都不宜太多,以免造成劳动力紧张,一般以 2~3 组为宜。

划分轮灌组时,应使各组灌溉面积相近,以利配水。

3.2 灌溉排水系统渠道的规划布置

灌溉排水系统(简称"灌排系统")由灌溉渠道系统、排水沟道系统组成,是将水从水源通过各级灌溉渠道和建筑物输送到田间,并通过各级排水沟道排除田间多余水量的农田水利设施,也是农田水利工程的主要组成部分。完整的灌排系统主要包括取水枢纽,各级输、配水渠道,各级排水、泄水沟道,灌区或圩区内部的蓄水工程(库塘或湖泊),各种田间工程(包括地面、地下灌排网)及建筑物等,如图3.2所示。本节将介绍不同灌区灌排系统渠道的典型布置形式、灌排系统渠道的布置原则与选线步骤。

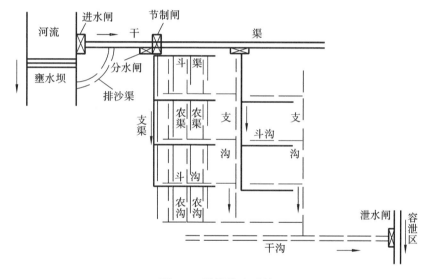

图3.2 灌溉排水系统

3.2.1 不同灌区灌排系统渠道的典型布置形式

由于地形、水文、土壤和地质等自然条件不同,国民经济发展对灌区提出的要求不同,各灌溉区灌排系统渠道的布置形式也是不同的。按地形条件划分,灌区大致可以分为三种基本类型:①山区、丘陵区型灌区;②平原型灌区;③圩垸型(滩地、三角洲型)灌区。

1. 山区、丘陵区型灌区

山区、丘陵区型灌区灌排系统渠道的布置形式如图 3.3 所示。

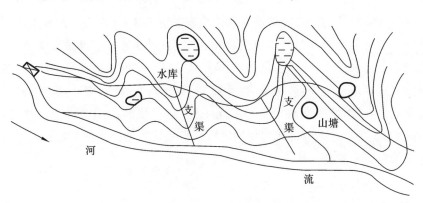

图 3.3　山区、丘陵区型灌区灌排系统渠道的布置形式

这类灌区的地形一般比较复杂,岗冲(冲击沟谷)交错,起伏剧烈,坡度较陡。耕地大多为坡地与梯田,位于分水岭、沟谷、河流之间,分布比较分散,很少有大片集中的平坦土地,而且山区、丘陵区的耕地高程较高,往往需从河流上游远处引水灌溉。所以,山区、丘陵区型灌区灌溉渠道的特点一般是位置较高,渠道弯曲,渠线较长,渠道深挖和高填方多,渠道石方工程和建筑物亦多,而且地形条件是确定渠线布置的主要因素。另外,该类灌区的渠道因较多地行经高填方、山坡风化土质和风化岩层地带,渗漏比较严重;且在暴雨季节,山洪可能入侵渠道,使之坍塌决口,影响附近农田村庄的安全。同时山区、丘陵区型灌区多塘堰和小型水库,可以拦蓄当地地面径流与引蓄河流径流,故山区、丘陵区型灌区的渠道还往往与塘库相连接,形成长藤结瓜式的水利系统。在山区、丘陵区,干渠、支渠的布置主要有下列两种形式。

(1) 干渠沿等高线布置。

干渠沿灌区上部的边缘布置,以求控制全部灌溉面积,此时支渠则从干渠的一侧引出。这种布置形式的地形条件,一般是位于分水岭和山溪或河流之间,呈狭长形,地面等高线大致与河流方向平行,灌区内的山溪、河流常用作排水沟道。在这种布置情况下,干渠渠线较长,渠底比降宜缓,以便控制较大灌溉面积或集中落差进行发电。但干渠位置在山坡上不能布置得过高,以免建筑物和石方工程量陡增。

(2)干渠沿主要分水岭布置。

干渠沿灌区内的主要地面岗脊线布置,走向大致与等高线垂直,干渠比降视地面坡度而定。此时,支渠由干渠两侧分出,控制大片灌溉面积。这种布置常见于在浅丘岗地的灌区。此种布置的干渠与天然河沟交叉极少,因而建筑物也较少,工程量较小,但有时因岗脊线比降较大,在干渠上仍需修建较多的衔接建筑物。在山区、丘陵区,一般利用灌区内原有的或者经改造整治后的溪沟和河流作为主要排水沟道。此外,为防止山洪对渠道的威胁,渠道上常设有泄洪建筑物或沿渠道一侧修建山坡截流沟等。

2. 平原型灌区

平原型灌区可分为冲积平原灌区和山前平原灌区。冲积平原灌区大多位于河流中、下游地区的冲积平原,地形平坦开阔,耕地集中连片。山前平原灌区位于洪积冲积扇上,除地面坡度较大外,也具有平原地区的其他特征。由于河谷阶地位于河流两侧,呈狭长地带,地面坡度倾向河流,高处地面坡度较大,河流附近坡度平缓,水文地质条件和土地利用等情况和平原地区相似。这些地区的渠系规划具有类似的特点,可归为一类,即干渠多沿等高线布置,支渠垂直等高线布置,如图3.4所示。

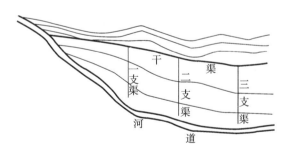

图3.4 平原型灌区灌排系统渠道的布置形式

3. 圩垸型(滩地、三角洲型)灌区

分布在沿江、滨湖低洼地区的圩垸区,地势平坦,水源丰沛,河湖港汊密布,洪水位高于地面,必须依靠筑堤圈圩才能保证正常的生产和生活,一般没有常年自流排灌的条件,普遍采用机电排灌站进行提排和提灌。面积较大的圩垸,应采取联圩并垸、修筑堤防涵闸等一系列工程措施,按照"内外水分开、高低水分排""以排为主,排蓄结合"和"灌排分开,各成系统"的原则,分区灌溉或排涝。圩内地形一般是周围高、中间低。灌溉干渠多沿圩堤布置,灌溉渠系通常只有干渠、支渠两级,如图 3.5 所示。

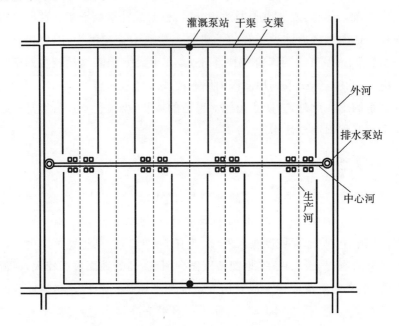

图 3.5 圩垸型灌区灌排系统渠道的布置形式

3.2.2 灌排系统渠道的布置原则与选线步骤

1. 骨干渠系规划布置的原则

对于一个灌溉区范围来说,一般骨干渠系是指干、支级灌排渠(沟)。它承担着全灌区的灌溉和排水任务,是影响整个灌排系统工程经济效益的主要因素。这些骨干渠道的规划往往带有全局性的意义,它是整个灌排系统规划的骨架,又是下一级工程规划布置的前提。因此,骨干渠系的规划布置,在总的方面应达到合理控制、便于管理、保证安全、力求经济的要求。在进行具体规划时,要做好调查研究,摸清地形、地质、水源等条件及原有水利现状,遵循以下原则确定布置方案。

(1)在灌溉水源和排水承泄区水位既定的情况下尽可能使灌区实现自流灌溉和自流排水。灌溉干渠尽可能布置在灌区的最高地带,其他各级主要渠道亦应沿地形较高地带布置,以便控制最大的自流灌溉面积。排水干沟应布置在地形最低的地带,或利用天然的沟道,以便在承泄上一级沟道来水时不发生壅水现象,并能自流泄入承泄区。

为了保证渠道和沟道能逐级自流供水和排水,在进行渠道的平面布置时,必须同时考虑渠道和沟道的水位控制,合理选择渠沟的比降及沿程水头损失等。

(2) 干、支渠道必须与排水沟统一规划布置。绝大多数灌区都有不同的排水任务和要求,如排除由降雨形成的地面径流;排泄地下水,降低地下水位;排除多余的灌溉水量等。因此,在规划布置主要灌溉渠道时,必须同时考虑主要排水沟的布置。在大多数情况下,灌区内灌、排渠道应分开布置,各成系统,以免灌、排相互干扰,并便于管理和控制地下水位等。只有在地下水埋藏较深、水质良好、无盐碱化威胁的地区,或者排水沟挖得很深并采用提灌方式时,排水沟才可同时兼作灌溉渠道。在平原圩区,灌溉渠道的布置往往要服从于排水沟的布置,例如不要把天然河沟的排水出路切断,打乱自然排水流势;尽量减少与排水沟交叉,如果交叉,则必须修建交叉建筑物等。

(3) 渠系布置要求总的工程量和工程费用最少,并且工程安全可靠。在山区、丘陵区布置渠道时,会遇到各种地形障碍,如岗、冲、溪、谷及地质条件复杂的地段。当渠线遇到沟谷时,可采用绕行与直穿两种方式。绕行即渠道沿等高线随弯就弯;直穿就是通过填方渠道或倒虹吸管、渡槽等建筑物横过沟谷。究竟采取何种措施,要从各方案的工程量、水头和水量损失等方面进行比较确定。如果采用直穿方式,最好选择河槽较窄、洪水位较低、河床稳定、地质条件较好的河段与渠道相交,并注意使渠道具有足够的水头差,为选用立交建筑物创造条件,以减少建筑物的工程量和有利于基础处理。

此外,渠沟选线还应尽量少占耕地。如韶山灌区本着"占山不占地、占地不占町"的原则,使渠道尽可能沿荒山野岭而行,并把施工中渠道开挖的弃土废石做成梯田6800亩,比渠道占用的耕地还多1500亩。当渠道通过村庄附近或交通道时,还应适当多建桥梁、码头,尽量方便群众;一般每隔500~1000 m建一座人行便桥,人口稠密地区应多建,人口稀疏地区可少建。

(4) 灌排渠系布置应在灌区农田水利区划的基础上进行,与土地利用规划相结合,并宜照顾行政区划以便管理。

(5) 干、支级渠(沟)道的布置应考虑发挥灌溉区内原有小型水利工程的作用,并应为上、下级渠(沟)的布置创造良好条件。

(6) 考虑综合利用,以适当地满足其他国民经济部门的要求。

(7) 尽可能获得集中的水位落差,以利发电;当以渠道或排水沟兼作航道时,应以最短距离与物资产地或商业中心连接,以利运输等。

2. 支以下各级渠(沟)规划布置的特点

上述干、支渠和干、支沟选线的主要原则,对于斗、农渠(沟)而言,基本上也是适用的。但是,斗、农渠(沟)深入田间,承担着直接向用水单位配水的任务,所以在规划布置时,更要密切地与灌区土地利用规划和行政区划结合起来,要创造有利于农业机械化耕作的条件,沟渠布置应力求整齐,沟渠分割的地块要比较方正,沟渠的间距和长度要便于机械化耕作等。

3. 渠线选定的步骤

灌溉渠道的选线与排水沟的选线基本相同,大致分四步进行,即初步查勘、复勘、初测和纸上定线、定线测量和技术设计。

(1) 初步查勘。先在地形图(一般采用比例尺 1:100000~1:10000)上,按照渠道布置的原则做出渠线的大体布置,并邀请熟悉地形的当地干部群众共同研究,定出几条渠道比较线,然后对所经地带做初步查勘。

初步查勘要求用简单仪器测出干渠线上若干控制点(渠首控制山垭、跨河点等)的相对位置和高程;大致确定支渠分水口位置和支渠渠线方向;调查各支渠的控制范围,受益田亩和种植比例;记录沿线土壤地质特征;估计渠线和大型建筑物的类型、尺寸;调查灌区的社会经济状况,如人口分布、交通条件、当地建筑材料等。

通过初步查勘,选择1~2条线路作为复勘的依据。

(2) 复勘。复勘包括干渠线路的复勘和主要支渠的初步查勘,在比降很小的渠道上要用视距测量和水准测量把各控制点的相对位置和高程测出来。若不同线路的效益和工程规模、难易程度有显著差别,一般经过复勘就能决定取舍,否则还需经再一次深入比较才能决定。各支渠的初步查勘,可以只查勘与干渠较难相接的一段,其他可留待测量支渠时再查勘。通过干渠线路复勘,渠系布置方案大致可以定下来,接着就可以进行初测。工程较难的支渠也要经过复勘才能测量。

(3) 初测和纸上定线。对复勘所确定的渠线,在其两侧宽一般为100~200 m的狭窄地带,要进行初测。初测时应尽可能地使导线接近将来准备采用的渠道中线,同时还必须把沿线的土壤、地质、下一级渠道的分水口和渠系建筑物位置、当地建筑材料开采地点和对外交通情况等设计资料大体收集起来,并提出渠系建筑物类型和主要尺寸的意见,以上资料均编写在初测报告中。

纸上定线就是要根据初测所提供的资料结合地形图定出渠道中心线的平面位置和纵断面,在确定渠道中心线平面位置之前,要先做好以下的准备工作:①计算渠首到灌区的干渠平均纵坡坡度,以便确定各渠段的比降及灌区控制范围;②根据流量和渠床土质条件,大致确定各渠段的纵坡坡度;③设计各渠道标准横断面;④确定各渠段弯道的最小曲率半径;⑤预计渠系建筑物的水头损失,初定干渠纵断面。

(4)定线测量和技术设计。定线测量不仅要在实地上测设渠道中心线,还要按中心线各桩号测绘纵、横断面图。在定线测量的过程中,还必须对沿渠地质情况进行勘探,并对沟做必要的洪水调查。在地质勘查时,要查明沿渠土壤及地质条件、土石分界线、塌方及漏水可能产生的地段,为渠道开挖及渠系建筑物的设计提供地质资料。洪水调查主要为溪沟的洪水计算提供资料,以确定泄洪建筑物的类型及尺寸。

按定线测量所提供的资料,进行渠道和渠系建筑物的技术设计。

3.3　田间工程规划

3.3.1　灌区田间规划的要求与原则

灌区田间规划是以彻底改变农业生产条件,建设旱涝保收、高产稳产农田,适应农业现代化为目标,以健全和改建田间灌排渠系,实现治水改土为主要内容,对山、水、田、林、路等进行全面规划、综合治理的一项农田基本建设工程。

田间工程要有利于调节农田水分状况、培育土壤肥力和实现农业现代化。为此,田间工程规划应满足以下基本要求。

(1)有完善的田间灌排系统,旱地有沟、畦,种稻有格田,配置必要的建筑物,使灌水能控制、排水有出路。

(2)田面平整,灌水时土壤湿润均匀,排水时田面不留积水。

(3)田块的形状和大小要适应农业现代化需要,有利于农业机械作业和提高土地利用率。

制定田间规划时,一般应遵循以下原则。

(1)田间工程规划是农田基本建设规划的重要组成部分。因此,田间工程规划必须与农田基本建设规划相适应,要在地区农田基本建设规划和水利规划的基础上进行。

(2) 田间工程规划必须着眼长远,立足当前。既要充分考虑适应农业现代化的需要,又要不脱离农业生产发展的现实状况,从当前实际情况出发,逐步达到长远目标,做到全面规划,分期实施,实现当年能增产、长远起作用的目标。

(3) 田间工程规划必须因地制宜,讲究实效。要有科学的态度,注意调查研究,总结经验教训。要贯彻群众路线,发动群众讨论,力求规划合理,布局恰当。

(4) 田间工程规划必须以治水、改土为中心,实现山、水、田、林、路综合治理,促进农、林、牧、副、渔全面发展。

3.3.2 田间排灌渠系(斗、农级渠系)布置

1. 斗、农渠的规划要求

在规划布置时除遵循前面讲过的灌溉渠道规划原则外,还应满足以下要求。
(1) 适应农业生产管理和机械耕作要求。
(2) 便于配水和灌水,有利于提高灌水工作效率。
(3) 有利于灌水和耕作的密切配合。
(4) 土地平整工程量较少。

2. 斗渠的规划布置

斗渠的长度和控制面积随地形变化很大。山区、丘陵地区的斗渠长度较短,控制面积较小。平原地区的斗渠较长,控制面积较大。我国北方平原地区的一些大型自流灌区的斗渠长度一般为 1000~3000 m,控制面积为 600~4000 亩。斗渠的间距主要根据机耕要求确定,与农渠的长度相适应。

3. 农渠的规划布置

农渠是末级固定渠道,控制范围是一个耕作单元,在平原地区通常长为 500~1000 m,间距 200~400 m,控制面积为 200~600 亩。丘陵地区农渠的长度和控制面积较小。在有控制地下水位要求的地区,农渠间距根据农沟间距确定。

4. 条田规划

末级固定灌溉渠道(农渠)和末级固定沟道(农沟)之间的田块称为"条田",

有的地方称为"耕作区"。它是进行机耕和田间工程建设的基本单元,也是组织田间灌水的基本单元。

条田的基本尺寸要满足以下要求。机耕不仅要求条田形状方正,还要求条田具有一定的长度。若条田太短,拖拉机开行长度太小,转弯次数就多,生产效率低,机械磨损较大,消耗燃料也多。若条田太长,控制面积过大,不仅增加了平整土地的工作量,而且由于灌水时间长,灌水和中耕不能密切配合,会增加土壤蒸发损失,在有盐碱化威胁的地区还会加剧土壤返盐。根据实际测定,拖拉机开行长度小于 400 m 时,生产效率显著降低。但当开行长度大于 800 m 时,用于转弯的时间所占比重很小,提高生产效率的作用已不明显。因此,从有利于机械耕作这一因素考虑,条田长度以 400~800 m 为宜。

做好田间工程规划是进行合理灌溉,提高灌水工作效率,及时排除地面径流,控制地下水位,充分发挥灌排工程效益,实现旱涝保收,建设高产、优质、高效农业的基本建设工作。

3.4 灌溉渠道流量计算

3.4.1 灌溉渠道流量概述

渠道的流量是在一定范围内变化的,设计渠道的纵、横断面时,要考虑流量变化对渠道的影响。通常用以下三种特征流量代表在不同运行条件下的工作流量。

(1) 设计流量。

设计流量是在灌溉设计标准条件下,为满足灌溉用水要求,需要渠道输送的最大流量。其通常是根据设计灌水模数(设计灌水率)和灌溉面积进行计算的。

在渠道输水过程中,有水面蒸发、渠床渗漏、闸门漏水、渠尾退水等水量损失。需要渠道提供的灌溉流量称为渠道的净流量,计入水量损失后的流量称为渠道的毛流量。设计流量是渠道的毛流量,它是设计渠道断面和渠系建筑物尺寸的主要依据。

(2) 最小流量。

最小流量是在灌溉设计标准条件下,渠道在工作过程中输送的最小流量。其根据修正灌水模数图上的最小灌水模数值和灌溉面积进行计算。应用渠道最小流量可以校核下一级渠道的水位控制条件和确定修建节制闸的位置等。

(3) 加大流量。

加大流量是考虑到在灌溉过程中可能出现一些难以准确估计的附加流量,把设计流量适当放大后所得到的安全流量。简单地说,加大流量是渠道运行过程中可能出现的最大流量,它是设计堤顶高程的依据。

在灌溉工程运行过程中,可能出现一些与设计情况不一致的变化,如扩大灌溉面积、改变作物种植计划等,要求增加供水量;在工程事故排除之后,需要增加引水量,以弥补因事故影响而少引的水量;在暴雨期间因降雨而增大渠道的输水流量。这些情况都要求在设计渠道和建筑物时留有余地,按加大流量校核其输水能力。

3.4.2 灌溉渠道水量损失

由于渠道在输水过程中有水量损失,就出现了净流量 Q_n、毛流量 Q_g、损失流量 Q_l 这三种既有联系又有区别的流量,它们之间的关系如式(3.1)所示。

$$Q_g = Q_n + Q_l \tag{3.1}$$

渠道的水量损失包括渠道水面蒸发损失、渠床渗漏损失、闸门漏水和渠道退水等。渠道水面蒸发损失一般不足渠床渗漏损失水量的5%,在渠道流量计算中常忽略不计。闸门漏水和渠道退水取决于工程质量和用水管理水平,可以通过加强灌区管理工作予以限制,在计算渠道流量时不予考虑。因此,把渠床渗漏损失水量近似地看作总输水损失水量。渠床渗漏损失水量与渠床土壤性质、地下水埋藏深度和出流条件、渠道输水时间等因素有关。渠道开始输水时,渗漏强度较大,随着输水时间的延长,渗漏强度逐渐减小,最后趋于稳定。在已成灌区的管理运用中,渠床渗漏损失水量应通过实测确定。在灌溉工程规划设计工作中,常用经验公式或经验系数估算输水损失水量。

1. 用经验公式估算输水损失水量

渠道输水损失水量如式(3.2)所示。

$$Q_l = \sigma L Q_n \tag{3.2}$$

式中:σ 为每千米渠道输水损失系数,可按经验公式[式(3.3)]计算;L 为渠道长度,km;其他符号意义同前。

$$\sigma = \frac{A}{100 Q_n^m} \tag{3.3}$$

式中:A 为渠床土壤透水系数;m 为渠床土壤透水指数;其他符号意义同前。土壤透水性参数 A 和 m 应根据实测资料分析确定。

式(3.2)的输水损失水量 Q_l 是根据渠床天然土壤透水性计算出来的。如拟采取渠道衬砌护面防渗措施,则应观测研究不同防渗措施的防渗效果,以采取防渗措施后的渗漏损失水量 Q'_l 作为确定设计流量的依据。如无试验资料,可将上述计算结果乘以表3.1给出的经验折减系数,如式(3.4)或式(3.5)所示。

$$Q_l^n = \beta Q_l \tag{3.4}$$

$$Q_l^n = \beta Q'_l \tag{3.5}$$

式中:Q_l^n 为采取防渗措施后的渗漏损失流量,m^3/s;β 为采取防渗措施后渠床渗漏损失水量的折减系数;其他符号意义同前。

表3.1 渠道采取防渗措施后渠床渗漏损失水量的折减系数 β

防渗措施	β
渠槽翻松夯实(厚度大于0.5 m)	0.20~0.30
渠槽原状土夯实(影响厚度0.4 m)	0.50~0.70
灰土夯实、三合土夯实	0.10~0.15
混凝土护面	0.05~0.15
黏土护面	0.20~0.40
人工夯填	0.50~0.70
浆砌石	0.10~0.20
塑料薄膜	0.05~0.10

注:透水性很强的土壤,挂淤和夯实能使渗漏水量显著减少,可采取较小的 β 值。

2. 用经验系数估算输水损失水量

总结已成灌区的水量测量资料,可以得到各条渠道的毛流量和净流量及灌入农田的有效水量。经分析计算,可以得出以下几个反映水量损失情况的经验系数。

(1)渠道水利用系数:渠道的净流量与毛流量的比值,用符号 η_c 表示。渠道水利用系数的计算如式(3.6)所示。

$$\eta_c = \frac{Q_n}{Q_g} \tag{3.6}$$

对任一渠道而言,从水源或上级渠道引入的流量即其毛流量,分配给下级各条渠道流量的总和即其净流量。

渠道水利用系数反映一条渠道的水量损失情况,或反映同一级渠道水量损失的平均情况。

(2) 渠系水利用系数:灌溉渠系的净流量与毛流量的比值,用符号 η_s 表示。农渠向田间供水的流量就是灌溉渠系的净流量,干渠或总干渠从水源引水的流量就是渠系的毛流量。渠系水利用系数的数值 η_s 等于各级渠道水利用系数的乘积,如式(3.7)所示。

$$\eta_s = \eta_{干} \eta_{支} \eta_{斗} \eta_{农} \tag{3.7}$$

式中:$\eta_{干}$、$\eta_{支}$、$\eta_{斗}$、$\eta_{农}$ 分别为干、支、斗、农级渠道水利用系数。

渠系水利用系数反映整个渠系的水量损失情况,不仅反映出灌区的自然条件和工程技术状况,还反映出灌区的管理工作水平。

(3) 田间水利用系数:实际灌入田间的有效水量(对旱作农田,指蓄存在计划湿润层中的灌溉水量;对水稻田,指蓄存在格田内的灌溉水量)和末级固定渠道(农渠)放出水量的比值,用符号 η_f 表示。田间水利用系数的计算如式(3.8)所示。

$$\eta_f = \frac{A_{农} m_n}{W_{农净}} \tag{3.8}$$

式中:$A_{农}$ 为农渠的灌溉面积,亩;m_n 为净灌水定额,m^3/亩;$W_{农净}$ 为农渠供给田间的水量,m^3。

田间水利用系数是衡量田间工程状况和灌水技术水平的重要指标。在田间工程完善、灌水技术良好的条件下,旱作农田的田间水利用系数可以达到 0.9,水稻田的田间水利用系数可以达到 0.95。

(4) 灌溉水利用系数:实际灌入农田的有效水量和渠首引入水量的比值,用符号 η_0 表示。灌溉水利用系数是评价渠系工作状况、灌水技术水平和灌区管理水平的综合指标,可按式(3.9)计算。

$$\eta_0 = \frac{A m_n}{W_g} \tag{3.9}$$

式中:A 为某次灌水全灌区的灌溉面积,亩;m_n 为净灌水定额,m^3/亩;W_g 为某次灌水渠首引入的总水量,m^3。

以上这些经验系数的数值与灌区大小、渠床土质和防渗措施、渠道长度、田间工程状况、灌水技术水平及管理工作水平等因素有关。在引用别的灌区的经验数据时,应注意这些条件要相近。

选定适当的经验系数之后,就可根据净流量计算相应的毛流量。

3.5 渠道纵、横断面设计

灌溉渠道的设计流量、最小流量和加大流量确定以后,就可据此设计渠道的纵、横断面。设计流量是进行水力计算、确定渠道过水断面尺寸的主要依据。最小流量主要用来校核下级渠道的水位控制条件,判断当上级渠道输送最小流量时,下级渠道能否引足相应的最少流量。如果不能满足某条下级渠道的进水要求,就要在该分水口下游设节制闸,壅高水位,满足其取水要求。加大流量是确定渠道深度和堤顶高程的依据。

渠道纵、横断面的设计是互相联系、互为条件的。在设计实践中,不能把它们完全分开,而是要通盘考虑、交替进行、反复调整,最后确定合理的设计方案。但为了叙述方便,还是分别介绍纵、横断面设计方法。

合理的渠道纵、横断面除了应满足渠道的输水、配水要求,还应满足渠床稳定条件,包括纵向稳定和平面稳定两个方面。纵向稳定要求渠道在设计条件下工作时,不发生冲刷和淤积,或在一定时期内冲淤平衡。平面稳定要求渠道在设计条件下工作时,渠道水流不发生左右摇摆。

3.5.1 渠道纵、横断面设计原理

灌溉渠道一般都是正坡明渠。在渠首进水口和第一个分水口之间或在相邻两个分水口之间,如果忽略蒸发和渗漏损失,渠段内的流量是常数。为了水流平顺和施工方便,在一个渠段内要采用同一个过水断面和同一个比降,渠床表面要具有相同的糙率。因此,渠道水深、过水断面面积和平均流速也就沿程不变。这就表明渠中水流在重力作用下运动,重力沿流动方向的分量与渠床的阻力平衡。这种水流状态称为"明渠均匀流"。在渠道建筑物附近,因阻力变化,水流不能保持均匀流状态,但影响范围很小,其影响结果在局部水头损失中考虑。因此,灌溉渠道可以按明渠均匀流公式设计。

明渠均匀流的基本公式如式(3.10)所示。

$$v = C\sqrt{Ri} \tag{3.10}$$

式中:v 为渠道平均流速,m/s;C 为谢才系数,$m^{0.5}/s$;R 为水力半径,m;i 为渠底比降。

谢才系数常用曼宁公式计算,如式(3.11)所示。

$$C = \frac{1}{n}R^{1/6} \quad (3.11)$$

式中：n 为渠床糙率。

渠道设计流量计算如式（3.12）所示。

$$Q = AC\sqrt{Ri} \quad (3.12)$$

式中：Q 为渠道设计流量，m^3/s；A 为渠道过水断面面积，m^2；其他符号意义同前。

3.5.2 渠道纵断面设计

灌溉渠道不仅要满足输送设计流量的要求，还要满足水位控制的要求。横断面设计确定了能通过设计流量的断面尺寸，满足了前一个要求。纵断面设计的任务是根据灌溉水位要求确定渠道的空间位置，先确定不同桩号处的设计水位高程，再根据设计水位确定渠底高程、堤顶高程、最小水位等，从而满足水位控制的要求。

1. 灌溉渠道的水位推算

为了满足自流灌溉的要求，各级渠道入口处都应具有足够的水位。这个水位是根据灌溉面积上控制点的高程加上各种水头损失，自下而上逐级推算出来的。水位公式如式（3.13）所示。

$$H_{进} = A_0 + \Delta h + \sum Li + \sum \psi \quad (3.13)$$

式中：$H_{进}$ 为渠道进水口处的设计水位，m；A_0 为渠道灌溉范围内控制点的地面高程（控制点是指较难灌到水的地面点，在地形均匀变化的地区，控制点选择的原则如下：如沿渠地面坡度大于渠道比降，则渠道进水口附近的地面高程点最难控制；反之，渠尾地面高程点最难控制），m；Δh 为控制点地面与附近末级固定渠道设计水位的高差，一般取 0.1～0.2 m；L 为渠道的长度，m；i 为渠道的比降；ψ 为水流通过渠系建筑物的水头损失，可参考表 3.2 所列数值选用，m。

表 3.2 渠道建筑物水头损失最小值

渠别	控制面积/万亩	水头损失最小值/m				
		进水闸	节制闸	渡槽	倒虹吸管	公路桥
干渠	10.00～40.00	0.10～0.20	0.10	0.15	0.40	0.05
支渠	1.00～6.00	0.10～0.20	0.07	0.07	0.30	0.03

续表

渠别	控制面积/万亩	水头损失最小值/m				
		进水闸	节制闸	渡槽	倒虹吸管	公路桥
斗渠	0.30～0.40	0.05～0.15	0.05	0.05	0.20	0
农渠			0.05			

式(3.13)可用来推算任意一条渠道进水口处的设计水位，不同渠道进水口设计水位时所用的控制点不一定相同，应在各条渠道控制的灌溉面积范围内选择相应的控制点。

2. 渠道纵断面图的绘制

渠道纵断面图包括沿渠地面高程线、分水口和建筑物的位置、渠道设计水位线、渠底高程线、渠道最低水位线、堤顶高程线、桩号和高程及渠道比降等。

渠道纵断面图按以下步骤绘制。

（1）绘制沿渠地面高程线。在方格纸上建立直角坐标系，横坐标表示桩号，纵坐标表示高程。根据渠道中心线的水准测量成果（桩号和地面高程）按一定的比例点绘出沿渠地面高程线。

（2）标绘分水口和建筑物的位置。在地面高程线的上方，用不同符号标出各分水口和建筑物的位置。

（3）绘制渠道设计水位线。参照水源或上一级渠道的设计水位、沿渠地面坡度、各分水点的水位要求和渠道建筑物的水头损失，确定渠道的设计比降，绘出渠道的设计水位线。该设计比降作为横断面水力计算的依据。如横断面设计在先，绘制纵断面图时所确定的渠道设计比降应与横断面水力计算时所用的渠道比降一致；如二者相差较大，难以采用横断面水力计算所用比降，则应以纵断面图上的设计比降为准，重新设计横断面尺寸。所以，渠道的纵断面设计和横断面设计要交错进行，互为依据。

（4）绘制渠底高程线。在渠道设计水位线以下，以渠道设计水深为间距，画出设计水位线的平行线，该线就是渠底高程线。

（5）绘制渠道最低水位线。从渠底线向上，以渠道最小水深（渠道设计断面通过最小流量时的水深）为间距，画出渠底线的平行线，此即渠道最低水位线。

（6）绘制堤顶高程线。从渠底线向上，以加大水深（渠道设计断面通过加大流量时的水深）与安全超高之和为间距，作渠底线的平行线，此即渠道堤顶高程线。

(7) 标注桩号和高程。在渠道纵断面的下方画一个表格,把分水口和建筑物所在位置的桩号、地面高程线突变处的桩号和高程、设计水位线和渠底高程线突变处的桩号和高程,以及相应的最低水位和堤顶高程,标注在表格内相应的位置上。桩号和高程必须写在表示该点位置的竖线的左侧,并应侧向写出。在高程突变处,要在竖线左、右两侧分别写出高、低两个高程。

(8) 标注渠道比降。在标注桩号和高程的表格底部,标出各渠段的比降。

到此,渠道纵断面图绘制完毕。

3. 渠道纵断面设计中的水位衔接

在渠道设计中,常遇到建筑物引起的局部水头损失和渠道分水处上、下级渠道水位要求不同,以及上、下游不同渠段间水位不一致等问题,必须给予正确处理。

(1) 不同渠段间的水位衔接。由于渠段沿途分水,渠道流量逐段减小,在渠道设计中经常出现相邻渠段间水深不同,上游水深、下游水浅的问题,给水位衔接带来困难。处理办法有以下三种。

①如果上、下段设计流量相差很小,可调整渠道横断面的宽深比,在相邻两渠段间保持同一水深。

②在水源水位较高的条件下,下游渠段按设计水位和设计水深确定渠底高程,并向上游延伸,画出上游渠段新的渠底线,再根据上游渠段的设计水深和新的渠底线,画出上游渠段新的设计水位线。

③在水源水位较低、灌区地势平缓的条件下,既不能降低下游的设计水位高程,也不能抬高上游的设计水位高程时,不得不用抬高下游渠底高程的办法维持要求的设计水位。这样一来,在上、下两渠段交界处渠底会出现一个台阶,破坏了均匀流的条件,在台阶上游会引起泥沙淤积,因此这种做法应尽量避免。为了减少不利影响,下游渠底升高的高度应不大于 15 cm。

(2) 建筑物前后的水位衔接。渠道上的交叉建筑物(渡槽、隧洞、倒虹吸管等)一般都有阻水作用,会产生水头损失,在渠道纵断面设计时,必须予以充分考虑。如建筑物较短,可将进出口的局部水头损失和沿程水头损失累加起来(通常采用经验数值),在建筑物的中心位置集中扣除。如建筑物较长,则应按建筑物的位置和长度分别扣除其进出口的局部水头损失和沿程水头损失。

跌水上、下游水位相差较大,由下落的弧形水舌光滑连接。但在纵断面图上可以简化,只画出上、下游渠段的渠底和水位,在跌水所在位置处用垂线连接。

（3）上、下级渠道的水位衔接。在渠道分水口处,上、下级渠道的水位应有一定的落差,以满足分水闸的局部水头损失。在渠道设计实践中通常采用的做法如下:以设计水位为标准,上级渠道的设计水位高于下级渠道的设计水位,以此确定下级渠道的渠底高程。在这种设计条件下,当上级渠道输送最小流量时,相应的水位可能不满足下级渠道引取最小流量的要求。出现这种情况时,就要在上级渠道该分水口的下游修建节制闸,把上级渠道的最小水位从原来的 H_{min} 升高到 H'_{min},使上、下级渠道的水位差等于分水闸的水头损失 φ,以满足下级渠道引取最小流量的要求。如果水源水位较高或上级渠道比降较大,也可以最小水位为配合标准,抬高上级渠道的最小水位,使上、下级渠道的最小水位差等于分水闸的水头损失 φ,以此确定上级渠道的渠底高程和设计水位。分水闸上游水位的升高可用两种方式来实现:①抬高渠首坡道水位,坡道比降不变;②渠首水位不变,减缓上级渠道比降。

这两种抬高上级渠道水位的措施可用图 3.6 进一步说明,图中 H_1、H_2、H_3 分别代表一、二、三支渠进水口上游要求的最小水位;实线表示上级渠道原来的最小水位线,不能满足三支渠的引水要求;虚线表示改变渠道比降后的最小水位线;点画线表示抬高渠首水位后的最小水位线。第一种做法不需要修建节制闸,不产生渠道壅水和泥沙淤积,但要具有抬高渠首水位的条件。

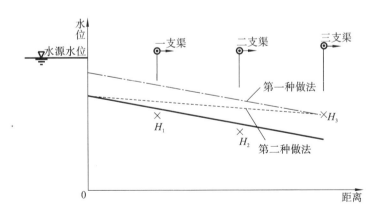

图 3.6 渠道最小水位调整方案

3.5.3 渠道横断面设计

1. 渠道横断面结构

由于渠道过水断面和渠道沿线地面的相对位置不同,渠道横断面有挖方、填方和半挖半填等形式,其结构各不相同。

(1)挖方渠道断面结构。

对挖方渠道,为了防止坡面径流的侵蚀、渠坡坍塌,以及便于施工和管理,除正确选择边坡系数外,当渠道挖深大于 5 m 时,应每隔 3～5 m 高度设置一道平台。第一级平台的高程和渠岸(顶)高程相同,平台宽度为 1～2 m。如平台兼作道路,则按道路标准确定平台宽度。在平台内侧应设置集水沟,汇集坡面径流,并使之经过沉沙井集中进入渠道,如图 3.7 所示。当开挖深度大于 10 m 时,不仅施工困难,边坡也不易稳定,应改用隧洞。第一级平台以上的渠坡根据干土的抗剪强度而定,可尽量陡一些。

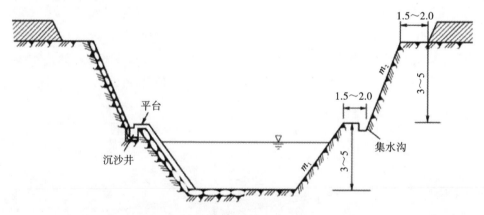

图 3.7 挖方渠道断面示意(单位:m)

注:m_1、m_2—相应边坡的边坡系数。

(2)填方渠道断面结构。

填方渠道易于溃决和滑坡,要认真选择内、外边坡系数。当填方高度大于 3 m 时,应通过稳定分析确定边坡系数,有时需在外坡脚处设置排水反滤体。填方高度很大时,须在外坡设置平台。位于不透水层上的填方渠道,当填方高度大于 5 m 或两倍设计水深时,一般应在渠堤内加设纵横排水槽。填方渠道会发生沉陷,施工时应预留沉陷高度,一般增加设计填方高度的 10%。在渠底高程处,底宽应为$(5\sim10)h$(h为渠道水深)，具体根据土壤的透水性能而定。填方渠道横断面示意如图3.8所示。

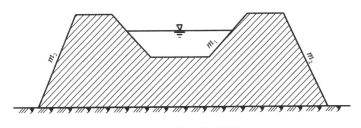

图3.8　填方渠道横断面示意

(3) 半挖半填渠道断面结构。

半挖半填渠道的挖方部分可为筑堤提供土料，而填方部分则为挖方弃土提供场所。当挖方量等于填方量(考虑沉陷影响，外加10%～30%的土方量)时，工程费用最少。

系数1.1～1.3是考虑土体沉陷而增加的填方量：沙质土取1.1；壤土取1.15；黏土取1.2；黄土取1.3。

为了保证渠道的安全、稳定，半挖半填渠道底宽b应满足式(3.14)的条件。

$$b \geqslant (5\sim10)(h-x) \tag{3.14}$$

式中：h为渠道水深，m；x为堤底高度，m。

2. 渠道过水断面以上部分的有关尺寸

(1) 加大水深。

渠道通过加大流量Q_j时的水深称为"加大水深"，用符号h_j表示。计算加大水深时，渠道设计底宽b_d已经确定，明渠均匀流流量公式中只包含一个未知数，但因公式形式复杂，直接求解仍很困难。通常还是用试算法或查诺模图求加大水深，计算方法与求设计水深的方法相同。

(2) 安全超高。

为了防止风浪引起渠水漫溢，保证渠道安全运行，挖方渠道的渠岸和填方渠道的堤顶应高于渠道的加大水位，要求高出的数值称为渠道的安全超高。安全超高通常用经验公式计算。《灌溉与排水工程设计标准》(GB 50288—2018)建议按式(3.15)计算渠道的安全超高Δh。

$$\Delta h = \frac{1}{4}h_j + 0.2 \tag{3.15}$$

(3) 堤顶宽度。

为了便于管理和保证渠道安全运行,挖方渠道的渠岸和填方渠道的堤顶应有一定的宽度,以满足交通和渠道稳定的需要。渠岸和堤顶的宽度可按式(3.16)计算。

$$D = h_j + 0.3 \qquad (3.16)$$

式中:D 为渠岸或堤顶宽度,m;h_j 为渠道的加大水深,m。

如果渠堤与主要交通道路相交,渠岸或堤顶宽度应根据交通要求确定。《公路工程技术标准》(JTG B01—2014)把公路按任务、性质和交通量分为五级,又按地形和公路等级规定了路基宽度和行车道宽度。

3. 梯形渠道横断面设计

设计渠道时要求工程量小,投资少,即在设计流量 Q、比降 i、糙率系数 n 相同的条件下使过水断面面积最小,或在过水断面面积 A、比降 i、糙率系数 n 相同的条件下,使通过的流量 Q 最大,符合这些条件的断面称为"水力最佳断面"。当 A、i 一定时,水力半径最大或湿周最小的断面就是水力最佳断面。在各种几何图形中,圆形断面的周界最小,所以半圆形断面是水力最佳断面。但天然土渠修成半圆形是很困难的,也是不稳定的,只能修成接近半圆的梯形断面。

(1) 渠道设计的依据。

渠道设计的依据除输水流量外,还有渠底比降、渠床糙率、渠道边坡系数、渠道断面的宽深比,以及渠道的不冲、不淤流速等。

①渠底比降。在坡度均一的渠段内,两端渠底高差和渠段水平长度的比值称为"渠底比降"。渠底比降关系到工程造价和控制面积,应根据渠道沿线的地面坡度、下级渠道进水口的水位要求、渠床土质、水源含沙情况、渠道设计流量等因素,参考当地灌区管理经验,选择适宜的渠底比降。为了减少工程量,应尽可能选用与地面坡度相近的渠底比降。一般随着设计流量的逐级减小,渠底比降应逐级增大。干渠及较大支渠的上、下游流量相差很大时,可采用不同的比降,上游平缓,下游较陡。抽水灌区的渠道应在满足泥沙不淤的条件下尽量选择平缓的比降,以降低提水扬程和灌溉成本。

在设计工作中,可参考地面坡度和下级渠道的水位要求先初选一个比降,计算渠道的过水断面尺寸,再按不冲流速、不淤流速进行校核,如不满足要求,再修改比降,重新计算。

②渠床糙率。渠床糙率 n 是反映渠床粗糙程度的技术参数,直接影响设计

成果的精度。如果 n 值取得太大,设计的渠道断面面积就偏大,不仅增加了工程量,而且会因实际水位低于设计水位而影响下级渠道的进水。如果 n 值取得太小,设计的渠道断面面积就偏小,输水能力不足,影响灌溉用水。渠床糙率不仅要考虑渠床土质和施工质量,还要估计建成后的管理养护情况。

③渠道边坡系数。渠道边坡系数 m 是渠道边坡倾斜程度的指标,其值等于边坡在水平方向投影长度和在垂直方向投影长度的比值。m 值关系到渠坡的稳定性,要根据渠床土壤质地和渠道深度等条件合理选择。大型渠道边坡系数应通过土工试验和稳定性分析确定;中、小型渠道边坡系数根据经验选定。

④渠道断面的宽深比。渠道断面的宽深比 a 是渠道底宽 b 和水深 h 的比值,对渠道工程量和渠床稳定性有较大影响。

渠道宽深比的选择要考虑以下要求。

a. 工程量最小。采用水力最优断面的宽深比可使渠道工程量最小。梯形渠道水力最优断面的宽深比按式(3.17)计算。

$$a_0 = 2(\sqrt{1+m^2} - m) \tag{3.17}$$

式中:a_0 为梯形渠道水力最优断面的宽深比;m 为梯形渠道的边坡系数。

根据式(3.17)可算出不同边坡系数相应的水力最优断面的宽深比,见表 3.3。

表 3.3 m-a_0 关系

边坡系数 m	0	0.25	0.50	0.75	1.00	1.25	1.50	1.75	2.00	3.00
水力最优断面的宽深比 a_0	2.00	1.56	1.24	1.00	0.83	0.70	0.61	0.53	0.47	0.32

水力最优断面具有工程量最小的优点,小型渠道和石方渠道可以采用。对大型渠道来说,水力最优断面比较窄深,开挖深度大,可能受地下水影响,施工困难,劳动效率较低,而且渠道流速可能超过允许不冲流速,影响渠床稳定,因此,大型渠道常采用宽浅断面。可见,水力最优断面仅仅指输水能力最大的断面,并不一定是最经济的断面,渠道设计断面的最佳形式还要根据渠床稳定要求、施工难易等因素确定。

b. 断面稳定。渠道断面过于窄深,容易产生冲刷;过于宽浅,又容易淤积,都会使渠床变形。稳定断面的宽深比应满足渠道不冲、不淤要求,它与渠道流量、水流含沙情况、渠道比降等因素有关,应在总结当地已成渠道运行经验的基础上研究确定。比降小的渠道应选较小的宽深比,以增大水力半径,加快水流速度;比降大的渠道应选较大的宽深比,以减小流速,防止渠床冲刷。

⑤渠道的不冲、不淤流速。在稳定渠道中,允许的最大平均流速为临界不冲流速,简称"不冲流速",用v_{cs}表示;允许的最小平均流速称为临界不淤流速,简称"不淤流速",用v_{cd}表示。为了维持渠床稳定,渠道通过设计流量时的平均流速(设计流速)v_d应满足以下条件:$v_{cd} < v_d < v_{cs}$。

a. 渠道的不冲流速。水在渠道中流动时,具有一定的能量,这种能量随水流速度的增加而增加,当流速增加到一定程度时,渠床上的土粒就会随水流移动,土粒将要移动而尚未移动时的水流速度就是临界不冲流速。

渠道的不冲流速和渠床土壤性质、水流含沙情况、渠道断面水力要素等有关,具体数值要通过试验研究或总结已成渠道的运用经验而定。一般土质渠道的不冲流速为 0.6~0.9 m/s。

土质渠道的不冲流速也可用吉尔什坎公式计算,如式(3.18)所示。

$$v_{cs} = KQ^{0.1} \tag{3.18}$$

式中:v_{cs}为渠道的不冲流速,m/s;K为根据渠床土壤性质而定的渠床土壤耐冲系数(表3.4);Q为渠道的设计流量,m³/s。

表 3.4　渠床土壤耐冲系数 K

土壤类别		K
非黏聚性土	中砂土	0.45~0.50
	粗砂土	0.50~0.60
	小砾石	0.60~0.75
	中砾石	0.75~0.90
	大砾石	0.90~1.00
	小卵石	1.00~1.30
	中卵石	1.30~1.45
	大卵石	1.45~1.60
黏聚性土	砂壤土	0.53
	轻黏壤土	0.57
	中黏壤土	0.62
	重黏壤土	0.69
	黏土	0.75
	重黏土	0.85

有衬砌护面的渠道的不冲流速比土渠大得多,如混凝土护面的渠道允许最大流速为 12 m/s。但从渠床稳定角度考虑,仍应将衬砌渠道的允许最大流速限制在较小的数值。

b. 渠道的不淤流速。渠道水流的挟沙能力随流速的减小而减小,当流速小到一定程度时,部分泥沙就开始在渠道内淤积。泥沙将要沉积而尚未沉积时的流速就是临界不淤流速。渠道的不淤流速主要取决于渠道含水情况和断面水力要素,也应通过试验研究或总结实践经验而定。在缺乏实际研究成果时,可选用有关经验公式进行计算。

含沙量很小的清水渠道虽无泥沙淤积风险,但为了防止渠道长草,影响输水能力,对渠道的最小流速仍有一定限制,通常要求大型渠道的平均流速不小于 0.5 m/s,小型渠道的平均流速不小于 0.3 m/s。

(2) 渠道水力计算。

渠道水力计算的任务是根据上述设计依据,通过计算确定渠道过水断面的水深 h 和底宽 b。土质渠道梯形断面的水力计算方法有以下 2 种。

① 一般断面的水力计算。

这是广泛使用的渠道设计方法。根据式(3.12)用试算法求解渠道的断面尺寸,具体步骤如下。

a. 假设 b、h 值。为了施工方便,底宽 b 应取整数。因此,一般先假设一个整数的 b 值,再选择适当的宽深比 a,用式(3.19)计算相应的水深值 h。

$$h = \frac{b}{a} \tag{3.19}$$

b. 计算渠道过水断面的水力要素。根据假设的 b、h 值计算相应的过水断面面积 A、湿周 P、水力半径 R,计算公式如式(3.20)~式(3.22)所示。

$$A = (b + mh)h \tag{3.20}$$

$$P = b + 2h\sqrt{1 + m^2} \tag{3.21}$$

$$R = \frac{A}{P} \tag{3.22}$$

用式(3.11)计算谢才系数 C 值。

c. 用式(3.12)计算渠道设计流量。

d. 校核渠道输水能力。上面计算出来的渠道流量 $Q_{计算}$ 是假设的 b、h 值相应的输水能力,一般不等于渠道的设计流量 Q,通过试算,反复修改 b、h 值,直至渠道计算流量等于或接近渠道设计流量为止。要求误差不超过5%，即设计渠道断面应满足式(3.23)的校核条件。

$$\left|\frac{Q-Q_{\text{计算}}}{Q}\right|\leqslant 0.05 \tag{3.23}$$

在试算过程中，如果计算流量和设计流量相差不大，只需修改 h 值，再行计算；如果两者相差很大，就要修改 b、h 值，再行计算。为了减少重复次数，常用图解法配合：在底宽不变的条件下，用三次以上的试算结果绘制 h-$Q_{\text{计算}}$ 关系曲线，确定与渠道设计流量 Q 相应的设计水深 h_d。

e. 校核渠道流速 v_d 的计算公式见式(3.24)。

$$v_d = \frac{Q}{A} \tag{3.24}$$

渠道的设计流速应满足前面提到的校核条件：$v_{cd} < v_d < v_{cs}$。

如不满足流速校核条件，就要改变渠道的底宽 b 和渠道断面的宽深比 a，重复以上计算步骤，直到既满足流量校核条件又满足流速校核条件为止。

②水力最优梯形断面的水力计算。

采用水力最优梯形断面时，可按以下步骤直接求解。

a. 计算渠道的设计水深。由水力最优梯形断面的宽深比[式(3.19)]、谢才系数[式(3.11)]和渠道设计流量[式(3.12)]推得水力最优断面的渠道设计水深公式，如式(3.25)所示。

$$h_d = 1.189 \times \left[\frac{nQ}{(2\sqrt{1+m^2}-m)\sqrt{i}}\right]^{3/8} \tag{3.25}$$

式中：h_d 为渠道设计水深，m。

b. 计算渠道的设计底宽的公式如式(3.26)所示。

$$b_d = a_0 h_d \tag{3.26}$$

式中：b_d 为渠道的设计底宽，m；a_0 为梯形渠道断面的最优宽深比。

c. 校核渠道流速。流速计算和校核方法与采用一般断面时相同。如设计流速不满足校核条件，说明不宜采用水力最优断面形式。

需要指出的是，前面几种渠道水力计算方法都是以渠道设计流速满足不冲流速和不淤流速为条件的，适用于清水渠道或含沙量不多的渠道断面设计。

4. 非梯形渠道横断面设计

下面以衬砌渠道为例，简述非梯形渠道横断面设计。

衬砌渠道按其衬砌材料可分为两类：一类是土料衬砌渠道或具有土料保护

层的衬砌渠道,这种衬砌渠道的横断面设计方法与一般土质渠道的设计方法相同;另一类是材料质地坚硬、抗冲性能良好的衬砌渠道,这类渠道渠床糙率较小、允许流速较大、工程投资较高,为了降低工程造价和节省渠道占地,常采用水力效率更高的断面形式,水力计算方法也有自己的特色。

衬砌护面应有一定的超高,以防风浪对渠床的淘刷。衬砌超高指加大水位到衬砌层顶端的垂直距离。小型渠道可采用 20~30 cm,大型渠道可采用 30~60 cm。

衬砌层顶端到渠道的堤顶或岸边也应有一定的垂直距离,以防衬砌层外露于地面,易受交通车辆等机械损坏;也可防止地面径流直接进入衬砌层下面,威胁渠床和衬砌层的稳定,这个安全高度一般为 20~30 cm。

下面对衬砌渠道常用的几种非梯形断面形式做简要介绍。

(1) 圆底三角形断面。

圆底三角形断面是以水面宽度的中点为圆心,以最大水深为半径,画一圆弧,作与渠底和两侧边坡相切,近似半圆形的过水断面。这种过水断面和水力最优断面十分接近,具有占地少、工程量省、输水能力大等优点,可用于中、小型渠道。

(2) 圆角梯形断面。

圆角梯形断面是以渠道的设计水深为半径,将梯形断面底部两个拐角变成圆弧,圆弧两端分别与渠底、边坡相切,渠底两切点间的距离为 b,圆心角为 θ。

把梯形断面两个拐角变为圆弧是提高渠道输水能力的一种有效方法。

(3) U 形断面。

U 形断面接近水力最优断面,具有较大的输水、输沙能力,占地较少,省工、省料,而且由于整体性好,抵抗基土冻胀破坏的能力较强,多用混凝土现场浇筑。

U 形断面下部为半圆形,上部为稍向外倾斜的直线段。直线段下切于半圆,外倾角 α 为 5°~20°,随渠槽加深而增大。较大的 U 形渠道采用较宽浅的断面,深宽比 h/b 为 0.65~0.75,较小的 U 形渠道则宜窄深一点,深宽比可增大到 1.0。U 形渠道的衬砌超高 a_1 和渠堤超高 a(堤顶或岸边到加大水位的垂直距离)可参考表 3.5 确定。

表 3.5　U 形渠道衬砌超高 a_1 和渠堤超高 a 值

加大流量/(m³/s)	<0.5	0.5~1.0	1.0~10	10~30
a_1/m	0.1~0.15	0.15~0.2	0.2~0.35	0.35~0.5
a/m	0.2~0.3	0.3~0.4	0.4~0.6	0.6~0.8

注：衬砌体顶端以上土堤高一般用 0.2~0.3 m。

第4章 灌溉管道系统规划设计

数千年来,农田灌溉都是采用渠道(明渠)来输水和配水,进而形成灌溉渠道系统,这种系统主要适用于地面灌水方法(沟灌、畦灌和淹灌等)。随着喷灌、滴灌、微喷灌等新的灌水方法的出现,以及人口的膨胀,人们要求更充分地利用现有农田和减少渠道的渗漏损失。而农业机械化的发展,使得采用管道系统输水和配水的方式应运而生,以节省农田、便利机耕。目前我国地面灌溉也广泛采用管道输水,形成低压管道输水地面灌溉系统(俗称"管灌")。灌溉管道系统与灌溉渠道系统相比,有以下几个方面的优点。

(1) 由于输配水部分(管网)大部分或全部埋在地下,一般可以少占7%~13%的耕地,提高了土地利用率,并减少了对交通和耕作的影响。

(2) 在工程完好的情况下,基本没有输水损失(渗漏损失和蒸发损失),节约了用水,提高了灌溉水利用系数,同时也可以避免渠道浸水、渗水而引起的盐渍化和冷浸田等问题。

(3) 由于管道不仅可以输送无压水,还可以输送有压水,在满足地面灌水方法需要的同时,还能符合喷灌、滴灌、微喷灌等有压灌水方法的要求。

(4) 使用方便,便于控制,可与施肥和施农药等相结合,实现自动化。

(5) 管道不一定要布置在最高处,不仅可以下坡布置,还可以上坡布置。在地形复杂的情况下工程量更少。

(6) 杂物不易进入管道,减少了清淤的工作量,也不存在杂草的问题,所以管理劳动量更少。

灌溉管道系统规划设计的原则是以对现有条件的充分了解为基础,将管道系统各设施和其他有关水利设施连接起来,使其成为一个有机的整体,以满足管理安全合理、设施经济可行等条件。

本章主要介绍在规划设计灌溉管道系统时所需要掌握的基本知识及其与灌溉渠道系统不同的规划设计方法。

4.1 灌溉管道系统的组成与分类

4.1.1 灌溉管道系统的组成

灌溉管道系统(图 4.1)是从水源取水并处理后,用有压或无压管道网将水输送到田间进行灌溉的全套工程,一般由首部枢纽、输配水管网、灌水器等部分组成。

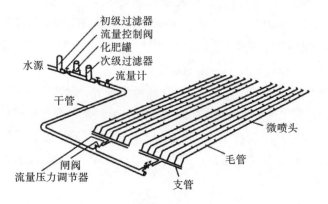

图 4.1 灌溉管道系统组成示意

1. 首部枢纽

首部枢纽的作用是从水源取水并进行处理,以符合管道系统与灌溉的要求。有关要求包括水量、水压、水质三方面。为使灌溉水具有一定压力,一般是用水泵机组(包括水泵和动力机)来加压。为使水质达到要求,常用过滤或沉淀设备除去水中的固体杂质,也可添加某些化学药剂以杀死微生物和藻类或改变水溶液的化学组成。

首部枢纽包括泵站(或水泵机组)、过滤设备、肥料和化学药剂注入设备、阀门、压力调节器和测量设备等。其作用是从水源取水,将其处理成符合灌溉要求的水流后再送到系统中。不同的灌水方法与灌水器,对水质的要求及水压和水量的控制是不同的,因此相应的首部枢纽组成各异。图 4.2 是一个典型的首部枢纽组成示意。实际首部枢纽不一定要包括以上所有的设备,应根据需要选用。

(1)泵站(或水泵机组)包括水泵、动力机(电动机、柴油机或汽油机等)及必

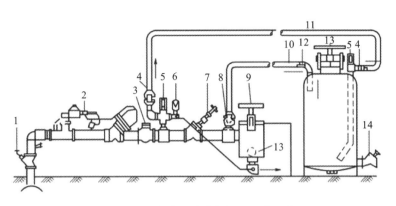

图 4.2　一个典型的首部枢纽组成示意

注：1—总阀门；2—带有计数器的体积阀；3—逆止阀；4—向肥料罐供水；5—真空阀；
6—压差计；7—主压力控制阀；8—肥料输入系统；9—主过滤器；
10、11—供水管；12—肥料罐出口；13—肥料罐；14—冲洗阀。

要的配套设备、围栏或机房等。其作用就是给灌溉水加压，使之具有必要的工作压力。在有足够的自然水头可以利用的地方或从有压供水系统（如城镇自来水系统）取水的情况下可不设泵站。

（2）过滤设备一般布置在进入输配水管道之前，其作用在于滤去水源来水中的固体颗粒。不同的灌水方法对水质的要求是不相同的：滴灌要求最高，因为滴头的出水孔口很小，而且流速也很小，所以很容易堵塞；微喷灌次之，要配备相应的过滤设备；喷灌系统被泥沙堵塞的可能性不大，但是水中含的泥沙在高速通过喷嘴时，极易磨损喷嘴，因此也有必要滤去较粗的泥沙。低压管道灌溉对水质的要求虽比灌溉渠道系统略高，但一般情况下可以不安装过滤器。

常用的过滤设备有沉沙池、砂石过滤器、离心式过滤器、筛网过滤器、泡沫塑料过滤器、叠片式过滤器等。在含泥沙较多的水源取水时，可以考虑安装两级过滤器：一般用沉沙池和离心式过滤器作为第一级过滤，而第二级过滤则采用砂石过滤器和筛网过滤器等。有时在每根支管的进口都加一个滤网，这样可以防止主过滤器失效时进入系统的杂质堵塞滴头或微喷头。

（3）肥料和化学药剂注入设备用于向灌溉管道系统注入肥料或除草剂和杀虫剂等。常用的注入器有注射泵、有压化肥罐等。虽然注入的肥料和化学药剂都是可溶性的，而且一般都先溶化于水中，但是仍然不可避免存在一些杂质或未溶解的固体颗粒，因此注入器一定要设在过滤设备之前，以防这些杂质或固体颗粒进入系统堵塞灌水器。

（4）阀门是直接用来控制和操纵灌溉管道系统的部件，布置在需要控制的部位上,起着不同的控制作用。一般灌溉管道系统使用手动阀,即由管理人员直接操纵,其形式有闸阀、截止阀、球阀等。也有一些阀门并不需要人工操纵而具有某些特殊的功能,如逆止阀、减压阀、空气阀等。自动控制的灌溉管道系统常用电磁阀、电动阀和水动阀等。

(5)压力调节器用来调节进入管道系统的水流的压力,使得系统在外界压力发生突然变化及水泵水头突变时仍能平稳地工作;也可用来减少由于干管输水水头损失和地形变化所造成的各支管之间的压力差异。

(6)测量设备有压力表、水表、流量计等,为的是使管理人员能更清楚地、定量地了解系统的工作状况。

2. 输配水管网

根据灌区的大小及地形条件,管网一般分成干管、支管、毛管(图 4.1),有时分成总干管、干管、分干管、支管、毛管。滴灌和微喷灌系统的末级管道一般为毛管,而喷灌系统的末级管道则一般为支管。管网由直管、管件和控制部件组成。管网的基本形状有树枝状和环状两种(图 4.3)。

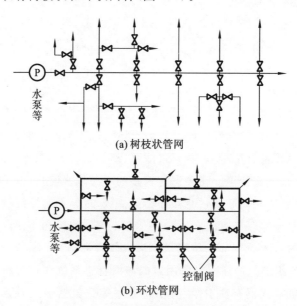

(a) 树枝状管网

(b) 环状管网

图 4.3 管网的形状分类示意

(1)树枝状管网:管网是逐级向下分枝配水,呈树枝状,如图 4.3(a)所示。如果上一级管道损坏,以下各级管网就只好停止供水。这种管网的管道总长一般较短,因此现在大多数灌溉系统都用这种管网。

(2) 环状管网:管网有一部分(某一级)形成环状,如图 4.3(b)所示,这样可以使管网压力分布均匀,保证率较高。当环状管道有部分损坏时,管网大部分仍可正常供水,但是在多数情况下会增加管道的总长度而增加投资,适用于随机用水或泡田等用水量较大的情况。

除上述两种基本形式外,有时还采用两者结合的混合形式。

3. 灌水器

灌水器是直接将水均匀地分布到田间和湿润土壤的设备或装置。不同的灌水方法采用不同的灌水器:喷灌——喷头;滴灌——滴头;微喷灌——微喷头;渗灌——渗头。

4.1.2 灌溉管道系统的分类

灌溉管道系统形式很多,特点各异,一般可按照以下几个特点来进行分类。

1. 按结构形式分类

(1) 开敞式灌溉管道系统:在管道上、下游高差不太大时,可在一些重要位置设置有自由水面调节井的管道系统形式。调节井除具有调压作用外,一般还兼有分水功能。该系统适用于低压管道输水的地面灌溉情况。

(2) 封闭式灌溉管道系统:水流在封闭的管道内连续流动的一种输水形式。管内可以保持一定的压力,只有打开给水栓才能向外供水。该系统适用于喷灌、滴灌等需要较高压力的灌水方法。

(3) 半封闭式灌溉管道系统:在输水过程中使用浮球阀等来控制阀门启闭的一种输水形式。这样可以避免无效放水,适用于水田灌溉。

2. 按工作压力分类

工作压力是在正常工作状态下系统内水流的压力。不同的灌水方法要求在管网中保持不同的压力范围,而不同的工作压力对系统的结构与所用的管材有很大的影响。因此,按工作压力对灌溉管道系统进行分类便于设计与管理。

(1) 无压灌溉管道系统:管道内水流有自由表面。其管材主要承受外面的土压力。由于管道是埋在地表之下,水流无法自流灌溉地表,要灌溉就要另加动力和水泵临时提高水位。无压灌溉管道系统常用于为移动式喷灌机组供水或进行地下渗灌,其他情况用得比较少。

(2) 低压灌溉管道系统:其工作压力一般为 200 kPa 以下。管内水流为有压流,所以水能从出流口自流溢出。该系统可以用于地面灌、滴灌,或在地下进行渗灌。

(3) 中压灌溉管道系统:工作压力一般为 200~400 kPa。该系统可以用于滴灌、微喷灌和中、低压喷灌。

(4) 高压灌溉管道系统:工作压力在 400 kPa 以上。由于压力较高,所以对管道的强度要求较高。该系统主要用于中、高压喷灌。

3. 按各部分在灌溉季节中可移动程度分类

(1) 固定式灌溉管道系统:各组成部分在整个灌溉季节中,甚至常年都是不动的,管道多埋在地下。这种系统的全部设备在一个灌溉季节中只能在一块地上使用,所以需要大量管材,单位面积投资高。

(2) 移动式灌溉管道系统:整个灌溉管道系统是可移动的,灌溉季节轮流在不同地块上使用,非灌溉季节集中收藏保管。这样提高了设备利用率,降低了单位面积的投资,只是移动的劳动强度大,而且如管理不善,设备极易损坏。

(3) 半固定式灌溉管道系统:又称"半移动式灌溉管道系统",其组成部分有些是固定的,有些是移动的。最常见的形式是首部枢纽和干管是固定的,而末级配水管(支管和毛管)和灌水器则是可以移动的。由于首部枢纽和干管最笨重,固定下来就可以大大减少移动的劳动量。而末级配水管一般较轻,所占投资的比例又少,所以使之移动的劳动强度相对较小,可节约较多的投资。这样的系统综合了固定式和移动式灌溉管道系统的优点,又在一定程度上克服了两者的缺点,因此使用最为广泛。至于哪些部分固定、哪些部分移动,可在设计时根据具体情况经过经济分析、技术比较加以确定。

4. 按灌水方法分类

不同灌水方法的灌溉系统,其主要区别在于灌水器不同,所以按灌水方法分类,实际上也就是按灌水器分类。由于灌水器不同,压力也就不同,对水质的要求也不同,所以管道规格、布置与首部枢纽的组成也不同。有一种灌水器就有一种灌水方法,进而就有一种灌溉管道系统。常见的有以下几种灌溉系统。

(1) 喷灌系统:采用喷头作为灌水器,一般要求工作压力较高,所以常采用的是高压或中压灌溉管道系统。

(2)滴灌系统:采用的灌水器是滴头或滴灌带,有中压灌溉管道系统与之配合,主要由塑料管构成输配水管网。

(3)微喷灌系统:以微喷头作为灌水器,采用中压灌溉管道系统,与滴灌系统相似,各级管道均采用塑料管。

(4)低压管道输水地面灌溉系统:用低压管道将水一直送到田间,而在田间仍为畦灌或沟灌,有时还采用闸门孔管在各灌水沟之间配水。

5. 按压力的来源分类

灌溉管道系统多数都是有压的,按其压力来源的不同可以分为自压灌溉管道系统和机压灌溉管道系统两大类。

(1)自压灌溉管道系统:一般是水源的水面高程高于灌区的地面高程,用压力管道引到灌区就具有一定的压力,如果压力已能满足灌区内输水水头损失与灌水器工作压力的要求,就可不另外加压而构成自压灌溉管道系统。

(2)机压灌溉管道系统:当水源的水面高程低于灌区的地面高程,或虽然略高一些但不足以形成灌区所需要的压力时,要利用水泵加压,以形成足够的压力。

以上是仅按某一种特点来分类,而在实际工作中也有按两个特点来分类的,例如固定式喷灌系统、半固定式滴灌系统、移动式微喷灌系统、自压喷灌系统等。

4.2 管道的种类及其规格

管道是灌溉管道系统的主要组成部分,需要量大,占投资比重大,所以它对工程投资和效益起着决定性的作用。为了做好灌溉管道系统的规划设计,一定要了解各种管道的性能、规格与适用条件等。

按照管道的使用条件,灌溉管道可以分为固定管道和移动管道两大类。固定管道即在灌溉季节始终不移动的管道,多数是埋在地下,也有的在灌溉季节铺设在地面上,非灌溉季节拆除。移动管道是在灌溉季节经常移动的管道,如移动式灌溉管道系统中的管道和半固定式灌溉管道系统中的末级配水管。

4.2.1 对管道的技术要求

(1)能承受设计要求的工作压力。一般来说,要求管道的管壁有一定厚度,特别注意壁厚要均匀。对于不同的工作压力就要选用不同的管材。

（2）能通过设计要求的流量，而不至于造成过大的水头损失，以节约能量。这就要求有适当大小的管道内径，使得管内流速不至于太高，并要求管道内壁尽可能光滑，以降低摩阻系数。

（3）价格低廉，使用寿命长。塑料管材要注意防老化，钢铁管材要注意防锈蚀。

（4）便于运输、易于安装与施工，主要是管道连接要方便而且不漏水。自重不要太大，有一定的抗震和抗折能力。

（5）移动管道还要求轻便，耐撞击，耐磨，耐久。

4.2.2 固定管道的种类及其适用范围

（1）水泥土管：采用水泥、土料和水，按一定的配合比均匀拌和，经立式挤压制管机压制而成，可承受内压 100~200 kPa，其规格见表 4.1。

表 4.1 水泥土管的规格与性能

规格/cm			每节管重/kg	每节用材量/kg		工作压力/kPa
内径	壁厚	管长		水泥	土料	
20	3.0	100	45	7	38	160~180
20	3.5	100	52	8	44	180~200
25	3.5	100	63	10	53	140~160
25	4.0	100	73	11	62	160~180

水泥土管适用于缺少砂石的平原地区，就地取材制造，投资较低，但是制造工艺要求较高，各项强度指标均比混凝土管差。

（2）素混凝土管：没有配钢筋的混凝土管，用水泥、砂、碎石按一定比例混合加水搅拌浇筑而成。素混凝土管可以制成带有承插式接口的，用橡皮密封圈止水；也可制成平口的，用水泥砂浆连接。素混凝土管能承受的内水压力较小，且这种管体积大，应尽量在现场附近浇制，而不要远途运输，以免在运输过程中损坏、破裂。素混凝土管的性能与制管所用的材料、制管工艺有很大关系，表4.2的规格与性能可供设计时参考。在有条件的地方，应通过测试来确定工作压力。

第4章 灌溉管道系统规划设计

表4.2 素混凝土管规格与性能

规格/cm			每节管重量/kg	每节用材量/kg		工作压力/kPa
内径	壁厚	管长		水泥	砂、碎石	
20	2.5	100	41	7	34	100
20	3	100	50	8	42	180
25	3	100	61	9	51	140

注：①水泥标号42.5、混凝土容重2300 kg/m³；

②水泥掺量20%。

(3) 圬工涵管：用块石或砖就地浆砌而成，内壁一般用水泥浆抹面，为了施工的方便，其断面形状常为马蹄形。断面一般较大，较大的管道应允许人进入，便于维修与清淤。一般只能承受50 kPa以下的内压。

(4) 石棉水泥管：用75%~85%的水泥与15%~25%的石棉纤维（以质量计）混合后经制管机卷制而成，一般管径为75~500 mm，管长为3~5 m，可承受压力在600 kPa以下。石棉水泥管具有耐腐蚀、比重小，便于搬运和铺设，完全不用钢铁，内壁能保持光滑，切削钻孔等加工手续简便和易于施工等优点，但抗冲击能力差，运输时如不注意容易受到损伤。常用的石棉水泥管技术数据和规格见表4.3和表4.4。石棉水泥管常用接头有环氧树脂和玻璃布缠结的刚性接头、橡皮套柔性接头等。

表4.3 石棉水泥管技术数据 单位：kPa

管子标号	工作压力	试验压力
水4.5	450	900
水7.5	750	1500
水10	1000	2000

表4.4 石棉水泥管规格

公称直径/mm	水4.5/mm			水7.5与水10/mm			标准长度 L/m
	内径 d	外径 D	壁厚 s	内径 d	外径 D	壁厚 s	
75	75	93	9	75	95	10	3
100	100	120	10	100	122	11	3,4
125	123	143	10	119	143	12	3,4,5

续表

公称直径/mm	水 4.5/mm			水 7.5 与水 10/mm			标准长度 L/m
	内径 d	外径 D	壁厚 s	内径 d	外径 D	壁厚 s	
150	147	169	11	141	169	14	3,4,5
200	195	219	12	189	221	16	3,4,5

(5) 塑料管：在不同种类的树脂中掺入稳定剂、添加剂和润滑剂之后，挤压成型。采用不同的树脂就生产出不同的塑料管。各种塑料管的规格各不相同，管径为 5～500 mm，壁厚为 0.5～8.0 mm。现在常用的有聚氯乙烯（polyvinyl chloride，简称 PVC）管、聚乙烯（polyethylene，简称 PE）管和聚丙烯（polypropylene，简称 PP）管等，可承受内压力 400～1000 kPa，其优点是施工容易，能适应一定的不均匀沉陷，内壁光滑，水头损失小。其老化问题值得注意，但埋在地下可减慢老化速度。

塑料管的连接形式有多种：刚性接头有丝扣连接、法兰连接和焊接等。柔性接头多为铸铁套管并用橡皮圈止水的承插式接头。

(6) 钢筋混凝土管：有预应力钢筋混凝土管和自应力钢筋混凝土管两种，都是在混凝土浇制过程中使钢筋受到一定的拉力，从而使管在工作压力范围内不会产生裂缝，可承受内压 400～500 kPa，常用直径为 70～1200 mm。其优点是：钢材用量仅为铸铁管的 10%～15%，而且不会因锈蚀使输水性能降低，使用寿命长，一般可使用 70 年以上。其缺点是：质脆、较重，运输有一定困难，而且目前制造工艺比较复杂。自应力钢筋混凝土管技术数据和规格见表 4.5 和表 4.6。

表 4.5　自应力钢筋混凝土管技术数据

类型	公称内径/mm	压力指标/kPa	
		工作压力	检验压力
承压-4	100～600	400	800
承压-5	100～600	500	1000
承压-6	100～600	600	1200
承压-8	100～300	800	1600
承压-10	100～150	1000	2000

表 4.6　自应力钢筋混凝土管规格

公称直径/mm	外径 D/mm	壁厚 s/mm	长度/mm	
			最小管长 L_0	最大管长 L_1
100	150	25	2000	2080
150	200	25	3000	3080
200	260	30	3000	3080
250	320	35	3000	3080
300	380	40	4000	4088
350	440	45	4000	4088
400	490	45	4000	4107
500	610	55	4000	4107
600	720	60	4000	4117

钢筋混凝土管一般做成插口式,刚性接头用石棉水泥或膨胀性填料止水,柔性接头则用圆形橡胶圈止水。

(7) 铸铁管。铸铁管一般可承压 1 MPa,优点是工作可靠和使用寿命长,一般可使用 60~70 年,但一般在 30 年后就要开始陆续更换;缺点是较脆,不能经受较大的动荷载,比钢管要多花 1.5~2.5 倍的材料。每根铸铁管长度仅为钢管的 1/4~1/3,故接头多,施工工作量增加。另外,在长期输水后,由于锈蚀,铸铁管内壁会产生锈瘤,内径逐渐变小,阻力逐渐加大,过水能力大大降低。

铸铁管按照接头形式不同可分为承插直管、砂型离心管、法兰直管;按照承受压力大小可分为低压管(工作压力 $P<450$ kPa)、普压管(450 kPa$\leqslant P\leqslant750$ kPa)和高压管(750 kPa$<P\leqslant1000$ kPa)。铸铁承插直管规格(普压管)见表 4.7。

表 4.7　铸铁承插直管规格(普压管)

公称内径 D_g/mm	实外径 D_w/mm	实内径 D_n/mm	壁厚 s/mm	每节有效长度 L/mm	每节质量/kg	平均单位长度质量/(kg/m)
75	93.0	75	9	3000	58.5	19.5
100	118.0	100	9	3000	75.5	25.2
125	143.0	125	9	4000	119.0	29.8
150	168.0	150	9	4000	149.0	37.3
200	220.0	200	10	4000	207.0	51.7
250	271.6	250	10.8	4000	277.0	69.3

续表

公称内径 D_g /mm	实外径 D_w /mm	实内径 D_n /mm	壁厚 s /mm	每节有效长度 L/mm	每节质量/kg	平均单位长度质量/(kg/m)
300	322.8	300	11.4	4000	348.0	87.0
350	374.0	350	12.0	4000	426.0	107.5
400	425.6	400	12.8	4000	519.0	129.5

承插式铸铁管常用的接口有石棉水泥接头、铅接头和膨胀性填料接头。其中铅接头的刚性与抗震性能均较好，养护容易，施工方便，过去用得最多，但费用高，需要用大量青铅。现在较多采用其他两种接头。

(8) 钢管。钢管可承压 1.5~6.0 MPa，与铸铁管相比，其优点是能经受较大的压力，韧性强，能承受动荷载，管壁较薄且节省材料，管段长而接口少，铺设简便；缺点是易腐蚀，寿命仅为铸铁管的一半，因此铺设在土中时表面应有良好的保护层。

常用的钢管有热轧无缝钢管、冷轧(冷拔)无缝钢管、电焊钢管等，一般用焊接、螺纹接头或法兰接头。

4.2.3 移动管道的种类及其适用范围

移动管道按其软硬程度可以分为三种：①软管，用完后可以卷起来移动或收藏，体积小，运输方便，每节可以较长，一般为 10~50 m，各节之间用快速接头连接；②半软管，在水放空后横断面还基本能保持圆形，也可以卷成盘状，但盘的直径较大(1~4 m)；③硬管，为了便于移动，每节不能太长，一般为 6~9 m，要用较多的快速接头。管道能否正常工作主要取决于接头工作是否可靠，所以对快速接头的要求较高。现在常用的软管有麻布水龙带、锦纶塑料、维塑软管等；半软管有胶管、高压聚乙烯软管等；硬管有硬塑料管、铝合金管和镀锌薄壁钢管等。

(1) 铝合金管：具有强度高、质量轻、耐腐蚀、搬运方便等特点。铝合金很轻，比重为 2.8，约为钢的 1/3，做成薄壁管单位长度质量仅为同直径水煤气管的 1/7。铝合金薄壁管比镀锌薄壁钢管还轻。铝合金管硬度差，容易被碰撞变形，价格较贵。正常条件下，铝合金管使用寿命为 15~20 年，这样的寿命比价(即按使用寿命计算每年每米管材的价格)略低于塑料管，但废铝管还可以回收。

(2) 镀锌薄壁钢管：用厚度为 0.7~1.5 mm 的带钢辊压成型，并通过高频感应对焊成管，按需要切割，在管端配上快速接头，然后镀锌而成。其质量为同样直径的水煤气管的 1/5 左右,一根 6 m 长的直径为 108 mm 的管道约重 20 kg,可承受内压 4 MPa 左右。经镀锌处理后,镀锌薄壁钢管不易生锈,特别是野外恶劣条件下水和空气也较难使其腐蚀,所以使用寿命较长。

(3) 塑料管:有硬管、软管和半软管。由于移动管道经常受到风吹日晒,一般硬塑料管容易老化,有效使用寿命短,在喷灌中现已较少使用,而半软管在滴灌和微喷灌中仍常使用。为了延缓老化,并防止细菌和藻类在管内生长,一般都在塑料中掺炭黑做成黑色的管子。另外喷灌中有的也使用锦纶塑料软管和维塑软管,即用锦纶丝(或维纶丝)织成网状管坯,然后在内外壁涂一层塑料,可承压 400~800 kPa,较轻便,便于收藏,但是使用时,不能在有石子的地上拖移,否则极易损坏,在用完后要特别仔细地卷成盘形移动。

(4) 胶管:在手工灌水中常用,是在橡胶中夹布制成,属于半软管,价格较高,而且比较重,因此每节不可太长。

(5) 薄膜塑料管:塑料吹塑而成,在我国曾称为"小白龙"。其管壁很薄,为 0.25~0.6 mm,只能承受很低的压力,主要用于地面灌溉系统中进行田间配水,寿命一般仅 1~3 年。

4.3 管道附件

在灌溉管道系统中,除直管和接头外,还要有一些特殊的配件,这些配件可以分为两大类:①控制件;②连接件。

4.3.1 控制件

控制件的作用是根据灌溉的需要来控制管道系统中水流的流量和压力,如给水栓、阀门、安全阀、逆止阀、空气阀、流量调节器、配水井、放水井等。

(1) 给水栓:半固定式系统中固定管道和移动管道之间的连接部分,一般包括阀门和快速接头两种。不用时由阀门封闭;当要连接移动管道时,将快速接头接上,打开阀门就可以给移动管道供水。由于工作压力与快速接头形式的不同,给水栓的规格与型号很多,应根据具体情况选用。

(2) 阀门:用以控制管道的启闭与调节流量的配件,按工作压力大小可以分为低压阀、中压阀、高压阀和超高压阀。灌溉中一般都是使用低压阀。按结构分类则较多,常用的是闸阀、截止阀和球阀。

(3) 安全阀：用于排除管道内超过规定的压力。例如在喷灌系统中阀门关闭太快就会造成闸门前管段压力突然上升，装了安全阀即可消除水锤，防止事故的发生。

(4) 逆止阀：又称"止回阀"或"单向阀"，是一种根据阀前阀后压力差而自动启闭的阀门。它使流体只能沿一个方向流动，当要反方向流动时则自动关闭。在管道灌溉系统中常在水泵出口处装逆止阀，以免突然停机时水倒流。当在灌溉系统中要注入化学药剂（化肥、农药等）时，一定要在系统与水源之间装逆止阀，以免水倒流时污染水源。安装时要特别注意方向，切不可反装。

(5) 空气阀：用于防止瞬变过程减压波使管内产生负压的阀门。当管道系统开始工作时，在系统的最高位置和隆起的顶部，常会积累一部分空气无法排出，这样一方面影响了过水面积；另一方面，当水流流速变大时，又会带动一部分空气在管内移动而发生水力冲击。为消除这种现象，就要在这些部位安装空气阀，在系统充水时将空气排出，而在管内充满水后自动关闭。空气阀也可以起到真空破坏阀的作用，在泵站停止工作时防止出水池的水在虹吸作用下倒流。

(6) 流量调节器：用于自动调节流量的设备。图 4.4 为一种简单的流量调节器，当管道内压力增大时，有弹性的橡胶环过水孔缩小；当压力减小时，橡胶环过水孔扩大，这样当压力变幅在 80 m 水头内时，可以保证通过的流量差不超过设计值的 10%。流量调节器经常安装在滴灌或微喷灌的毛管进口处，以保证进入毛管的流量较为均匀。

(7) 配水井：主要用于无压管网，也可用于低压管网，起配水与连接干管和支管的作用，如果管径较大，也可作为检修管道的进出口。其形状如图 4.5 所示。

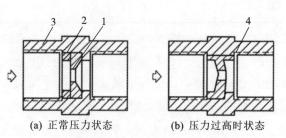

(a) 正常压力状态　　　　(b) 压力过高时状态

图 4.4　流量调节器示意

注：1—橡胶环；2—压环；3—外壳；4—过流孔口。

(8) 放水井：无压管网或低压管网的控制设施之一，管网内的水由此流到地面进行灌溉，如图 4.6 所示。

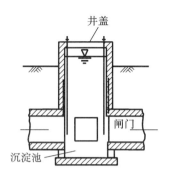

图 4.5 配水井示意

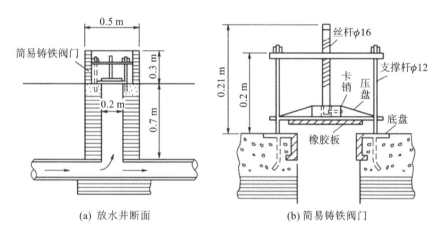

(a) 放水井断面　　　　　　　(b) 简易铸铁阀门

图 4.6 放水井示意

4.3.2 连接件

连接件的作用是根据需要将管道连接成一定形状的管网,也称为"管件",如三通和四通、弯头、异径管、堵头、乙字管、短管等。

(1) 三通和四通:主要用于上一级管道与下一级管道的连接。对于单向分支的用三通(又称"丁字管"),对于双向分支的用四通(又称"十字管")。三通和四通一般按上、下级管道的管径来分类。

(2) 弯头:又称"弯管",转弯或改变坡度时使用。弯头一般按转角中心角的大小分类,常用的有 90°、45°、22.5°、11.5°等。

(3) 异径管:又称为"渐缩管"、"渐放管"或"大小头",用以连接不同管径的直管段,一般是以其前后管径数值来命名的。

(4) 堵头：用于封闭管道的末端，小口径管可用螺丝封闭，大口径管可用盖板式堵头，需要经常取下的堵头可用快速接头连接。

(5) 乙字管：形如"S"，用于连接两根轴线平行而又错开一点的管道，只有在管道安装尺寸要求非常严格时才使用。

(6) 短管：用于连接具有不同形式的管接头的直线管段。例如将一根具有法兰接头的铸铁管接在具有承口接头的铸铁管上。

4.4 灌溉管道系统的规划布置

灌溉管道系统规划布置和灌溉渠道系统规划布置有很多相似之处，例如同样需要确定引用的水源和灌区的大小和范围，但也有许多特点，例如由于一般是有压管道输水，对地形的适应性比较强，管道布置受地形的影响较小等。采用不同灌水方法的灌溉管道系统，其组成与田间末级管道的规划布置方法是不同的，但输配水管道系统的布置基本上是相同的。灌溉管道系统规划布置主要包括水源工程的布置、首部枢纽位置的选择、灌溉面积的分区和管道系统的布置等。布置方案不仅影响到管网总长度、各级管道尺寸、管件用量及总投资，而且影响到系统建成后的运行管理、灌溉质量、安全与运行费用等。

影响灌溉管道系统布置的因素包括水源与灌区的相对位置，灌区的面积、形状和地形，作物的分布，耕作方向，灌溉季节的风速、风向等。

4.4.1 水源工程的布置

水源工程包括取水、蓄水和供水建筑物及设施等。水源工程的布置先要研究有多少个可能被采用的水源，再根据其水量、水位和水质情况，取水的难易程度与灌区的相对位置等因素选定其中技术可行、工程简单而且投资较少的作为灌区的水源。

4.4.2 首部枢纽位置的选择

首部枢纽位置的确定，要考虑水源的位置和管网布局方便。如果以井作为水源，而且井位可以任意选择，最好把井和首部枢纽一起布置在地块的中心，这样到灌区最远处的水头损失小，运行费用低，便于管理。当水源在灌区之外时，一般是先把水用输水管（渠）送到最近的灌溉地块的边界，在边界设首部枢纽，而不把首部枢纽放在远离灌溉地块的水源附近,因为这样管理不方便,而且处理后的水经远距离输送后有可能被污染。

4.4.3 灌溉面积的分区

对于较大的灌溉系统,一般不是整个系统同时灌溉,而是分成若干个区进行轮灌,在划分轮灌区时应考虑以下几个因素。

(1) 在区内作物要一样。

(2) 各区所需的流量要相近,便于轮灌。离水泵远或地面高程高的地块,其流量可以小一点,反之,其流量可以大一些。这样可以使灌区的运行符合离心式水泵的工作特点。

(3) 尽量与农业管理体制的范围相一致,以便于管理。

(4) 一个系统中应有一定数目的轮灌区,便于充分利用每天可灌溉的时间安排轮灌。

4.4.4 管道系统的布置

灌溉管道的形式很多,首先要确定采用哪一种灌水方法,其次要确定各级管道是移动的还是固定的,这要根据当地地形、作物、经济及设备条件,考虑各种形式的优缺点后选定。灌水次数多、地形坡度陡、经济价值高的作物种植区,可采用固定式灌溉管道系统;在地形平坦、灌溉次数少的大田作物区宜采用移动式或半移动式系统,以提高设备利用率;在有 10 m 以上自然水头的地方,尽量选用自压系统,以降低动力设备和运行费用。如图 4.7 所示的是几种典型喷灌系统的形式,可供参考。

灌溉管道系统中的输配水管道,一般是指支管(或毛管)以上的管网。在布置时既要考虑路径的因素,又要考虑管网内压力的分布,以使支管(毛管)的出口压力一致,从而达到整个灌区灌水均匀的目的。当在支管进口安装压力调节器,调节系统上的压力分布时,管道布置就可少受管内压力分布因素的影响。

1. 小型管网的布置

小型管网是指千亩以下灌溉管道系统的整个管网或千亩以上灌溉管道系统中的第二、三级管道以下的管网。这种管网的布置应当适应田块灌溉的要求。在平原地区,管道一般为直线,上、下级管道多互相垂直布置,上级管道多布置在

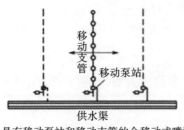
(a) 具有移动泵站和移动支管的全移动式喷灌系统

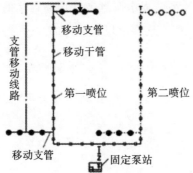
(b) 具有固定泵站、移动干管和移动支管的半固定式喷灌系统

(c) 具有固定泵站、固定干管和移动支管的半固定式喷灌系统

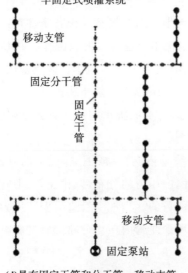
(d) 具有固定干管和分干管、移动支管、固定泵站的半固定式喷灌系统

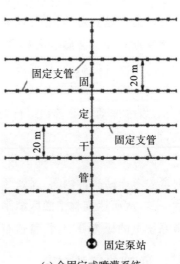
(e) 全固定式喷灌系统

图 4.7　几种典型喷灌系统的形式

地块中间,向两边分水,形状比较规则,末级管道一般与耕作方向相一致。

在地面坡度较大的山丘地区,末级管道(支管或毛管)一般沿等高线布置,避免走逆坡。这样可以使管道上的灌水器工作压力和出水量较均匀。有时地形较为复杂不可能做到这一点,就要考虑采用不对称的布置形式,把取水口布置在上坡方向,以补偿由于地形高差造成的压力差。

管网应根据实际地形、地貌、地物和灌溉要求来分段布置,一般注意以下几个方面。

(1) 在控制整个灌区的前提下应使管道的总用量最少。不仅使管道总长度短,还应使管径最小,例如固定支管最好顺坡由上向下布置,这样就可以减小支管的管径。而在梯田地区的移动支管最好布置在同一级梯田上,以便于移动与摆放。

(2) 管网内的压力应尽量均匀,一方面不应造成压力很高的点(例如干管最好不布置在深谷中),另一方面又应使每个灌水器处的压力尽可能相同。一根支管首末端压力差不能超过工作压力的20%。

(3) 应满足各用水单位的需要,便于管理。

(4) 管道的纵横断面应力求平顺,减少折点,有较大起伏时应避免产生负压。

(5) 在平坦地区支管应尽量与作物种植和耕作方向一致,以减少竖管对机耕的影响。

(6) 要尽量减少输水的水头损失,以减少总能量消耗。

(7) 应根据轮灌的要求设置适当的控制设备,一般每根支管应装有闸阀。

(8) 在管道起伏的高处应设排气装置,低处应设泄水装置。

(9) 当管线需要穿过道路与河流时,尽可能与之垂直。

(10) 为了便于施工与管理,管线尽量沿道路和耕地边界布置。

(11) 管线布置应尽可能避开软弱地基和承压水分布区。

虽然管道的布置不会像渠道的布置那样受地形限制较大,但是在某种程度上同样也会受到地形的影响。以图4.8中几种情况为例来说明(图中数值代表高度)。

对于地形变化小的情况,可以将供水点(或泵站)布置在地块的中间,向两边布置干管,然后再在干管两侧分出支管,如图4.8(a)所示,这样就与平地布置方法相似了。不过支管略微向下坡方向布置,对于增加支管的灌水均匀度比较有利。如有可能,最好是将分干管布置在坡地的上侧,基本与等高线平行,如图4.8

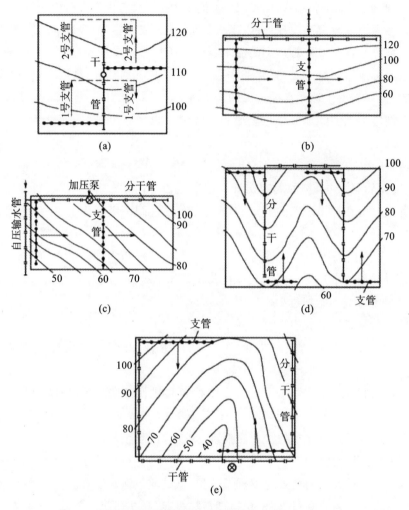

图 4.8 地形对支管布置的影响(单位:m)

(b)所示,这样就可使支管垂直于等高线,以充分利用地面落差来抵消支管的水头损失,并可使支管上每个灌水器的压力近似相等。但也有一种情况是干管在田块下坡侧通过,如图 4.8(c)所示,分干管不得不逆坡布置,使得分干管内有较大的压力差,为此也可以考虑在分干管中段加设加压泵,使得分干管压力趋于合理。支管仍可与等高线成一定交角,向下坡方向布置。对于岗谷交错的地形,如图 4.8(d)所示,一般可以考虑沿着岗地布置分干管,支管由两侧向下坡方向布置。有大冲田的系统最好将分干管布置在两侧山坡上,如图 4.8(e)所示,从两侧向冲里布置支管,以使支管压力尽量均匀。

对于由机井供水的低压灌溉管道系统,其管网布置常见有如图 4.9 所示的几种形式。

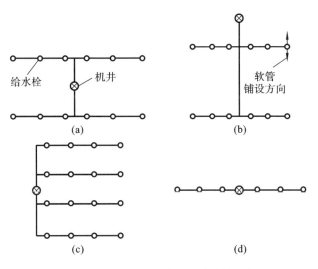

图 4.9 几种低压灌溉管道系统的管网布置

图 4.9(a)为"工"字形布置:机井位于地块中间,设干、支两级固定管道,每隔 40~50 m 设置一个给水栓,接软管两侧供水。

图 4.9(b)为"土"字形布置:机井位于地块短边一侧的中部,可采用两级固定管道布置成土字形或王字形。

图 4.9(c)为梳子形布置:机井位于狭长地块长边一侧的中部,由干、支两级固定管道组成。

图 4.9(d)为"一"字形布置:地块窄长,机井位于地块中间或短边一侧的中部,在地块中间沿窄长方向布置一级固定管道。

2. 大型管网的布置

千亩以上灌溉管道系统的骨干管网,由给水栓向二级管网供水,每个给水栓相当于一个用户,给水栓的位置由用户的需要来确定。骨干管网的作用是将这些给水栓与首部枢纽连接起来。一般是按最短路径的原则布置,各管段的管径应为经济管径。由于每个用户用水一般是随机的,所以要按用水概率来确定管网流量。

4.5 灌溉管道系统的工作制度

灌溉管道系统的工作制度有续灌方式、轮灌方式和随机取水方式三种。

1. 续灌方式

上一级管道同时向所有下一级管道配水,如果在干管这一级进行续灌,那么干管和所有支管都同时过水,连续工作,所有管道过水时间也就等于灌水时间。续灌的特点是下一级管道的设计流量小、工作时间长,在滴灌和微喷灌中用得较多。

2. 轮灌方式

上一级管道按预先划分好的轮灌组分组向下一级管道配水,而轮灌管道在灌水时期是轮流工作的。轮灌一般有集中轮灌和分组轮灌两种,各级流量的推算方法与灌溉渠道系统相似,由下至上逐级推算,只是灌溉管道系统在正常工作情况下没有输水损失。

轮灌组的划分及灌水的先后次序直接影响到上一级管道的投资。以半固定式喷灌系统为例,当一组为两根支管时,可以有两个方案。

(1) 两根支管从地块的一侧齐头并进,如图4.10(a)、(b)所示,这样干管从头到尾都要通过全部流量(等于两根支管流量之和)。

(2) 两根支管由地块两端向中间交叉前进,如图4.10(c)所示;或由地块中间向两端交叉前进,如图4.10(d)所示。这样只有前半根干管通过全部流量,而后半根干管始终只要通过一半流量(等于一根支管的流量),显然采用这一方案干管半段管径可缩小,就可节约干管的投资。

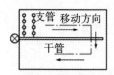
(a) 两根支管从地块的一头齐头并进的方案1

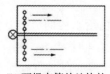
(b) 两根支管从地块的一头齐头并进的方案2

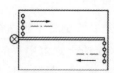
(c) 两根支管由地块两端向中间交叉前进的方案

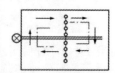
(d) 两根支管由地块中间向两端交叉前进的方案

图 4.10 轮灌方式

轮灌方式比较适合于灌溉面积不大,灌区内用水单位少,各用水单位作物种植比较单一的情况。

3. 随机取水方式

当灌溉面积较大,灌区内用水单位多,而且各种作物种植比较分散,各个用水单位在各个时期用水要求各不相同,带有较大的任意性时,如仍用轮灌方式,不仅增加了用水组织管理的困难,而且还可能影响到各用水单位的用水要求。因此要采用随机取水的方式,每个取水口任何时候都可以取水,也可以不取水,并以取水口作为一个用水计算单位,在此基础上用概率论和数理统计方法来推算各级管道的设计流量。这种方式使取水口以上的管网中任何时候都充满水,各取水口按本用水单位的需要随时打开闸门取水灌溉,有时也称为"按需分配"方式。

4.6 灌溉管道系统的流量与压力推算

管道的管径选择一般是先根据不同管材的适宜流速及经验选定,然后进行水力学计算校核水头损失是否合理。常用管材的适宜流速如下:钢筋混凝土管 0.8～1.5 m/s,钢丝网水泥管 0.8～1.4 m/s,石棉水泥管 0.7～1.3 m/s,混凝土管 0.5～1.1 m/s,硬塑料管 0.6～1.3 m/s,软塑料管 0.3～0.8 m/s,陶土管 0.6～1.1 m/s,灰土管 0.5～1.0 m/s。

4.6.1 树枝状管网的水力计算

(1) 沿程水头损失计算。沿程水头损失即管路摩擦水头损失,它发生在管道均匀流的直线段,由于水流内部摩擦而消耗的机械能,对于圆管有压水流可用式(4.1)计算。

$$h_f = fLQ^m/d^b \tag{4.1}$$

式中:h_f 为沿程水头损失,m;f 为摩擦系数,随水流的雷诺数 Re 而变化[层流时($Re \leqslant 2000$),$f=64/Re$;紊流时($Re \geqslant 4000$),f 随 Re 及相对糙率而变化];L 为管道长度,m;Q 为流量,m^3/h;d 为管道内径,mm;m 为流量指数,与摩阻损失有关;b 为管径指数,与摩阻损失有关。

各种管径的 f、m、b 数值可按表 4.8 确定。

表 4.8　f、m、b 数值

管材		f	m	b
混凝土管、钢筋混凝土管	$n=0.013$	1.312×10^6	2	5.33
	$n=0.014$	1.516×10^6	2	5.33
	$n=0.016$	1.749×10^6	2	5.33
旧钢管、旧铸铁管		6.25×10^5	1.9	5.33
石棉水泥管		1.455×10^5	1.85	4.86
硬塑料管		9.48×10^4	1.77	4.77
铝管、铝合金管		8.61×10^4	1.74	4.74

注：n 为粗糙系数。

灌溉管道系统中的等距等流量多出口管道(图 4.11)，就是隔相同间隔就有相同的流量分出，各分流点后的流量随之发生变化。在计算该类管道的沿程水头损失时，原应分段计算，但是手算过于繁复，为了简化计算，常先假定管内流量沿程不变，一直流到末端，按进口处最大流量计算水头损失(即不考虑分流)，然后乘上一个小于 1 的多口系数 F 进行校正。根据上述 F 的含义，其可写成式(4.2)。

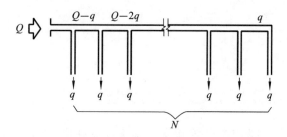

图 4.11　等距等流量多出口管道示意

注：Q—进口处渠道流量；q—出口管道流量。

$$F = \frac{h_{jz}}{h'_{jz}} \tag{4.2}$$

式中：h'_{jz} 为假定管内流量沿程不变，而且等于多出口管道的首端流量时的沿程水头损失，m；h_{jz} 为多出口管道实际的沿程水头损失，m。

式(4.2)亦可改写为式(4.3)。

$$h_{jz} = F h'_{jz} \tag{4.3}$$

多口系数可用式(4.4)计算，也可将其列成表格，供设计时查用。

$$h_{jz} = Fh'_{jz} = \frac{N\left(\frac{1}{m+1} + \frac{1}{2N} + \frac{\sqrt{m-1}}{6N^2}\right) - 1 + X}{N - 1 + X} \quad (4.4)$$

式中：N 为出流孔口数；X 为多出口管道首孔位置系数，即多出口管道入口至第一个出流孔口的距离与各出流孔口间距之比；m 为流量指数，可查表 4.8。

但是，在电子计算机日益普及的情况下，也不一定用多口系数来计算，因为编写一个程序就可以非常容易、精确地计算多出口管道的沿程水头损失。

(2) 局部水头损失计算。局部水头损失发生在水流边界突然发生变化、均匀流被破坏的流段，是由于水流突然变形而在水流内部摩擦消耗的机械能。其计算公式如式(4.5)所示。

$$h_j = \xi \frac{v^2}{2g} \quad (4.5)$$

式中：h_j 为局部水头损失，m；ξ 为局部阻力系数；v 为管道内水流的流速，m/s；g 为重力加速度，一般取 9.81 m/s^2。

局部水头损失一般只能通过实验测定，常用的局部阻力系数可查有关表格。

管道总的水头损失等于沿程水头损失加上局部水头损失的叠加，见式(4.6)。

$$h_{损} = \sum h_f + \sum h_j \quad (4.6)$$

式中：$h_{损}$ 为总水头损失，m；h_f 为沿程水头损失，m；h_j 为局部水头损失，m。

水头损失通常用流速水头的倍数表示，见式(4.7)。

$$h_{损} = \xi_{损} \frac{v^2}{2g} \quad (4.7)$$

式中：$\xi_{损}$ 为水头损失系数。

(3) 不同工作制度下各级管道设计流量的推算。灌溉管道系统中各级管道设计流量的推算，比灌溉渠道系统中各级渠道设计流量的推算要简单得多，主要是因为灌溉管道系统中可以不考虑沿程的流量损失，所以在续灌时，就等于下一级管道流量之和；而在轮灌时，就等于同时工作的下一级管道流量之和的最大值；在随机供水情况下，干管或系统的流量按式(4.8)~式(4.11)计算。

$$Q = xQ_0 \quad (4.8)$$

$$x = \frac{1}{r}\left(1 + K\sqrt{\frac{1}{n_1} - \frac{1}{n}}\right) \quad (4.9)$$

$$n_1 = \frac{Q_0}{Q_{支} r} \quad (4.10)$$

$$r = \frac{C}{24} \quad (4.11)$$

式中：x 为系数；Q_0 为连续供水时的干管流量，m³/h；K 为与管理工作保证率有关的系数，当管理工作保证率为 95% 时，$K=1.645$；C 为系统日运行时间，h；n 为系统支管数目；r 为系统运行系数；n_1 为在灌溉季节内可能同时供水的支管数；$Q_支$ 为支管流量，m³/h。

（4）首部设计工作压力的推算。为计算首部的设计工作压力，首先要在灌区内选择一个或几个能代表整个灌区的典型点，然后计算出各自的工作压力，取其最大或次大者为设计工作压力。推算公式见式(4.12)。

$$H = H_0 + \sum h_f + \sum h_j + \Delta \quad (4.12)$$

式中：H_0 为灌水器工作水头，m；$\sum h_f$ 为首部到典型点之间管路沿程水头损失之和，m；$\sum h_j$ 为首部到典型点之间管路局部水头损失之和，m；Δ 为典型点高程与水源水面的高差，m。

（5）水泵和动力的选择。确定了 Q 和 H 即可据此选择水泵，至于动力功率的计算，可查有关手册。但在实际设计中，当水泵选定后，如果与电机配套，就可以直接从水泵样本中查出配套电机的功率和型号。在电力不足的地区，应考虑采用柴油机。

4.6.2 环状管网的水力计算

与树状管网不同，环状管网水力计算一般是先假定管径，然后计算流量，最后求得满足管内流速、分水压力等条件的最小管道直径。因此环状管网管径要经过多次试算才能确定，特别是当分水处的分水量或分水位置发生变化时，更要经过多次反复试算。

环状管网水力计算大致有以下两种。

（1）流量法：通过水力平衡参数对流量加以修正，来达到系统压力平衡。最常用的是哈迪·克罗斯迭代法，先假定环状管网各管道流量和流向，然后通过反复试算，最后求出各管道的流量、流向及水头损失。

（2）水位法：先假定各节点的压力，再推求管道流量的一种计算方法。一般都通过节点水头法进行计算，即先假定环状管网各管道交叉点水头，然后将各节点间管道流量用节点动水头表示，在此基础上，根据管道流量应满足的节点条件，建立联立方程组，通过求解该方程组，最后得到管道流量、流向及节点水头。

4.7 灌溉管道系统的结构设计

灌溉管道系统由直管、接头、连接件、控制件等构成后,如何安置在田间,这就是结构设计所应当考虑的问题。灌溉管道系统结构设计主要包括以下几个方面。

1. 确定埋深与坡度

埋深的确定主要考虑三个因素。

(1) 农业机械在埋有管道的地面上通过时不会损坏管道。不同的管道可承受外力的大小不同,因此要求埋深也不相同,一般要求埋深为 40~70 cm。当管道通过交通干道时,一般应埋得深一些,为了不造成过多弯曲,经常的做法是与田间埋深相同,使管道笔直通过交通干道,如果管道的强度不够,则在交通干道下改用抗弯强度大的管道(如钢管),或在管道外面套一层护套管。有时还要采用倒虹吸管。对于一些不怕压的半软管(如微灌系统中的毛管),如要埋在地下,一般埋深为 20~30 cm。

(2) 在北方地区,埋深一般应大于本地区最大冰冻层深度,以免土壤的冻融变化破坏管道。

(3) 当地下水位较高时,管道埋深应保证空管不发生上浮。

地下埋管的坡度应根据地形特点、土质和管径来确定。在山丘区或地形起伏较大的田块,埋管坡度一般与地面坡度大致相同。而在平原地区非常平坦的田块,管道不能埋设成完全水平的,而应做成 1/1000~1/100 的坡度,以防淤积,或在充水时排出管内空气,或在冬季到来之前将管网内余水排空,避免冻裂管道。

2. 镇墩与支墩的设置

当管道受到较大的水平力时,应设置镇墩,例如管道坡度较大,管的自重和管内水重就会在管轴线方向形成分力而使管向下坡滑动,这时每隔一定的距离就要设置一个镇墩。当管道改变方向时,管内水流对管道会产生一个侧向推力,在管道末端会产生一个轴向水平推力,故这些地方也应设立镇墩。此外,固定式喷灌系统中的竖管三通处虽然在正常情况下不会产生水平推力,但是由于竖管露在外面,经常受到外力的作用,这样不但可能破坏竖管,甚至会破坏下面的支管,因此一般在每个竖管下也设置镇墩,以减少这种破坏的可能性。

镇墩要根据水平推力和土壤摩擦力来设计。镇墩一般用块石混凝土或混凝土建造。较大的镇墩还应布置必要的构造钢筋。

支墩是用来支承水管、传递垂直压力的,一般只在土质较差,而且管径较大时才采用。管径较小(小于 300 mm)而且土质较好时可不设置支墩,而将管子直接置于沟底部,然后覆土。

3. 柔性接头与伸缩节

管道接头一般是刚性的,即接头两边管子是固接在一起的,轴线不会发生偏转,而在土壤不是很坚实的情况下,管槽内不可避免地发生不均匀沉陷,从而使管道承受挠曲力,严重时会使管道断裂。因此,在管道较长时每隔一定的距离就要设置一个柔性接头,使得管道的轴线能适应由于不均匀沉陷造成的微小变形。柔性接头的间距要根据管子的抗弯强度与管槽底部可能发生不均匀沉陷的程度来决定。

在管道上除了要设置柔性接头,有时还要设置伸缩节,主要是适应管道由于温度的变化而产生的变形。与柔性接头不同,伸缩节只能产生轴向移动而不能产生偏转,而多数柔性接头本身就具有伸缩的功能(例如塑料管用的橡胶圈止水的铸铁接头),也都可以起到伸缩节的作用,此时就不必专设伸缩节了。

4. 排气与泄水设施

管道一般随地形变化有起伏,充水时在下弯管道的高处常会积聚一定的空气,这样积聚于管中的空气不但会影响管道的过水能力,而且会造成管内水压的波动。因此在管道向上拱起的地方要设置空气阀,以便在通水开始时排除管内的空气。

虽然在确定管道埋深时,尽量使管道在冰冻层以下,但是总有一些管道(如喷灌系统中的竖管)要露出地面,有时也无法将管子埋在冰冻层之下,所以应在管网的低处设置泄水阀,以便在冰冻之前将管内水排空,避免在冰冻时使管道破裂。

5. 阀门井

各级管道的首端一般都装有闸阀、过滤器和压力调节器等。这些设备都应当用阀门井保护起来。阀门井一般用砖砌或混凝土预制,其尺寸按照操作的需要确定，井口要用混凝土盖或铸铁盖盖上。

6. 竖管与支柱

多数灌水方法所使用的灌水器要离地面一定距离。喷灌的喷头常用竖管支承，其高度视作物的高度而定，常高出地面 1~2 m。微喷灌的喷头也应离地面一定距离，以免降雨时溅起泥沙堵塞喷嘴，所以也要用支柱等支承微喷头，支柱高度一般为 20~30 cm，支柱可以用塑料制作，也可以用竹子、木材制作。对果树喷灌，竖管可高达 4 m，这时就要特别注意保证其稳定性，避免因摇晃而影响喷头正常旋转。

第 5 章 灌区排水系统规划设计

5.1 灌区排水系统规划概述

5.1.1 农田排水

土壤或农田水分不足对农作物固然有害,但是土壤或农田水分过多,对农作物也是不利的。水分过多,会造成土壤缺氧,致使环境条件恶化,破坏作物正常的生理活动,导致作物产量下降,严重时会造成绝产。在生产中因土壤或农田水分过多造成农作物减产或歉收的现象,统称为"水灾"。根据土壤或农田水分过多的原因和水分过多的程度,水灾又常分为洪灾、涝灾和渍灾。

此外,在北方地区,因某些特殊的气候条件,土壤或农田水分过多往往还会造成严重的土壤沼泽化和盐碱化。例如,土壤质地黏重、地下水位高,加上气温低、土壤冻结深度大、冻结期长,形成永久性冻土隔水层,妨碍土壤表层水下渗,使当地降水形成的涝水不能及时排除,发生上层滞水。这就是东北地区松嫩平原、三江平原和兴凯湖一带土壤沼泽化的重要原因。而高矿化度地下水不能及时降至临界水位以下,从而形成严重的积盐现象,又是造成北方地区土壤盐碱化的主要原因。

1. 灾害原因

对农田水分过多造成的灾害,应分析成灾的原因,并采取适当的技术措施加以治理。我国北方地区地域辽阔,各地自然条件和气候特征相差较大,造成各地农田水分过多的具体原因各有不同,但归纳起来主要有以下几点。

(1) 降水量年际变化大,且年内分配又高度集中,经常造成雨季大气降水补给农田水分过多,甚至形成洪水。

(2) 洪水泛滥、湖泊漫溢、海潮侵袭或坡地地面径流汇于低洼地区而积水成灾。

(3) 地面平坦,坡度小,降水径流坡面汇流缓慢,加上土壤质地黏重,透水性差,农田容易滞水。

(4) 水库、河道等蓄水发生浸润,因灌溉不合理发生深层渗漏,都会造成地下水位上升。

(5) 地势低洼、出流条件不好等。

2. 消除农田水分过多的基本措施

(1) 采用必要的防洪、挡潮、截渗措施,防止外区域地面径流和地下径流入侵。

(2) 建立完善的排水系统,排除多余的地面水和土壤水,把地下水位控制在一定埋深范围。

(3) 进行科学合理的灌溉,避免深层渗漏造成地下水位上升。

(4) 注意改良土壤,改变土壤结构,提升其透水性,降低其滞水性。

其中关键是建立完善的排水系统。

3. 排水系统

排水系统是指排水工程的整套设施,它通常包括排水区内的排水沟系和蓄水设施(如湖泊、河沟、坑塘等)、排水区外的承泄区及排水枢纽(如各种水闸、泵站等)三大部分。

排水系统中的排水沟系一般分为干、支、斗、农 4 级固定沟道。但是,当排水区面积较大或地形较复杂时,固定排水沟可以多于 4 级;反之也可以少于 4 级。如干、支、斗 3 级沟道组成排水沟网,农沟及农沟以下的田间沟道组成田间排水网。农田中的多余地面水和地下水通过田间排水网汇集,然后经排水沟网和排水枢纽排泄到承泄区。田间排水网按其结构,可分为明沟排水、暗管排水和竖井排水 3 种,属田间工程。

5.1.2　农田对排水的要求

农田排水的任务是排除农田中过多的地面水和地下水,控制地下水位,为作物生长创造良好环境。具体内容有除涝、防渍、防止土壤盐碱化、改良盐碱土、截渗排水、改良沼泽地及排泄灌溉渠道退水。下面就几个主要内容分别进行论述。

1. 除涝对农田排水的要求

在降雨较大地区,应及时排除由于暴雨产生的田面积水,减少淹水时间和淹水深度,以保证作物正常生长。实践证明,农作物的淹水时间和淹水深度有一定的限度,超过允许的淹水时间和淹水深度,农作物将会减产甚至死亡。田间积水会使土壤水分过多,氧气缺乏,影响作物根系正常呼吸。淹水时间过长,长期缺氧,作物在无氧条件下呼吸所产生的乙醇可使作物中毒甚至死亡。

作物产量不受明显影响的前提下,所能忍受地面淹水的深度和时间,称为作物的耐涝能力。作物耐涝能力与作物类别、品种、生长阶段、植株素质等因素有关。一般的规律是,水生作物的耐涝能力强于旱作物,高秆作物的耐涝能力强于矮秆作物;地面积水越深,温度越高,作物越不耐淹;作物在清水中比在浑水中耐淹。

2. 防渍对农田排水的要求

作物忍受过多土壤水分的能力称为"耐渍能力"。作物的耐渍能力与其种类、生长阶段、土壤物理条件、气温等因素有关。

各种作物的耐渍能力是不同的,一般来说,需水多的作物的耐渍能力较需水少的作物强;浅根作物的耐渍能力强于深根作物。如冬小麦苗期、越冬期的耐渍能力较强,拔节以后的耐渍能力较差;棉花在蕾期以后的耐渍能力减弱。

土壤含水率与土壤充气空隙率有关,所以可用土壤充气空隙率作为耐渍指标。在工程措施中,一般用降低地下水位的办法达到改变土壤水分过多的目的。地下水以上 30～50 cm 为毛管水饱和区,作物容根层应位于这个区域以上,即作物的容根层与毛管水饱和区之和作为防渍的临界深度。

3. 防止土壤盐碱化和改良盐碱土对农田排水的要求

土壤中盐分运动是随土壤水分的运动进行的。在蒸发过程中,由于土壤水的运动,盐分被输送到表层,水分蒸发后,盐分聚集在土壤表层。在灌溉(冲洗)及较大降雨时,表层的盐分随水分入渗深层。如果因蒸发带进表层的盐分多于淋洗到深层的盐分,则土壤处于积盐状态;反之,则呈脱盐状态。因此,蒸发和入渗条件是影响土壤积盐或脱盐的主要因素。

表层土壤水分的蒸发强度及蒸发量,除取决于气候、地形地貌及土质等条件外,还受地下水埋深的影响,地下水位高,蒸发能力强,土壤表层积盐快,易使土壤盐碱化；土壤的入渗量也与地下水埋深有关，地下水位高，入渗速度低，自地表带入深层的盐分少，土壤不易脱盐。

由于土壤脱盐和积盐与地下水位密切相关，在生产实践中常根据地下水埋深判断某地区是否会发生土壤盐碱化。在一定的自然条件和农业技术措施条件下，土壤不产生盐碱化和作物不受盐害时的地下水埋深，称为"地下水临界深度"。在潮湿、低温、蒸发量小的气候条件下，临界深度值小；在干燥、高温、蒸发量大的气候条件下，临界深度值大。此外，土壤结构、地下水矿化度、耕作栽培技术及植物覆盖率等均能影响临界深度值。所以，临界深度不是一个常数，但条件类似时，其数值基本相同。

实施改良和防治盐碱化排水时，除应满足排涝要求及排渍要求外，还必须在返盐季节前将地下水位控制在临界深度以下。

此外，为了便于农业耕作，应使农田土壤保持在一定含水率以下，一般认为，根系吸水层内含水率在田间持水率的60%～70%时较为适宜。为了便于农业机械下田，并具有较高的耕作效率，土壤含水率应有一定的限制，视土壤质地和机具类型而定。不同土壤质地和不同机械允许的最大土壤含水率及要求的最小地下水埋深相差很大，应根据实际测验或调查资料确定。对于一般质地的土壤及一般机具（中型），缺乏资料时，可将要求的最小地下水埋深确定为0.7 m左右。根据国外资料，一般满足履带式拖拉机下田要求的最小地下水埋深为0.4 m，满足轮式拖拉机机耕要求的地下水最小埋深为0.5 m。

5.1.3 排水系统的布置

1. 排水方式

灌区排水方式应针对农田排水所要解决的问题（如除涝防渍、防碱洗碱、截渗排水、沼泽地改良等）及涝、渍、盐碱的成因，结合灌区自然条件和技术经济条件，因地制宜地确定。

排水系统的布置往往取决于排水方式，我国各地区或各灌区的排水方式大致可归纳为以下几种。

（1）汛期排水和日常排水。

汛期排水是为了避免耕地因受水的侵入而被淹没，而日常排水是为了控制地区的地下水位和农田水分状况。在规划排水分区及布置排水系统时，应同时满足这两个方面的要求。

(2) 自流排水和抽水排水。

排水出口应视承泄区水位变化情况及高水位持续时间、涝区内部地形及内水畅排情况来安排排水方式。可自流排水或建闸相机自排；建抽水机站实施抽水排水；建闸、站，自排和抽排并举等。

(3) 水平排水和垂直(或竖井)排水。

对于主要因降雨和灌溉渗水成涝的灌区，可采用水平排水方式。对于地下水位高、含水层深厚和浅层地下水受承压水补给的地区或灌区，可采用竖井排水方式，或竖井排水与明沟排水相结合的方式。

(4) 地面截流沟和地下截流沟排水。

排水系统为了防止区外地面径流或地下径流的入侵，可采用地面截流沟(或撇洪沟)或地下截流沟(主要是截渗)排水的方式。

排水系统的布置主要包括承泄区和排水出口的选择及各级排水沟道的布置两部分。排水沟道的布置要使排水区多余的水量尽快地集中并通过各级输水沟道顺利地排入承泄区。骨干排水沟道(主要是干沟)的线路要做方案并经慎重比较后选优采用。

2. 排水沟道的布置要求

(1) 安全排水，及时排水，工程费用最省，便于管理。

(2) 与灌溉渠系的布置、土地利用规划、道路网、林带、行政区划及承(容)泄区的选定相协调。

(3) 各级排水沟都要布置在各自控制范围的最低处，并贯彻高水高排、低水低排、就近排水，以及自排为主、抽排为辅的原则。

(4) 为适应灌、排、滞、蓄的有机结合，充分照顾城镇的排水需要，在靠近江、河、湖、海平原地区及地下水位接近地面的低平地区，田间排水系统必须和灌溉系统分开，互不相扰，河网、圩垸则按具体情况布置。

(5) 干沟出口应选在承泄区水位较低、河床稳定的地方，干沟布置应尽量利用天然河、沟，并根据需要进行裁弯取直、扩宽挖深或加固堤防等河道整治工作。

(6) 支沟与干沟及干沟与承泄区的衔接处，一般以锐角(35°～60°)连接为宜，湖泊、海湾等承泄区不受此限制。

(7) 在有外水侵入处，应设置截流沟将灌区外部地表水及地下水引入排水沟或直接排入承泄区。

(8) 水旱间作地区，在水田及旱田之间应布设截渗排水沟。

(9) 排水干沟、支沟的弯道半径同灌溉渠道。

3. 农田排水系统的布置

农田排水系统由田间排水系统(田间排水网)、输水沟和承泄区组成。分布在耕作田块内部,担任汇集地面水和地下水的排水设施,称为"田间排水网",它与田间灌溉网一起构成田间调节网,起调节田间土壤水分的作用。田间排水网的构造形式可以是明沟、暗沟(管)和竖井。下面简要介绍前两种形式,具体内容后续将详细论述。

(1) 田间明沟排水系统。

田间排水系统的组成和任务随各地区自然条件的不同而有差异,应根据具体情况和要求拟定合理的布置方案。

在田间渠系只负担灌溉和除涝任务的情况下,如果地下水埋深较大、无控制地下水和防渍要求,或虽然有控制地下水位要求,但因土质较轻,要求排水沟间距在 200～300 m,排水农沟可兼负排除地面水和控制地下水位的作用。在这种情况下,农田内部排水沟主要起排除地面水(除涝)的作用,田间灌排渠系全部(即毛渠、输水垄沟)或部分(即输水垄沟)可以灌排两用。

在土质比较黏重的易旱易涝地区,由于土壤的渗透系数低,有控制地下水位要求的排水沟间距较小,因此,排水农沟以下尚需安排 1～2 级田间排水沟。当有控制地下水位要求的末级排水沟的间距为 100～150 m 时,农沟以下可加设毛沟。此时,农沟、毛沟均起控制地下水位的作用,毛沟深为 1.0～1.2 m,农沟深为 1.2～1.5 m。机耕时,拖拉机开行方向与毛沟平行。毛沟应大致平行于等高线,以利于拦截地面径流。如果要求末级排水沟的间距在 30～50 m,农沟以下可加设毛沟、小沟两级沟道。末级排水沟应大致平行于等高线,如末级排水沟较深,不利于机耕,可采用暗管系统。

排水农沟的纵坡坡度主要取决于地形坡度。从排水通畅及防止冲刷来考虑,纵坡坡度一般为 0.004～0.006,最大不得超过 0.01,横断面一般为梯形,边坡视土质而定。

(2) 田间暗沟(管)排水系统。

与暗管排水相比,排水明沟有其特有的优缺点。

优点:它既可承纳地下水,又可承纳地表径流;排水明沟所需的输水比降比暗沟(管)小得多;易检查。

缺点:占用土地,尤其是由于土壤的质地所限,必须采用较缓的边坡;杂草的生长和侵蚀给管理维护工作增加困难；土地被分割成小块，如果排水明沟的间距窄小，会妨碍有效的耕作。

采用暗沟（管）排水，可以避免上述明沟排水的缺点，所以近年来，地下排水暗沟（管）在我国南北方地区有了较快的发展。我国目前较多采用两级（集水管和泄水管）或仅有一级（集水管）排水管和农沟相连。采用两级以上排水管，其优点是避免在大面积农田上开挖明沟，缺点是增加连接建筑物，控制养护较困难。为了加速排除土壤水，排水管还可采取上下不同深度的双层布置形式。我国目前已研制成大、中、小型开沟铺管机及多种形式的管件和管材，为地下暗管的发展提供了有利条件。世界较发达国家已广泛采用暗管排水，有的地区暗管排水面积已占排水总面积的70％以上。地下排灌已成为当前的发展趋势，越来越引起人们的关注。

5.2　灌区排水系统的设计标准

灌区排水系统的设计标准是确定排水系统各项工程设施规模的重要依据，直接关系到排水工程投资的经济效益和社会效益。因此，在规划设计排水系统时，应首先按照农业现代化建设的要求，以国家和有关部门颁发的规范、规程为依据，结合当地投资、设备、动力和劳力等可能条件，考虑排水区内的作物、土壤、气候等自然条件，通过效益分析，确定合理的排水系统的排水设计标准，以使排水工程规模适当，达到投资少而效益显著的目的。

灌区排水系统的设计标准总体来说，是指对一定的暴雨或一定量的灌溉渗水、渠道退水，在一定的时间内排除涝水或降低地下水位到适宜深度，以保证农作物的正常生长。实际上，灌区排水系统的设计标准包括两个方面：一方面是排除地表多余降水径流的排涝设计标准；另一方面是控制农田地下水位的防渍排水设计标准。

5.2.1　排涝设计标准

排涝设计标准一般有三种形式。

（1）以排水区发生一定重现期的暴雨，农作物不受涝作为排涝设计标准。当实际发生的暴雨不超过设计暴雨时，农田的淹水深度和淹水历时应不超过农作物正常生长所允许的耐淹水深和耐淹历时。这种表达方式在概念上能较全面地反映出排水区排涝设计标准的有关因素。

（2）以排水区农作物不受涝的保证率作为排涝设计标准。农作物不受涝的保证率亦称"经验保证率"，是指排涝工程实施后农作物能正常生长的年数与全系列总年数之比。实际应用时，先假定不同的排水工程规模，分别进行全系列的排涝演算，求出相应条件下农作物能正常生长的经验保证率，然后选择经验保证率与排涝设计保证率相一致的排涝工程规模，作为设计采用值。

（3）以某一定量暴雨或涝灾严重的典型年作为排涝设计标准。选择定量暴雨或典型年时需进行频率分析。

我国对排涝设计标准没有统一规定，《灌溉与排水工程设计标准》（GB 50288—2018）采用目前使用最普遍的第一种形式。

排涝设计标准中的暴雨重现期应根据排水区的自然条件、雨涝成灾的灾害程度及其影响等因素，经技术经济论证确定。排涝设计标准定得过高，则工程规模过大，投资增多，工程设施利用率降低，造成经济上的浪费，而且经济效益未必明显增加；反之，排涝设计标准定得过低，则工程规模过小，投资减少，又未必能取得应有的经济效益。根据各地区的排涝经验，《灌溉与排水工程设计标准》（GB 50288—2018）规定设计暴雨重现期可采用 5~10a，这是符合我国大部分地区的自然条件和生产发展水平的。目前我国各地区采用的设计暴雨重现期可参见表 5.1。从表 5.1 可知，上海郊县（区）、江苏水网圩区设计暴雨重现期在 10a 以上，而河南安阳、信阳地区设计暴雨重现期则为 3~10a。因此有特殊要求的地区，可适当提高标准。

排涝设计标准除应规定暴雨重现期外，还应规定暴雨历时和排除时间。根据华北平原地区实测资料分析，排水面积为 100~500 km² 的排水区，洪峰流量主要由 1 d（或 24 h）暴雨形成；而排水面积为 500~5000 km² 的排水区，洪峰流量一般由 3 d 暴雨形成。根据三江平原地区实测资料，在近 1000 km² 的耕地上，对暴雨历时与农作物减产率的相关性进行分析可知，年最大 3 d 暴雨与农作物减产率关系最密切，最大 1 d 暴雨次之。因此标准规定设计暴雨历时一般采用 1~3 d。我国各地区目前采用的设计暴雨历时参见表 5.1。

涝水排除时间应根据农作物的种类及耐淹水深和耐淹历时确定，并应因地制宜，综合分析后慎重确定。我国各地区目前采用的涝水排除时间参见表 5.1。

表 5.1　各地区排涝设计标准

地区	设计暴雨重现期/a	设计暴雨历时和涝水排除时间
上海郊县(区)	10~20	1 d 暴雨(200 mm),1~2 d 排除 (蔬菜:当日暴雨当日排除)
江苏水网圩区	10 以上	1 d 暴雨(200~250 mm),雨后 2 d 排除
天津郊县(区)	10	1 d 暴雨(130~160 mm),2 d 排除
浙江杭嘉湖地区	10	1 d 暴雨,2 d 排除;3 d 暴雨(276 mm), 4 d 排至作物耐淹深度
湖北平原地区	10	1 d 暴雨(190~210 mm),3 d 排至作物耐淹深度
湖南洞庭湖地区	10	3 d 暴雨(200~280 mm),3 d 排至作物耐淹深度
广东珠江三角洲	10	1 d 暴雨,4 d 排至作物耐淹深度
广西平原区	10	1 d 暴雨,3 d 排至作物耐淹深度
陕西东方红抽水灌区	10	1 d 暴雨,1 d 排除
辽宁中部平原区	5~10	3 d 暴雨(150~220 mm),3 d 排至作物耐淹深度
吉林丰满以下 第二松花江流域	5~10	1 d 暴雨(118 mm),1~2 d 排除
三江平原	5~10	1 d 暴雨,2 d 排除
安徽巢湖、芜湖、 安庆地区	5~10	3 d 暴雨(190~260 mm), 3 d 排至作物耐淹深度
福建闽江、九龙江 下游地区	5~10	3 d 暴雨,3 d 排至作物耐淹深度
江西鄱阳湖地区	5~10	3 d 暴雨,3~5 d 排至作物耐淹深度
河北白洋淀地区	5	1 d 暴雨(114 mm),3 d 排除
河南安阳、信阳地区	3~10	3 d 暴雨(140~175 mm), 旱作区雨后 1~2 d 排除

根据已有实验资料的分析结果,标准规定旱作区涝水排除时间一般可采用从作物受淹起 1~3 d 排至田面无积水,水稻区涝水排除时间一般可采用 3~5 d 排至耐淹水深。

农作物的耐淹水深和耐淹历时因农作物种类、生育阶段、土壤性质、气候条件等不同而变化,是一个动态指数。鉴于我国目前还没有系统的农作物耐淹试验资料可供应用,各种农作物的耐淹水深和耐淹历时应根据各地实际调查和科学试验资料分析确定。不同农作物的耐淹能力是不同的,如小麦、棉花的耐淹能力较差,通常在地面积水 10 cm 的情况下,受淹 1 d 就会减产,受淹 5 d 以上就会死亡;而玉米、春谷、高粱的耐淹能力则相对较强。同一种农作物的不同生育阶段,其耐淹能力也是不同的。一般情况下,幼苗期的耐淹能力总是比成熟期差。此外,生长在黏性土壤中且气温较高时,耐淹历时较短;生长在砂性土壤中且气温较低时,耐淹历时较长。

目前计算设计排涝模数的常用方法有两种。

(1) 经验公式法。这种计算方法适用于集水面积较大的排水沟和河道排涝设计,一般多根据集水面积大于 50 km² 的河道水文测站实测暴雨径流资料,经统计分析,根据平原区排涝模数经验公式求出待定参数 K、m、n,详见式(5.1)。

$$q = KR^m A^n \tag{5.1}$$

式中:q 为设计排涝模数,m³/(s·km²);R 为设计暴雨产生的径流深,mm;A 为设计控制的排水面积,km²;K 为综合系数(反映降雨历时、流域形状、排水沟网密度、沟底比降等因素);m 为峰量指数(反映洪峰与洪量关系);n 为递减指数(反映排涝模数与面积关系)。

目前平原区多采用这一计算方法,以确定较大集水面积且无调蓄容积条件下的设计排涝流量。K、m、n 值应根据各地区具体情况,经实地测验分析确定。我国部分地区根据实测暴雨径流资料经统计分析求出的 K、m、n 值列于表 5.2,可供无实测资料时选用。

表 5.2 我国部分地区参数 K、m、n 值

地区			适用范围/km²	K	m	n	设计暴雨历时/d
辽宁中部平原区			>50	0.0127	0.93	−0.176	3
河北省	平原区		30~1000	0.0400	0.92	−0.330	3
	黑龙港地区		200~1500	0.0320	0.92	−0.250	3
			>1500	0.0580	0.92	−0.330	3
山西省太原地区			—	0.0310	0.82	−0.250	—
山东省	鲁北地区			0.0340	1.00	−0.250	
	沂沭泗地区	邳苍地区	100~500	0.0310	1.00	−0.250	1
		湖西地区	2000~7000	0.0310	1.00	−0.250	3
河南省豫东、沙颍河平原区				0.0300	1.00	−0.250	1
安徽省淮北平原区			500~5000	0.0260	1.00	−0.250	3

续表

地区	适用范围/km²	K	m	n	设计暴雨历时/d
江苏省苏北平原区	10~100	0.0256	1.00	−0.180	3
	100~600	0.0335	1.00	−0.240	3
	600~6000	0.0490	1.00	−0.300	3
湖北省平原湖区	≤500	0.0135	1.00	−0.200	3
	>500	0.0170	1.00	−0.238	3

(2) 平均排除法。这种计算方法只适用于集水面积较小的排水沟排涝设计，不宜用于集水面积较大的河道排涝设计。

①平原区：集水面积在 10 km² 以下的田间排水沟的设计排涝模数推求与集水面积较大的骨干排水河道不同，其不考虑地面径流汇流后所形成的洪峰大小和洪水流量过程线的形状，而且允许地面径流在短时间内漫出沟槽，因此不必采用设计暴雨情况下产生的最大流量计算，而是按照排涝面积上的径流深度，在规定的排涝历时内采用平均排除法加以确定。旱地设计排涝模数计算公式和水田设计排涝模数计算公式分别见式(5.2)和式(5.3)。

$$q_d = \frac{R}{86.4T} \tag{5.2}$$

$$q_w = \frac{P - h_1 - E - F}{86.4T} \tag{5.3}$$

式中：q_d 为旱地设计排涝模数，m³/(s·km²)；T 为排涝历时，d；q_w 为水田设计排涝模数，m³/s·km²；P 为历时为 T 的设计暴雨量，mm；h_1 为水田滞蓄水深，mm；E 为历时为 T 的水田蒸发量，mm；F 为历时为 T 的水田渗漏量，mm。

旱地和水田的排涝历时 T 一般可分别取旱作物和水稻的耐淹历时。水田滞蓄水深 h_1 与设计暴雨发生时间、水稻类别、品种、生长期及耐淹历时有关，可根据当地试验或调查资料确定；无资料时也可按 $h_1 = h_m - h_0$ 推求，h_m 和 h_0 分别为水稻的耐淹水深和适宜水深。

②圩区：一般集水面积较小(特别是小圩区)，可采用平均排除法计算确定设计排涝模数。由于圩区排水情况比较复杂，特别是圩区内的河网、沟塘均具有一定的调蓄能力，有的还与湖泊、洼地相连接，更可作为排水承泄区；既有内河与外河之分，又有自排与提排之别，因此必须根据圩区的具体情况，分别计算确定设计排涝模数。圩区内无较大湖泊、洼地作承泄区时的设计排涝模数计算公式见式(5.4)；圩区内有较大湖泊、洼地作承泄区时，自排区的设计排涝模数计算公式

见式(5.5);圩区内有较大湖泊、洼地作为承泄区时,抢排与排湖的机排设计排涝模数计算公式见式(5.6)。

$$q_j = \frac{PA - h_1 A_w - h_2 A_2 - h_3 A_3 - E_w A_1 - F A_w}{3.6 T t A} \tag{5.4}$$

$$q_z = \frac{P A_z - h_1 A_w - h_2 A_2 - h_3 A_3 - E_w A_1 - F A_w}{86.4 T A_z} \tag{5.5}$$

$$q_y = \frac{3.6 T t q_q A_q + 86.4 T q_z A_z - h_q A_h}{3.6 T t A} \tag{5.6}$$

式中:q_j 为泵站向外河机排的设计排涝模数,$m^3/(s \cdot km^2)$;A 为排水区总面积,km^2;h_2 为河网、沟塘滞蓄水深,mm;A_2 为河网、沟塘水面面积,km^2;h_3 为旱地及非耕地的初损与稳渗量,mm;A_3 为旱地及非耕地面积,km^2;E_w 为历时为 T 的水面蒸发量,mm;A_1 为河网、沟塘及水田面积,km^2;A_w 为水田面积,km^2;t 为水泵在 1 d 内的运转时间,h;q_z 为圩区内自排区的设计排涝模数,$m^3/(s \cdot km^2)$;A_z 为圩区内自排区面积,km^2;q_y 为泵站向外河抢排与排湖的机排设计排涝模数,$m^3/(s \cdot km^2)$;q_q 为圩区内抢排区设计排涝模数[可按式(5.4)计算,但式中 A 应改为 A_q],$m^3/(s \cdot km^2)$;A_q 为圩区内抢排区面积,km^2;h_q 为圩区内湖泊死水位至正常蓄水位之间的水深,mm;A_h 为圩区内湖泊死水位至正常蓄水位之间的平均水面面积,km^2。

5.2.2 防渍排水设计标准

根据控制农田地下水位的目的,控制农田地下水位的防渍排水设计标准可分为排渍标准及改良和预防盐碱化的排水标准等。它们是拟定排水区末级固定排水沟深度和间距的主要依据。

农作物设计排渍深度是指保证农作物不受渍害的农田地下水排降深度。农作物的耐渍深度是指农作物在不同生育阶段要求保持一定的地下水适宜埋深。当地下水位经常维持在农作物的耐渍深度时,农作物不受渍害。

各种农作物的耐渍深度和耐渍时间应根据当地或邻近地区作物种植经验的实地调查或试验资料,并考虑到一些动态因素的影响分析确定。鉴于我国目前还没有系统的农作物耐渍试验资料,表5.3列出的几种主要农作物的排渍标准,可供无实地调查或试验资料时参考选用。

表 5.3　几种主要农作物的排渍标准

农作物	生育阶段	设计排渍深度/m	耐渍深度/m	耐渍时间/d
棉花	开花、结铃	1.0～1.3	0.4～0.5	3～4
玉米	抽穗、灌浆	1.0～1.2	0.4～0.5	3～4
甘薯	生长前期、后期	0.9～1.1	0.5～0.6	7～8
小麦	生长前期、后期	0.8～1.1	0.5～0.6	3～4
大豆	开花	0.8～1.0	0.3～0.4	10～12
高粱	开花	0.8～1.0	0.3～0.4	12～15
水稻	晒田	0.4～0.6	—	—

目前我国各地区对水稻田做了一些适宜日渗漏量的试验研究，但成果差别很大，尚需进一步探求符合节水、高产原则的适宜标准。《灌溉与排水工程设计标准》(GB 50288—2018)规定的水稻田适宜日渗漏量取值范围，仅供排水工程设计时参考选用。

为了便于农业机械在田间适时、高效地进行作业，应根据各地区农业机械耕作的具体要求，以保持适宜的地下水埋深作为确定设计排渍深度的依据。根据河北省芦台农场的种植经验，机耕、机收时要求地下水最小埋深为0.7 m；黑龙江省查哈阳农场采用重型拖拉机带动联合收割机下田时，要求地下水最小埋深为0.9 m；辽宁省盘锦地区采用机耕时，要求地下水最小埋深为0.7 m；江苏省农田采用机耕时，要求地下水最小埋深为0.6 m。又据国外有关资料，满足履带式拖拉机下田要求的地下水最小埋深一般为0.4 m，满足轮式拖拉机机耕要求的地下水最小埋深一般为0.5 m。因此根据我国当前农业机械实际使用情况，《灌溉与排水工程设计标准》(GB 50288—2018)规定适于使用农业机械作业的设计排渍深度一般可采用0.6～0.8 m。

改良和预防盐碱化应采取水利、农业、化学、生物等方面的综合性措施。地下水位临界深度是指不致引起耕作层土壤盐碱化所要求保持的地下水最小埋深。控制地下水位的临界深度主要与当地土壤性质、地下水矿化度等因素有关。

5.3 排水沟的设计水位与断面设计

5.3.1 排水沟的设计水位

1. 设计外水位

排涝计算中的设计外水位是指排水出口处的沟道通过排涝流量时的水面高程;而在排渍情况下,设计外水位一般应定在农田地下水位降到规定深度的高程上。我国部分地区设计外水位的采用情况参见表5.4。从表5.4可见,各地区采用的设计外水位虽然不尽相同,但从中可以概括出两点基本规律。

表 5.4 我国部分地区设计外水位

省、市	地区	设计外水位/m	备注
广东	珠江、韩江	采用年最高洪水位的多年平均值	洪水区
	三角洲地区	采用5年一遇年最高水位	湖区
湖南	洞庭湖区	采用外江6月份最高水位的多年平均值;以5—8月份最高水位多年平均值中的最高值进行校核	大型排水站
湖北		采用与排水设计标准同频率、与设计暴雨同期出现的旬平均水位,或采用暴雨设计典型排涝期间相应的日平均水位,也有采用江河警戒水位的	
江西	鄱阳湖地区	采用10年一遇5日最高平均水位	
		采用年最高水位的多年平均值	大型电排站
安徽		采用5~10年一遇汛期日平均水位	
江苏		按历年汛期平均最高外水位设计,按历年汛期最高外水位校核	中小型排水站
		采用20年一遇汛期最高外水位	大型电排站
福建		采用5年一遇洪水位	闽江下游
		采用10年一遇洪水位	九龙江下游

续表

省、市	地区	设计外水位/m	备注
河南	安阳地区（黄河）	采用黄河3年一遇水位	考虑黄河淤积至1970年时的水位
	信阳地区（淮河）	采用河道堤防保证水位(5~20年一遇)	
黑龙江		采用20年一遇汛期最高日平均水位	
天津		采用汛期最高洪水位	

（1）选择水位标准有两种情况：一种情况是选用相应于涝区暴雨重现期的水位；另一种情况是选用多年平均水位。一般当涝区设计降雨与承泄区水位同频率遭遇的可能性较大时，选用前者，否则选用后者。

（2）水位特征期有多种选择，如年或汛期最高水位、年或汛期最高日平均水位、汛期最高5日或旬平均水位、最高汛期平均水位等。具体选择时，可参考如下原则。

①当涝区设计降雨与承泄区水位同频率遭遇的可能性较大时，可采用相应于涝区设计降雨同频率的承泄区排涝天数(3~10 d)平均水位。

②当涝区设计降雨与承泄区水位同频率遭遇的可能性较小时，可根据各地的具体情况确定，一般可采用排涝天数(3~10 d)平均高水位的多年平均值。

感潮河段的设计外水位，原则上可与上述设计外水位的确定方法相同，取各年排涝期内的高潮位与低潮位，按排涝天数的平均值（即连续高高潮与高低潮的半潮位）做频率计算，并取相应于涝区设计降雨同频率的潮位。

由于江河湖泊泥沙淤积逐年加剧及受其他因素的影响，在流量相同的情况下，水位逐年增高。在确定设计外水位时，要考虑这种因素，以留有余地。

2. 设计内水位

设计排水沟一方面要使沟道能通过排涝设计流量，使涝水顺利排入外河；另一方面还要满足控制地下水位等要求。

排水沟的设计水位可以分为排渍水位和排涝水位两种。确定设计内水位是设计排水沟的重要内容。设计内水位需要在确定沟道断面尺寸（沟深与底宽）之前，加以分析拟定。

(1) 排渍水位(又称"日常水位")。

排渍水位是排水沟经常需要维持的水位,在平原地区主要由控制地下水位的要求(防渍或防止土壤盐碱化)决定。

为了控制农田地下水位,排水农沟(末级固定排水沟)的排渍水位应当低于农田要求的地下水埋深,离地面一般不小于 1.0 m;有盐碱化威胁的地区,若为轻质土,则排渍水位应不小于 2.2 m。而斗沟、支沟、干沟的排渍水位,要求比农沟排渍水位更低,因为需要考虑各级沟道的水面比降和局部水头损失,例如排水干沟,为了满足最远处低洼农田降低地下水位的要求,其沟口排渍水位可由最远处低洼地面高程 A_0,考虑降低地下水位的深度和斗、支、干各级沟道的比降及其局部水头损失等因素逐级推算而得,详见式(5.7)。

$$z_{排渍} = A_0 - D_农 - \sum Li - \sum \Delta z \tag{5.7}$$

式中:$z_{排渍}$ 为排水干沟沟口的排渍水位,m;A_0 为最远处低洼地面高程,m;$D_农$ 为农沟排渍水位离地面的距离,m;L 为斗、支、干各级沟道长度,m;i 为斗、支、干各级沟道的水面比降,如为均匀流,则为沟底比降;Δz 为各级沟道局部水头损失,如过闸水头损失取 0.05~0.1 m,上下级沟道在排地下水时的水位衔接落差一般取 0.1~0.2 m。

对于排渍期间承泄区(又称"外河")水位较低的平原地区,如干沟有可能自流排除排渍流量,按式(5.7)推得的干沟沟口处的排渍水位 $z_{排渍}$ 应不低于承泄区的排渍水位。否则,应适当减小各级沟道的比降,争取自排。而对于经常受外水位顶托的平原水网圩区,则应利用抽水站在地面涝水排完以后,再将沟道或河网中蓄积的涝水排至承泄区,使各级沟道经常维持排渍水位,以便控制农田地下水位和预留沟网容积,准备下次暴雨后滞蓄涝水。

(2) 排涝水位(又称"最高水位")。

排涝水位是排水沟宣泄排涝设计流量(或满足滞涝要求)时的水位。由于各地承泄区水位条件不同,确定排涝水位的方法也不同,但基本上分为下述两种情况。

① 当承泄区水位较低时,若汛期干沟出口处排涝设计水位始终高于承泄区水位,干沟排涝水位可按排涝设计流量确定,其余支沟、斗沟的排涝水位亦可由干沟排涝水位按比降逐级推得;若干沟出口处排涝水位比承泄区水位稍低,且仍须争取自排,势必产生壅水现象,干沟(甚至包括支沟)的最高水位就应按壅水水位线设计,其两岸常需筑堤束水,形成半填半挖断面。

②在承泄区水位很高、长期顶托无法自流外排的情况下,沟道最高水位分两种情况考虑:一种情况是没有内排站的情况,这时最高水位一般不超出地面,以离地面 0.2~0.3 m 为宜,最高可与地面齐平,以利排涝和防止漫溢,最高水位以下的沟道断面应能承泄除涝设计流量和满足蓄涝要求;另一种情况是有内排站的情况,则沟道最高水位可以超出地面一定高度(如内排站采用圬工泵,超出地面的高度就应不大于 2 m),相应沟道两岸亦须筑堤。

5.3.2 排水沟断面设计

当排水沟的设计流量和设计水位确定后,便可确定沟道的断面尺寸,包括水深与底宽等。设计时,一般根据排涝设计流量计算沟道的断面尺寸,如有通航、养殖、蓄涝和灌溉等要求,则应采用各种要求都能满足的断面。

1. 根据排涝设计流量确定沟道的过水断面

排水沟一般是按恒定均匀流公式设计断面,但在承泄区水位顶托发生壅水现象的情况下,往往需要按恒定非均匀流公式推算沟道水面线,从而确定沟道的断面及两岸堤顶高程等。但排水沟道的断面因素,如排水沟的比降(i)、沟道的边坡系数(m_b)及排水沟的糙率(n)等,应结合排水沟特点进行分析拟定。

(1) 排水沟的比降(i):主要取决于排水沟沿线的实际地形和土质情况,沟道比降一般要求与沟道沿线所经的地面坡降相近,以免开挖太深。同时,沟道比降不能选得过大或过小,以满足沟道不冲不淤的要求,即沟道的设计流速应当小于允许不冲流速(表 5.5)和大于允许不淤流速(一般取 0.3 m/s)。此外,对于连通内湖与排水闸的沟道,其比降还取决于内湖和外河水位的情况;而对于连通抽水站的沟道比降,则须注意抽水机安装高程的限制,一般来说,对照上述要求,平原地区沟道比降可在下列范围内选择:干沟为 1/20000~1/6000,支沟为 1/10000~1/4000,斗沟为 1/5000~1/2000。

而在排灌两用沟道内有反向输水出现的情况下,则沟道比降宜较平缓,其方向以排水方向为准。对于有些结合灌溉、蓄涝和通航的沟道,其比降也有采用平底的情况。为了便于施工,同一沟道最好采用均一的底坡,在地面比降变化较大时,也应尽可能使同一沟道的比降变化较少。

表 5.5　允许不冲流速

土壤类别	允许不冲流速/(m/s)
淤土	0.2
重黏壤土	0.75～1.25
中黏壤土	0.65～1.00
轻黏壤土	0.6～9.0
粗砂土（$d=1$～2 mm）	0.6～0.75
中砂土（$d=0.5$ mm）	0.4～0.6
细砂土（$d=0.05$～0.1 mm）	0.25

注：d 为粒径。

（2）沟道的边坡系数（m_b）：主要与沟道土质和沟深有关，土质越松，沟道越深，采用的边坡系数应越大。由于地下水汇入的渗透压力、坡面径流冲刷和沟内滞涝蓄水时波浪冲蚀等，沟坡容易坍塌，所以排水沟边坡一般比灌溉边坡平缓。土质排水沟边坡系数应根据开挖深度、沟槽土质及地下水情况等，经稳定性分析计算后确定。开挖深度不超过 5 m、水深不超过 3 m 的沟道，最小边坡系数按照表 5.6 的规定确定。淤泥、流沙地段的排水沟边坡系数应适当加大。排水沟开挖深度大于 5 m 时，应从沟底以上每隔 3～5 m 设宽度不小于 0.8 m 的戗道。

表 5.6　土质排水沟最小边坡系数

土质	渠道水深/m		
	<1	1～2	>2
稍胶结的卵石	1.00	1.00	1.00
夹砂的卵石与砾石	1.25	1.50	1.50
黏土、重壤土	1.00	1.00	1.25
中壤土	1.25	1.25	1.50
轻壤土、砂壤土	1.50	1.50	1.75
砂土	1.75	2.00	2.25

（3）排水沟的糙率（n）：根据沟槽材料、地质条件、施工质量、管理维修情况等确定，对于新挖排水沟可取 0.02～0.025；有杂草的排水沟可取 0.025～0.03；排洪沟可比排水沟相应加大 0.0025～0.005。

2. 根据通航、养殖要求校核排水沟的水深与底宽

按排涝设计流量确定的排水沟水深 h（相应的排渍水深为 h_0）及底宽 b（图 5.1），往往还不一定是最后采用的数值。考虑到干沟、支沟在有些地区需要同时满足通航、养殖要求，因此还必须根据这些要求对沟道排渍水深（h_0）及底宽（b）进行校核。

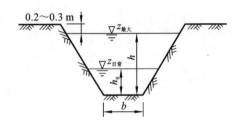

图 5.1 排水沟横断面

注：z—水位。

沟道通航水深取决于通航船只的吨位。干沟一般要求通航 50~100 t 的船只，支沟通航 50 t 以下的船只，相应要求的通航水深参见表 5.7。养殖水深一般要求 1.0~1.5 m，干沟、支沟都一样。

表 5.7 通航、养殖对排水沟的要求　　　　　　　　　　　　　　单位：m

沟名	通航要求		养殖水深
	水深（h_0）	底宽（b）	
干沟	1.0~2.0	5~15	1.0~1.5
支沟	0.8~1.0	2~4	1.0~1.5

通过校核，如果按排涝设计流量算出的排水沟水深与底宽不能满足在排渍水位下通航、养殖和控制地下水位的要求，则排水沟应按要求拓宽加深。在排涝流量和排渍流量相差悬殊且要求的沟深也显著不同的情况下，可以采用复式断面。

3. 根据滞涝要求校核排水沟的底宽

平原水网圩区的一个特点，就是汛期（5—10 月）外江（河）水位高涨，关闸期间圩内降雨径流无法自流外排，只能依靠抽水机及时提水抢排一部分，大部分涝水需要暂时蓄在田间及圩埂内部的湖泊洼地和排水沟内，以便由水泵逐渐提排出去。除田间和湖泊蓄水外，需要由排水沟容蓄的水量（蒸发和渗漏量很小，不

计)见式(5.8)。

$$h_{沟蓄} = P - h_{田蓄} - h_{湖蓄} - h_{抽排} \quad (5.8)$$

式中:P 为设计暴雨量(单日暴雨或 3 d 暴雨),按除涝标准选定,mm;$h_{田蓄}$ 为田间蓄水量,水田地区按水稻耐淹深度确定,一般取 30～50 mm,旱田则视土壤蓄水能力而定,mm;$h_{沟蓄}$ 为沟道蓄水量,mm;$h_{抽排}$ 为水泵抽排水量,mm;$h_{湖蓄}$ 为湖泊洼地蓄水量,根据各地圩垸内部现有的或规划的湖泊蓄水面积及蓄水深度确定,mm。

$h_{沟蓄}$、$h_{抽排}$、$h_{湖蓄}$ 均为折算到全部排水面积上的平均水层,mm。

由式(5.8)可见,只要研究确定了 P、$h_{田蓄}$、$h_{湖蓄}$ 及 $h_{抽排}$ 等值,便可求得需要排水沟容蓄的涝水量,这部分水量就蓄在各级沟道(干、支、斗)的滞涝容积 $V_{滞}$ 内,即如图 5.2 所示中最高滞涝水位与汛前预降水位(即排渍水位)之间的阴影部分。沟道滞涝水深 h 一般为 0.8～1.0 m,排水沟的滞涝容积($V_{滞}$)可用式(5.9)计算,即

$$V_{滞} = \sum(bhl) \quad (5.9)$$

式中:b 为各级滞涝河网或沟道的平均滞涝水面宽度,m;l 为各级滞涝沟道的长度,m。

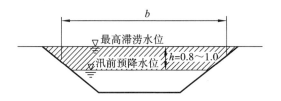

图 5.2　河(沟)道的最高滞涝水位和汛前预降水位(单位:m)

校核计算时,可以采用试算法,即先按排涝或航运等要求确定的沟道断面计算其滞涝容积($V_{滞}$),如果这一容积小于需要沟道容蓄的涝水量,除可增加抽排水量外,还须适当增加有关各级沟道的底宽(或改为复式断面)或沟深(甚至增加沟道密度),直至沟道蓄水容积能够容蓄涝水量为止。

4. 根据灌溉引水要求校核排水沟的底宽

当利用排水沟引水灌溉时,水位往往形成倒坡或平坡,这就需要按非均匀流公式推算排水沟引水灌溉时的水面曲线,借以校核排水沟在输水距离和流速等方面能否符合灌溉引水的要求,如不符合,则应调整排水沟的水力要素。

在一般工程设计中,斗沟、农沟常常采用规定的标准断面(根据典型沟道计算而得),不必逐一计算,较大的主要排水沟道才需要进行具体设计。设计时,通常选择以下断面进行水力计算。

(1) 沟道汇流处的上、下断面(即汇流以前和汇流以后的断面)。

(2) 沟道汇入外河处的断面。

(3) 河底比降改变处的断面等。对于较短的沟道,若其底坡和土质都基本一致,则在沟道的出口处选择一个断面进行设计即可。

排水沟在多数情况下是全部挖方断面,只有通过洼地或受承泄区水位顶托发生壅水时,为防止漫溢才在两岸筑堤,形成又挖又填的沟道。从排水沟挖出的土方,可用以修堤、筑路、填高农田田面和居民点房基,不要任意乱堆在沟道两岸,以免被雨水冲入沟中,影响排水。通常堤与弃土堆距离沟的上口应不小于 1.0 m,堤(路)高应超出地面或最高水位 0.5~0.8 m,堤顶宽取 0.5~1.0 m,如兼作各种道路,则结合需要另行确定。对于较大的排水干沟,有时为了满足排除涝水和地下水的综合要求,特别在排涝设计流量和排渍流量相差悬殊的情况下,排水沟可以设计成复式断面,这样可减少土方和水下工程量。

防止排水沟塌坡是设计沟道横断面的重要问题,特别是在砂质土地带,更需重视。沟道塌坡不但使排水不畅,而且增加清淤负担。针对边坡破坏的主要原因,在结构设计中,除应用稳定的边坡系数外,还可以采取下列措施以稳定排水沟的边坡。

(1) 防止地面径流的冲蚀,如利用截流沟、截流堤或沟边道路防止地面径流漫坡注入沟道;也可采取护坡措施(如种植草皮和干砌块石等)。

(2) 减轻地下径流的破坏作用,排水沟与灌溉渠道如采取相邻布置的方式,则沟、渠之间可安排道路或沟道采用不对称断面,即靠近灌渠一侧采用较缓的边坡。

(3) 对于沟道较深和土质松散的排水沟,采用复式断面可以减少沟坡的破坏。复式断面的边坡系数随各种土质而定,可选用一种或几种数值。排水沟开挖深度大于 5.0 m 时,应在沟底以上每隔 3~5 m 设置宽度不小于 0.8 m 的戗台。

在设计排水沟的纵断面时,一般要求各级沟道在排地下水时不发生壅水现象,即上、下级沟道在排除日常流量(排渍流量)的水时,水位衔接应有一定的水面落差(Δz),一般取 0.1~0.2 m,如图 5.3 所示。在通过排涝设计流量时,沟道之间产生短期的壅水现象是可以允许的,但一般沟道的最高水位应尽可能低于沟道两侧的地面高程 0.2~0.3 m（受外河水位顶托和筑堤泄水的沟道除外）。此外，还须注意下级沟道的沟底不高于上级沟道的沟底。

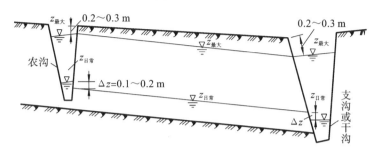

图 5.3　上下级排水沟之间沟底水位衔接示意图

结合图 5.4，说明排水沟纵断面图的绘制方法与步骤：首先根据沟道的平面布置图，按干沟沿线各桩号的地面高程依次绘出地面高程线；其次，根据干沟对控制地下水位的要求及选定的干沟比降等，逐段绘出日常水位线；然后，在日常水位线以下，根据宣泄日常流量或通航、养殖等要求所确定的干沟各段水深，定出沟底高程线；最后，再由沟底向上，根据排涝设计流量或蓄涝要求的水深，绘制干沟的最高水位线。排水沟纵断面的设计和其横断面设计是相互联系的，需要配合进行。排水沟纵断面图的形式与灌溉渠道相似，但有时可绘成由右向左的倾斜形式，以便于从干沟出口处起算桩距。在图上应注明桩号、地面高程、最高水位、日常水位、沟底高程、沟底比降及挖深等各项数据，以便计算沟道的挖方量。

5．排水沟设计注意事项

（1）应分段进行水力计算，确定各段标准断面。分段的原则如下：①流量没有变化；②沟底比降不变；③沟道边坡系数、排水沟的糙率不变。

（2）应分段处理好各种设计状态下上、下级沟道的水面衔接问题。为保证排水畅通，一般干沟、支沟等承泄沟道的日常设计水位应比上一级汇入沟道的日常水位低 0.1~0.2 m，以免各级沟道之间在排泄日常设计流量时发生壅水现象。在通过除涝排水设计流量时，虽允许沟道直接产生短期的壅水现象，但是有条件时应尽量避免。因此，除了受外河水位顶托和筑堤泄水的沟道，一般沟道的设计除涝水位，应尽可能低于沟道两岸地面高程 0.2~0.3 m。在自然排泄情况下，干沟出口的日常排水设计水位和排涝设计水位应不低于承泄区的日常水位和设计洪水位。此外，还应注意下级沟道的沟底应不高于上级沟道的沟底。

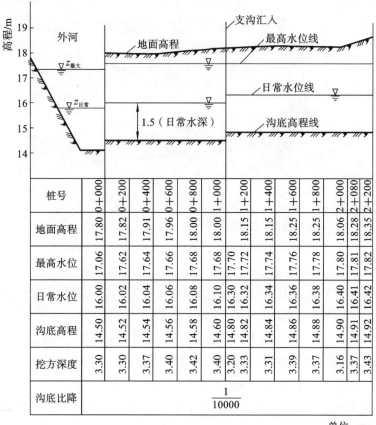

图 5.4 排水干沟纵断面图

(3) 除要确定排水沟的断面尺寸和水面衔接问题之外,还应进行排水沟断面的结构设计。排水沟在多数情况下是全部挖方断面,只有通过洼地或承泄区水位顶托发生壅水时,为防止漫溢而在两岸筑堤,形成又挖又填的沟道。由排水沟挖出的土方除修筑堤防外,还应结合填高田面或填高房基等,避免堆在沟道两侧和防止雨水冲刷造成沟道淤积,影响排水。通常,堤与弃土堆的坡脚至沟的开挖线的距离,当挖深在 10 m 以内时,可采用 2 m;当挖深在 10~15 m 时,可采用 2.5 m;当挖深超过 15 m 时,可采用 3 m。必要时应根据边坡稳定性计算确定。弃土高度宜不超过 1.5 m。排水沟的堤顶(或路面)应高出地面或最高水位 0.5~0.8 m;堤顶宽一般为 1~3 m,兼作道路时,其宽度应按道路要求确定。

(4) 防止排水沟塌坡是沟道横断面设计中十分重要的问题,特别是砂质土地带,更需重视。沟道塌坡不但使排水不畅,而且增加清淤负担。针对边坡破坏的原因,在断面结构设计中,除了要采用稳定的边坡系数,还可以采用以下措施加强排水沟边坡稳定:①防止地面径流的冲蚀,如采用截流沟、截流堤或沟边道路防止地面径流入沟,或采用种草、干砌块石等护坡措施,加强坡面稳定;②排水沟与灌溉渠如采用相邻布置,在沟渠之间可安排道路,或使沟道采用不对称断面,即靠近渠道一侧采用较缓的边坡,以减轻地下径流的破坏作用;③对于沟道较深和土质松散的排水沟,可采用复式断面,以减轻坡面的破坏,复式断面的边坡系数随高度和土质而定,可采用不同的数值。

(5)排水沟设计成果最终应反映在排水沟纵横设计断面上,纵、横断面图应按要求绘制,除保证质量外,还必须包括以下内容:①根据地形图或沟道测量的成果,按桩号绘出排水沟地面线;②经校核后满足各个方面要求的排水沟沟底线;③排水沟设计排涝水位线,即沟道的最高水位线;④排水沟日常排水设计水位线;⑤排水沟设计堤顶线;⑥排水沟各段比降、挖深、上级沟道汇入位置及沟道上交叉工程位置等;⑦对于横断面图上要反映的底宽、边坡、地面高程、堤顶高程等内容,如有特殊要求的地段,还要反映出横断面的结构状况,如护坡、干砌石等。

5.4 排水承泄区规划

排水系统的承泄区是指位于排水区域以外,承纳排水系统排出水量的河流、湖泊或海洋等。承泄区一般应满足下列要求。

(1)在排水地区排除日常流量时,承泄区的水位应不使排水系统产生壅水,保证正常排渍。

(2)在汛期,承泄区应具有足够的输水能力或容蓄能力,能及时排泄或容纳由排水区排出的全部水量。此时,不能因承泄区水位高而淹没农田,或者虽然局部产生浸没或淹没,但淹水深度和淹水历时不得超过耐淹标准。

(3)具有稳定的河槽和安全的堤防。

排水承泄区的规划一般涉及排水系统排水口位置的选择和承泄区的整治,分别介绍如下。

1. 排水口位置的选择

排水口的位置主要根据排水区内部地形和承泄区水文条件确定,即排水口应选在排水区的最低处或其附近,以便涝水集中;同时还要使排水口靠近承泄区水位低的位置,争取自排。由于平时和汛期排水区的内、外水位差呈现出各种情况,所以排水口的位置可以选择多处,排水口也可以有多个,以便于排泄和符合经济要求为准。另外,在确定排水口的位置时,还应考虑排水口是否会发生泥沙淤积,阻碍排水;排水口基础是否适于筑闸建站;抽排时排水口附近能否设置调蓄池等。

承泄区水位和排水区之间往往存在矛盾,一般可采取以下措施处理。

(1) 当外河洪水历时较短或排涝设计流量与洪水并不相遇时,可在出口建闸,防止洪水侵入排水区,洪水过后再开闸排水。

(2) 当洪水顶托时间较长,影响的排水面积较大时,除在出口建闸控制洪水倒灌外,还应建泵站排水,待洪水过后再开闸排水。

(3) 当洪水顶托、干沟回水影响不远时,可在出口修建回水堤,使上游大部分排水区仍可自流排水,沟口附近低地则建站抽排。

(4) 如地形条件许可,将干沟排水口沿承泄区下游移动,争取自排。

当采取上述措施仍不能满足排水区排水要求或者虽然能满足排水要求但在经济上不合理时,就需要对承泄区进行整治。

2. 承泄区的整治

降低承泄区的水位以改善排水区的排水条件,这是整治承泄区的主要目的,而整治承泄区的主要措施一般有以下几点。

(1) 疏浚河道。疏浚可以扩大泄洪断面,降低水位。但疏浚时,必须在河道内保留一定宽度的滩地,以保护河堤的安全。

(2) 退堤扩宽。当疏浚不能降低足够的水位以满足排水系统的排水要求时,可采取退堤措施,扩大河道过水断面。退建堤段应尽量减少挖压农田和拆迁房屋,退堤一般以一侧退建为宜,另一侧利用旧堤,以节省工程量。

(3) 裁弯取直,整治河道。当以江河水道为承泄区时,如果河道过于弯曲,泄水不畅,可以采取裁弯取直措施,以短直河段取代原来的弯曲河段。由于河道流程缩短,相应底坡变陡,流速加大,这样就能使该河段及上游河段一定范围内的水位降低。裁弯取直段所组成的新河槽,在整体上应形成一条平顺的曲线。裁弯取直通常只应用于流速较小的中、小河流。对于水流分散、断面形状不规则的河段,应进行各种河道整治工程,如修建必要的丁坝、顺堤等,以改善河道断面、稳定河床、降低水位、增加泄量,给排水创造有利条件。

(4) 治理湖泊,改善蓄泄条件。若调蓄能力不足,可整治湖泊的出流河道、改善泄流条件,降低湖泊水位。在湖泊过度围垦的地区,则应考虑退田还湖,恢复湖泊蓄水容积。

(5) 修建减流、分流河道。减流是在作为承泄区的河段上游,开挖一条新河,将上游来水直接分泄到江、湖和海洋中,以降低用作排水承泄区的河段水位。这种新开挖的河段常称"减河"。分流也是用来降低作为承泄区的河段水位的,如可在河段的上游新开一条河渠,分泄上游一部分来水,但分泄的来水绕过作为承泄区的河段后仍汇入原河。有些地区为了提高承泄区排涝能力,还采取另辟泄洪河道的方法,使洪涝分排。

(6) 清除河道阻碍。临时拦河坝、捕鱼栅、孔径过小的桥涵等,往往造成壅水现象,应予以清除或加以扩建,以满足排水要求。

各种措施都有其适用条件,必须上、下游统一规划治理,不能只顾局部,造成其他河段的不良水文状况,应该通过多方案比较,综合论证,择优选用。

5.5 田间排水工程规划

田间排水工程(又称"田间排水网")是指未达固定排水沟道(农沟)控制的田块范围内所有田间排水设施(明沟或暗管)的总称。田间排水工程是灌区农田排水的基础,也是农田排水理论研究的对象。田间排水工程与灌区各级骨干排水沟道及其建筑物组成完整的排水系统,完成灌区的除涝、防渍、防治土壤盐碱化等各种排水任务。田间排水工程的主要任务在于汇集田间过多的地面或地下水分,向骨干沟道输送,然后再排到承泄区,起到调节农田水分状况、改善土壤肥力和改良土壤的作用,为作物创造良好的生长条件。

5.5.1 田间明沟排水工程规划

1. 田间明沟排水工程布置

明沟排水系统的布置,应与灌溉渠道系统相对应,可依干沟、支沟、斗沟、农沟顺序设置固定沟道,根据排水区的形状、面积及承担的任务,沟道的级数也可适当增减。平原地区条田的尺寸和形状直接影响着机械化作业效率,所以条田的长度和宽度必须满足机耕、机播和机收的要求。在我国北方地区进行田间明沟排水工程规划布置时,首先要考虑排涝、防渍和改良盐碱地的要求。易遭受渍害及土壤盐碱化的地区,条田应采用较小的田面宽度。北方平原地区的条田长度一般为400～800 m,宽度在满足排涝、防渍和改良盐碱地要求的前提下,按当地实际的农业机械宽度的倍数来定。

由于各地区的自然条件不同,田间排水系统的组成和布置也有很大差别,必须根据具体情况,因地制宜进行规划布置。现在平原和圩区常见的田间排水系统布置形式介绍如下。

(1) 排灌相邻布置。在单一坡向地形、灌排一致的地区,灌溉渠道和排水沟一般是相邻布置。在易旱、易涝(如重质土壤)地区,要求控制地下水位的排水沟间距较小。除排水农沟外,田间内部须设置1～2级排水沟。在要求控制地下水位的末级排水沟间距为100～150 m时,田间可以仅设毛沟,田间灌排渠系的布置如图5.5(a)所示。农沟及毛沟均应起控制地下水位的作用,毛沟深度一般至少1.0 m,农沟则应在1.2 m以上。由于田块被排水毛沟分割,条田宽度减少,机耕时拖拉机开行方向应平行于毛沟。为了加速地面径流的排除,毛沟应大致平行于等高线布置。如要求的末级排水沟间距为30～50 m,则在农田内部采用两级排水沟(毛沟、小沟),此时灌排渠系如图5.5(b)所示。末级田间排水沟应大致平行于等高线布置,以利于地表径流的排出。如末级排水沟要求的深度较大,不便机耕,有条件的地区应采用暗管排水系统。

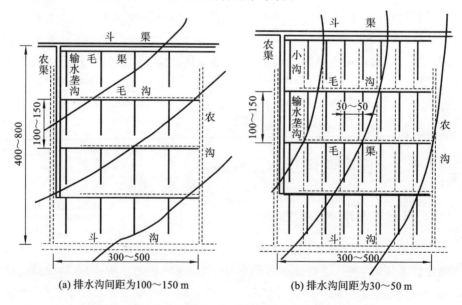

(a) 排水沟间距为100～150 m　　(b) 排水沟间距为30～50 m

图 5.5　易旱、易涝地区田间灌排渠系布置示意(单位:m)

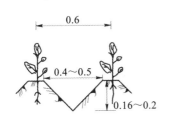

图 5.6 排灌相间布置(单位:m)

(2)排灌相间布置。在地形平坦或有一定波浪状微起伏的地区,灌排渠道布置在高处,向两侧灌水,排水沟布置在低处,承受两侧来水,如图 5.6 所示。

(3)排灌两用布置。在沿江滨湖的圩垸水稻地区,为了节省土地和工程量,常把末级固定排水沟和末级固定灌溉渠道合为一条。北方地区也有这么布置的。在易旱、易涝、易碱地区,如果防止土壤次生盐碱化的任务由斗、支沟负担,则田间渠系仅负担灌溉和除涝的任务。在地下水埋深较大,无控制地下水位和防渍要求,或虽有控制地下水位的要求,但由于土质较轻,要求排水沟间距在 200 m 以上时,排除地面水和控制地下水的排水农沟可以结合使用。在这种情况下,农田内部的排水沟主要起排涝(排除地面水)作用,田间灌排渠系可以全部(即毛渠、输水垄沟)或部分(即输水垄沟)结合使用,其布置形式分别如图 5.7(a)、(b)所示。实践证明,这种布置形式不利于控制地下水位,特别是在低洼、易涝、盐碱地区,地下水位降不到临界深度以下,往往会导致次生盐渍化。这种形式一般不宜采用。

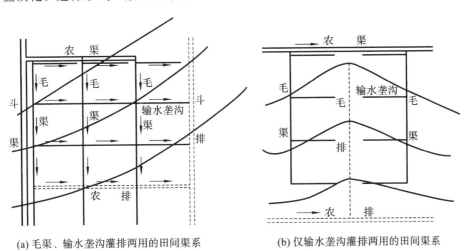

(a) 毛渠、输水垄沟灌排两用的田间渠系 (b) 仅输水垄沟灌排两用的田间渠系

图 5.7 灌排两用田间渠系布置示意图

(4)沟、渠、路、林的配置形式。田间排水系统布置涉及灌溉、交通、林网、输电线路及居民点等整体规划布局,必须因地制宜,抓住主要矛盾,全面规划,统筹安排。例如地势低洼的平原地区,主要需求是排涝,必须首先考虑排水系统的布

置,以排水系统为基础,再结合布置灌溉系统、农村道路和林网等。同时要注意少占耕地和节省工程量。沟、渠、路、林配置应做到有利于排灌、机耕、运输及田间管理,且不影响田间作物光照。

2. 排除地面水的田间排水沟

排除地面水的目的主要是防止作物受淹,在达到设计暴雨时要保证田面积水不超过作物允许的耐淹历时和耐淹水深,降雨后要在允许的时间内将田面积水排除。田间排水沟的作用就是加速径流的出流,减少径流在田间的滞留时间。排水系统的任务是要在规定的时间内宣泄产生的地面径流量。

(1) 旱田的蓄水能力。

多余的地面水除利用田间沟网加以排除外,还应利用田块本身及田块上的沟、畦、格田等,拦蓄一部分雨水,例如,旱作地区的灌水沟、畦,降雨时也可作为聚集雨水之用,暂时存蓄或将其导入排水沟中。在水稻地区,利用格田拦蓄部分雨水,在一定程度上也可以减轻涝灾。但在田块内部拦蓄雨水的能力是有一定限度的,这种限度可以称为"大田蓄水能力"。降雨时,大田蓄水一般包括两部分:一部分储存在地下水面以上的土层中;另一部分补充了地下水,并使地下水位有所升高(不超过规定的允许高度,以免影响作物生长)。旱田蓄水能力一般可用式(5.10)或式(5.11)计算。

$$V = H(\theta_{\max} - \theta_0) + H_1(\theta_s - \theta_{\max}) \tag{5.10}$$

$$V = H(\theta_{\max} - \theta_0) + \mu H_1 \tag{5.11}$$

式中:V 为大田蓄水能力,m;H 为降雨前地下水埋深,m;θ_0 为降雨前地下水位以上土层平均体积含水率;$\theta_{\max}$ 为地下水位以上土壤平均最大持水率(与土壤体积之比);θ_s 为饱和含水率(与土壤体积之比);H_1 为降雨后地下水允许上升高度,视地下水排水标准而定,m;μ 为给水度,$\mu = \theta_s - \theta_{\max}$。

在降雨量过大或连续降雨情况下,如果降雨径流形成的积水超过允许的作物耐淹深度和持续时间,或渗入土中的水量超过大田蓄水能力,则必须修建排水系统,将过多的雨水(涝水)及时排出田块。

(2) 田面降雨径流过程分析。

要合理布置田间排水沟,首先应对田面降雨径流的形成过程有所了解。对于旱田,在降雨过程中,如果降雨强度超过了土壤的入渗速度,则将在田面产生水层。由于田面具有一定的坡度,雨水将沿田面坡度由高向低方向汇流,田块首端汇流面积小,淹水层厚度小,下游随着汇流面积的增大,径流量也不断增加。

因此,距离田块首端越远,形成的水层厚度越大。在地面作物覆盖、耕作方法、地面平整情况和地面坡降相同的情况下,田块越长,田块末端淹水的深度越大,淹水历时也越长,这对作物的生长是不利的。在降雨停止后,排除这一层水所需要的时间也越久,下端水层越厚,即淹水历时也越长。要保证作物正常生长,必须开挖田间排水沟,缩短集流时间和集流长度,以减少淹水深度和淹水历时。排水沟的间距直接影响到地面淹水深度和淹水历时,排水沟间距越小,即水流长度越短,淹水深度越小,淹水历时越短。增开中间的田间排水沟,不仅减少了田块尾端水层深度,同时也缩短了淹水历时,可以发挥排水沟对地面水层的调节作用。根据山东省齐河县观测资料,在田间排水沟(垂直于农沟)的深度为 0.8~1.0 m,间距分别为 30 m、50 m、100 m、400 m 时,田面淹水历时如表 5.8 所示。田间排水工程可以缩短淹水时间,从而也可以减少地面水渗入地下的量,也有利于防止农田受渍。

表 5.8　山东省齐河县不同沟距与田面淹水历时

(降雨量 116 mm,降雨历时 4 h,土壤为重壤和黏土)

田间排水沟间距/m	30	50	100	400
田面淹水历时	3~4 h	5~6 h	10~12 h	3~4 d

(3)田间排水沟间距。

田间排水沟的沟深和间距之间有着非常密切的联系,相互影响。合理地分析确定沟深和间距是田间排水规划的主要任务之一,具有重要的实际意义。农沟是最末一级固定排水沟道,也是田间排水工程的组成部分,如果布置过密,虽然排水效果好,但田块分割过小,机耕不便,占地过多;相反,如果排水沟的间距过大,则达不到排涝排水要求,影响作物正常生长。排水沟的间距(如不考虑机耕及其他方面的要求)与降雨时的田面水层形成过程及允许的淹水深度和淹水历时有密切关系。因此,田间排水沟的计算主要是合理确定农沟沟深和间距,沟深和间距应能满足田间排水的要求。排水任务不同的田间排水,对沟深、间距的要求不尽相同。

在设计排水沟间距时,一般是以作物允许淹水历时作为主要参数之一,但作物淹水历时必须以雨水渗入田间的限度(即大田蓄水能力)加以校核。如果根据大田蓄水能力确定的允许淹水历时小于作物允许淹水历时,则在设计排水沟间距时,应以根据大田蓄水能力确定的允许淹水历时为依据。

土壤渗吸速度 i 的变化过程可用式(5.12)表示。

$$i = \frac{i_1}{t^a} \qquad (5.12)$$

式中：i_1 为在第一个单位时间末的土壤入渗速度；t 为时间；a 为经验指数。

设 $i_0 = \frac{i_1}{1-a}$，在时间 t 内入渗总量 I 可用式(5.13)表示(以水层深度表示)。

$$I = \frac{i_1}{1-a} t^{1-a} = i_0 t^{1-a} \qquad (5.13)$$

如果降雨历时为 t，降雨停止后允许的淹水历时为 T，则根据式(5.13)，在时间 $(t+T)$ 内渗入土层的总水量(即大田蓄水能力 V)见式(5.14)。

$$i_0 (t+T)^{1-a} \leqslant V \qquad (5.14)$$

即

$$t + T \leqslant \left(\frac{V}{i_0}\right)^{\frac{1}{1-a}} \qquad (5.15)$$

由上可见，田间排水沟的间距与田面降雨径流形成过程、允许的淹水历时和旱田蓄水能力等因素有密切关系，而这些因素之间的关系又十分复杂。另外，田间排水沟间距除应满足排涝排水要求以外，还应根据机耕及其他方面的要求，进行综合分析确定。我国北方地区农沟间距多为 150~200 m，毛沟间距为 30~50 m。天津、河北地区农沟间距一般采用 200~400 m，沟深 2~3 m，底宽 1~2 m。南方地区末级排水沟间距多为 100~200 m。单纯排除地面水的排水沟沟深视排水流量而定，一般不超过 0.8 m。兼有控制地下水位作用的明沟，其深度则视防渍和防盐要求而定。表 5.9 为一般排水沟沟道规格，表 5.10 为江苏、安徽等地最末一级固定排水沟规格，可供参考。

表 5.9　一般排水沟沟道规格

沟道名称	沟道深度/m	沟道间距/m
支沟	2.0~2.5	1000~5000
斗沟	1.5~2.0	300~1000
农沟	1.0~1.5	100~300
行沟	0.8~1.0	50~100
腰沟	0.5~0.8	30~50

表 5.10　江苏、安徽等地最末一级固定排水沟规格

地区	间距/m	沟深/m	底宽/m
徐淮平原	100~200	2	1~2
南通、太湖平原	200	2	1
安徽固镇	150	1.5	1

3. 控制地下水位的田间排水沟

地下水位高是产生渍害的主要原因。对于地下水矿化度较大的灌区,高地下水位也是产生土壤盐碱化的重要原因。因此,在地下水位较高或有盐碱化威胁的灌区,必须修建控制地下水位的田间排水沟,以便降低地下水位,防止因灌溉、降雨和冲洗引起地下水位的上升,造成渍害或土壤盐碱化。排水沟既要能加速排除地面水,又要能降低地下水位,保证农作物的正常生长。

(1) 排水沟对地下水位的调控作用。

引起地下水位上升的主要水量源于降雨、灌溉(特别是种植水稻和采用不良的灌水技术)、冲洗、河渠的渗漏等。其中,降雨入渗是引起地下水位上升的普遍原因。降雨时渗入地下的水量,一部分蓄存在原地下水位以上的土层中,另一部分将透过土层补给地下水,引起水位的上升。地下水位上升过程如图 5.8 中的曲线 ab 所示。在田间排水工程修建前,雨停后水位的回落主要依靠地下水的蒸发。由于蒸发强度随着地下水位的下降而逐渐减弱,由蒸发引起的地下水位下降速度也随地下水埋深的加大而减缓。在地下水位达到一定深度后,水位下降将十分缓慢。在无排水设施的条件下,农田地下水回落过程将如图 5.8 中的曲线 bc 所示。在建有田间排水工程的条件下,降雨过程中入渗水量的一部分将自排水沟排走,因而地下水上升高度将较无排水工程时小,如图 5.8 中的曲线 ab' 所示。越靠近排水沟,排水沟对地下水位的控制作用越显著,地下水位越接近沟中水位;距排水沟越远,排水沟对地下水位的控制作用越弱,因而两排水沟中点成为地下水位最高点,如图 5.9 所示。雨停以后由于排水沟和蒸发的双重作用,地下水位迅速降低,两排水沟中点水位降落过程如图 5.9(b)所示。综上所述,田间排水沟在降雨过程中可以减少地下水位的上升,雨停后又可以加速地下水排除和地下水位的回落,因而对于控制地下水位可以起到重要作用。

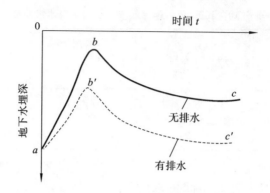

图 5.8　地下水位变化过程示意

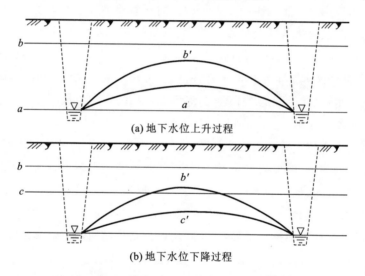

(a) 地下水位上升过程

(b) 地下水位下降过程

图 5.9　排水沟对地下水位的控制作用示意

(2) 有控制地下水位要求的排水沟深度和间距的关系。

在排水沟深度一定的条件下,排水沟间距与土层的导压系数 $\alpha = \dfrac{k\overline{H}}{\mu}$ (k 为土壤的渗透系数,$\overline{H}$ 为含水层平均厚度,μ 为土壤的给水度)有着十分密切的关系。α 值越大,排水沟(管)的间距越大(即土壤渗透系数越大)。含水层厚度越大,土壤给水度越小,则 α 值越大,即满足一定地下水位控制要求的排水沟间距越大;反之,土壤渗水性越差(即土壤越黏重),含水层厚度越小,土壤给水度越大,排水沟间距越小。满足一定排水要求的排水沟的深度和间距之间存在着密切的关系。

在排水沟深度相同的情况下,排水沟间距越小,地下水下降速度越快,在一定时间内地下水的下降值越大;反之,排水沟间距越大,地下水下降越慢,在规定时间内地下水的下降值也越小。在排水沟间距相同的情况下,排水沟深度越大,地下水下降越快;反之,排水沟深度越小,地下水下降越慢。在允许的时间内要求达到的地下水埋深 ΔH 一定时,排水沟间距越大,需要的深度也越大;反之,排水沟间距越小,要求的深度也越小,如图 5.10 所示。

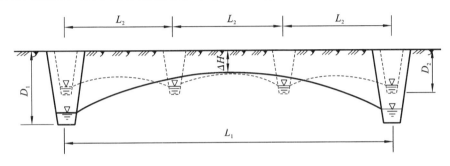

图 5.10　明沟排水示意

注:当排水沟间距为 L_1 时,两排水沟中点的地下水埋深达到 ΔH 需要的排水沟深度为 D_1;

当排水沟间距为 L_2 时,两排水沟中点的地下水埋深达到 ΔH 需要的排水沟深度为 D_2。

末级固定排水沟的深度和间距,应根据当地机耕作业、农作物对地下水位的要求和自然经济条件,按排水标准设计并经综合分析确定。在增设临时浅密明沟的情况下,末级固定排水沟间距可适当加大。

(3) 排水沟深度的确定。

在控制地下水位的田间排水系统规划中,一般是根据作物正常生长要求的地下水埋深或防渍、防治盐碱地的需要,结合土质情况考虑排水沟边坡稳定条件、施工难易程度等初步确定排水沟的深度,然后再确定相应的间距。

如图 5.10 所示,末级固定排水沟道(农沟)的深度 D 可用式(5.16)表示。

$$D = \Delta H + \Delta h + S \tag{5.16}$$

式中:ΔH 为作物要求的地下水埋深,m;Δh 为当两排水沟中点的地下水埋深已降至 ΔH 时,地下水位与排水沟水位之差,此值视农田土质与排水沟间距而定,一般不小于 0.2 m;S 为农沟中的水深,排地下水时沟内水深很浅,一般取 0.1～0.2 m。

(4) 排水沟间距的确定。

排水沟间距一般应通过专门的试验或参照当地(或相似地区)的资料和实践经验加以确定。用于排渍和防治土壤盐碱化的末级固定排水沟深度和间距,宜通过田间试验确定;也可通过《灌溉与排水工程设计标准》(GB 50288—2018)按附录G所列公式进行计算,并经综合分析确定;无试验资料时,可按表5.11确定。在盐碱化地区,排水沟的深度和间距不仅要满足控制和降低地下水位的要求,而且要能达到脱盐和改良盐碱土的效果。根据各地经验,盐碱化地区末级固定排水沟的深度与间距的关系如表5.12所示,可供黄淮海平原北部地区参考。在冲洗改良阶段,为了加速土壤脱盐,可采用深浅沟相结合的办法。在深沟控制地段,加设深1 m左右的临时性浅沟(毛排),待土壤脱盐后再填平。根据山东打渔张灌区六户试验站资料,在砂壤土地区,排水毛沟的间距可采用150 m,在壤土黏重地区可采用100 m。表5.13为水稻区控制地下水位的排水沟深度和间距资料,可供参考。

表5.11 末级固定排水沟的深度和间距　　　　　　　　　　单位:m

末级固定排水沟深度	排水沟间距		
	黏土、重壤土	中壤土	轻壤土、砂壤土
0.8~1.3	15~30	30~50	50~70
1.3~1.5	30~50	50~70	70~100
1.5~1.8	50~70	70~100	100~150
1.8~2.3	70~100	100~150	—

表5.12 盐碱化地区末级固定排水沟的深度和间距　　　　　　单位:m

排水沟	土质							
	黏质土				轻质土			
深度	1.2	1.4	1.6	1.8	2.1	2.3	2.5	3.0
间距	160~200	220~260	280~320	340~380	300~340	360~400	420~470	580~630

表5.13 水稻区控制地下水位的排水沟深度和间距　　　　　　单位:m

土质	晒田期控制地下水位埋深	深度	间距
黏土	0.45~0.55	0.8~1.2	50~60
壤土	0.45~0.55	0.8~1.2	60~70
砂土	0.45~0.55	0.8~1.2	70~80

(5)农沟结构设计。

农沟的纵坡坡度主要取决于地形坡度。为了排水通畅和防止冲刷,其纵坡坡度一般为0.004~0.006,最大不得超过0.01。横断面一般为梯形,边坡系数视土质而定,一般可取1.0~2.5。为了满足施工和管理要求,沟底宽度一般不小于0.3 m。

5.5.2 田间暗管排水工程规划

田间排水工程中,除采用明沟排水之外,还常采用暗管排水。在田间工程中采用明沟排水,开挖工程量大,而且存在易坍、易淤、易生杂草等问题。特别是在土质比较黏重的地区,为了满足降低地下水位、控制土壤适宜水分状况和高产稳产要求,如缩小排水沟间距,则势必增加占地面积,严重影响机耕。暗管在排水中所起的作用及其所处的工作条件,与相应的明沟类似,因此,地下暗管排水技术在我国南北方地区迅速发展。

1. 暗管排水的优缺点

暗管排水技术与以往的明渠和暗沟排水相比,有以下优点。

(1) 土地利用率高。暗管属于地下埋设,地面建筑少,有利于交通,与明沟排水相比占用的耕地面积减少,提高了土地利用率。

(2) 管道受外界条件的影响小,无坍塌和长草等问题,节省劳力,减轻了维修和管理的工作量。

(3) 与暗沟排水相比,由于埋设较深,暗管排水对地下水的控制作用大;另外,暗管排水使用寿命较长。

(4) 在遇到水平不透水的隔层时,暗管也能有效地排水。

(5) 暗管排水在盐碱土地区效果显著,有利于土壤脱盐。

(6) 在有条件的地区,可利用暗管排水系统,根据农田的需要控制地下水位,或实行倒灌,达到地下灌溉的目的。

(7) 土方工程量少,有利于机械的作业。

暗管排水的不足之处:只能排地下水,不能同时排地表水,且基础建设投资大,还要有较大的坡降,容易淤塞,清淤困难,施工技术要求较高。

2. 暗管排水系统的组成和布置

(1) 暗管排水系统的组成。

暗管排水系统一般由干、支、斗、农等各级管道,吸水管,集水管(沟),检查井,集水井等部分组成干、支、斗、农等各级管道前文已有讲解,此处不再赘述。

①吸水管:埋设于田间,直接由进水孔或接缝吸收和接受土壤中多余水分的

管道。

②集水管(沟)：用于汇集吸水管集水并输送至下一级排水沟道的暗管或明沟。在吸水管进入集水管(沟)处应设出口建筑物，防止水流冲刷集水管(沟)，并在集水管(沟)高水位时防止杂物进入暗管造成出口堵塞。

③检查井：当暗管系统由多级暗管组成时，设置在吸水管与集水管(沟)相交处，用于冲沙、清淤、控制水流和管道检修的竖井。

④集水井：当集水管(沟)出口处的外水位较高，集水不能自流排出时，需设置集水井汇集集水管(沟)的来水，由水泵排至下一级排水沟中。

若骨干排水系统可能出现高水位，集水不能自流外排，则可在集水管(沟)出口处设置小型泵站，扬水排出。在水旱轮作地区，为了减少水田渗漏，应对吸水管和集水管(沟)中水位进行控制。在旱作物生长季节有可能出现干旱时段，为了防止土壤含水率过低，应进行有控制地排水或间歇性地提高水位以进行浸润灌溉。在这种情况下，在田间排水系统中还应有控制建筑物，根据作物生长需要，对水流进行调控。

(2) 暗管排水系统的布置形式。

暗管排水系统的平面布置形式分为吸水管与集水管(沟)成直角正交连接、吸水管与集水管(沟)成锐角斜交连接和不规则布置形式3种，如图5.11所示。

①吸水管与集水管(沟)成直角正交连接：如图5.11(a)所示，这种布置形式广泛适用于地势平坦、田块规整的平原湖区和土地平整良好的山丘冲垄地区。若排水地段土质均匀，排水要求大体一致，则吸水管一般可等距布置。

②吸水管与集水管(沟)成锐角斜交连接：如图5.11(b)所示，集水管(沟)沿洼地或山冲的轴线布置，吸水管与集水管(沟)保持一定的交角，使吸水管获得适宜的纵坡。这种布置适用于地形比较开阔、冲谷两侧坡度比较一致的山丘地区。

③不规则布置形式：如图5.11(c)所示，在渍害田面积较小且孤立分布，或有分散的泉水溢出点，须进行局部排水时，则需要根据地形、水文地质和土壤条件布置暗管，不要求形成等距和规则的排水系统。

暗管排水系统的立面布置形式分为单管排水系统和复式暗管排水系统两种。

①单管排水系统：田间只有一级吸水管，渗入吸水管的水直接排入明沟，如图5.12所示。我国南方平原湖区现有沟渠水网较密，大多采用此种形式。一些地区目前田块一般宽12~30 m，长80~100 m，每个田块布设1~2条暗管，大的田块有时可布设3条暗管。这种形式具有布置简单、施工容易、投资较少、便于

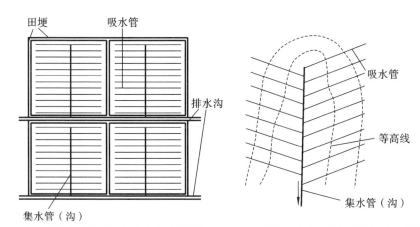

(a) 吸水管与集水管（沟）成直角正交连接　　(b) 吸水管与集水管（沟）成锐角斜交连接

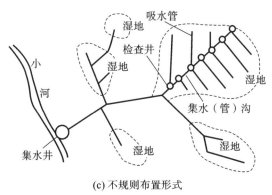

(c) 不规则布置形式

图 5.11　暗管排水系统的平面布置形式

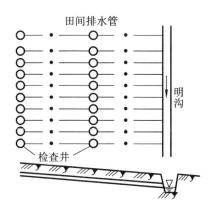

图 5.12　单管排水系统

检查和清理的优点,缺点是出口众多、易于损坏。

②复式暗管排水系统:田间吸水管不直接排水入明沟,而是经集水管(沟)排入明沟或下级集水管(沟),也有的集水管(沟)不仅起输水作用,同时通过管端缝隙进水,起排水作用,如图5.13所示。这种系统又称为"组合系统"。组合系统明沟的长度大为减少,进一步节省了耕地面积,有利于机耕,节省了明沟的养护维修费用。但若某些管段发生堵塞,其影响范围较大,且不便于检查与维修,投资也高于单级暗管排水系统。多级暗管排水系统一般要求较大的坡降,暗管出口需有较大的埋深或泵站抽排。

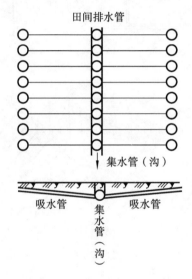

图5.13 复式暗管排水系统

此外,按集水管(沟)接纳吸水管汇流的方式,暗管排水系统的布置形式还可分为单向布置和双向布置。

①单向布置:集水管(沟)只接纳一侧吸水管的来水。在地面坡度较大或受田块及其他条件限制时采用这种形式。

②双向布置:一条集水管(沟)汇集两侧吸水管的来水。这种布置可以扩大集水管(沟)控制面积,减少集水管(沟)的条数,在地势平坦的平原地区多采用这种形式。

暗管排水系统的布置应符合下列规定:吸水管(田间末级排水暗管)应有足够的吸聚地下水的能力,其管线平面布置宜相互平行,与地下水流动方向的夹角宜不小于40°;集水管(沟)宜顺地面坡向布置,与吸水管管线夹角应不小于30°,且集排通畅;各级排水暗管的首端与相应上一级灌溉渠道的距离宜不小于3 m;

吸水管长度超过 200 m 或集水管（沟）长度超过 300 m 时,宜设检查井,集水管（沟）穿越道路或渠沟的两侧应设置检查井,集水管（沟）纵坡变化处或集水管（沟）与吸水管连接处也应设置检查井；检查井间距宜不小于 50 m,井径宜不小于 80 m,井的上一级管底应高于下一级管顶 10 cm,井内应预留 30～50 cm 的沉沙深度；明式检查井顶部应加盖保护,暗式检查井顶部覆土厚度宜不小于 50 cm。

3. 暗管排水系统的设计

暗管的设计包括排水暗管埋深和间距的确定、排水暗管设计流量的确定、排水暗管纵坡与管径设计、暗管管材的选择、外包滤料的选择等。

（1）排水暗管埋深和间距的确定。

排水暗管埋深与间距的确定,除考虑排水深度的要求外,同时还要考虑田间耕作对田块面积的要求,既要满足提高土地利用率的要求,采用的间距和埋深又必须在工程技术上容易实现,而且经济合理。例如埋深要考虑边坡的稳定及施工条件等。吸水管埋深应采用允许排水历时内要求达到的地下水位埋深与剩余水头之和,剩余水头值可取 0.2 m 左右。季节性冻土地区还应满足防止管道冻裂的要求。

由于影响吸水管埋深和间距的因素较多且较复杂,所以生产上多采用田间直接试验的方法,即采用不同的埋深与间距,直接进行排水效果的观测,以取得效果较好又经济可行的方案；也可采用条件相似地区行之有效的埋深与间距值；还可采用《灌溉与排水工程设计标准》(GB 50288—2018)附录 G（末级固定排水沟和吸水管间距计算）介绍的方法,经综合分析确定。无试验资料时,吸水管埋深和间距可按表 5.14 确定。

表 5.14　吸水管埋深和间距（单位：m）

吸水管埋深	吸水管间距		
	黏土、重壤土	中壤土	轻壤土、砂壤土
0.8～1.3	10～20	20～30	30～50
1.3～1.5	20～30	30～50	50～70
1.5～1.8	30～50	50～70	70～100
1.8～2.3	50～70	70～100	100～150

集水管埋深应低于集水管与吸水管连接处的吸水管埋深 10～20 cm，间距应根据灌溉排水系统平面布置的要求确定。

（2）排水暗管设计流量的确定。

排水暗管设计流量可按式(5.17)计算确定。

$$Q = C_0 q A \tag{5.17}$$

式中：Q 为排水暗管设计流量，m³/d；A 为排水暗管控制面积，m²；C_0 为排水流量折减系数，可从表 5.15 中查得；q 为当水稻面有淹水层时，水稻田渗漏量的设计值（其值等于水稻田适宜日渗漏量与无排水管时水稻田渗漏量之差），当田面无积水时，非稳定渗流情况下地下水平均排水强度，m/d。

表 5.15 排水流量折减系数

排水控制面积/hm²	<16	16～50	50～100	>100
排水流量折减系数	1.00	1.00～0.85	0.85～0.75	<0.75

（3）排水暗管纵坡坡度与管径设计。

排水暗管的纵坡坡度应保证管中有一定的流速，以使少量进入管中的土壤细粒能随水流排出。管径与纵坡坡度之间存在着一定的关系。管径与纵坡坡度的确定与暗管布置形式、地形条件、管材糙率系数、施工质量等因素有关，计算方法如下。

①均匀流的计算方式。采用均匀流进行排水暗管水力设计，假设暗管全长均以同一流量满管输水。根据均匀流特征，暗管水力坡降表示形式见式(5.18)。

$$j = \frac{Z}{L} = \frac{\lambda}{d} \frac{v^2}{2g} \tag{5.18}$$

式中：j 为管道水力坡降；Z 为水头损失，m；L 为管长，m；λ 为阻力系数，$\lambda = 8gC^2$（其中 C 为谢才系数）；d 为管的内径，m；v 为管中平均流速，m/s；g 为重力加速度，m/s²。

式(5.18)的关键是 λ 的取值。λ 与水流状态、管壁糙率有关，一般应通过试验确定。根据大量试验资料分析，对不同管材，λ 可以用经验公式表示。

②非均匀流的管径计算。非均匀流是指暗管沿程均有地下水流汇入，此时管首端流量为零，末端流量达到最大值 Q_1 满流，取 $0.5Q_1$ 作为暗管的平均流量。如果将前述均匀流的流量 Q 看作暗管首尾采用的同一流量，对相等的比降而言，非均匀流的平均流量 $0.5Q_1$ 约等于 $0.9Q$，即 $Q_1 = 2 \times 0.9Q = 1.8Q$。这时，暗管尾流量 Q_1 用非均匀流方法确定的管的内径与按均匀流方法确定的管的内径

相同,管尾出口段将产生局部压力流。相应的非均匀流的水力比降 j 与流量 Q_1、管的内径 d 的关系如下。

a. 光壁管,见式(5.19)。

$$Q_1 = q_0 BL = 89 d^{2.714} j^{0.572} \tag{5.19}$$

b. 波纹管,见式(5.20)。

$$Q_1 = q_0 BL = 38 d^{2.76} j^{0.5} \tag{5.20}$$

式中:q_0 为排水模数,mm/d,即排水管控制范围内单位面积每天排出水层厚度;B 为排水管间距,m;L 为管长,m;d 为管的内径,mm;Q_1 为管尾流量,m³/d。

在实际设计中需解决的问题分为以下几种:在管长、坡降已定的情况下,确定管径;在设计坡降、现有暗管管径已定的情况下,确定最大管长;在暗管坡降、管长、管径均已确定的情况下,计算暗管首端及沿程是否超压。

③排水暗管的水力计算。吸水管和集水管的内径可分别按式(5.21)和式(5.22)计算确定。

$$r = \left(\frac{nQ}{\alpha \sqrt{3j}} \right)^{3/8} \tag{5.21}$$

$$r = \left(\frac{nQ}{\alpha \sqrt{j}} \right)^{3/8} \tag{5.22}$$

式中:r 为吸水管或集水管的内径,m;n 为排水管内壁糙率,可从表5.16查得;j 为暗管的水力比降,可采用管线的比降;α 为管内水的充盈度,可从表5.17查得。

圆形吸水管或集水管平均流速可按式(5.23)计算确定,即

$$v = \frac{\beta}{n} r^{2/3} j^{1/2} \tag{5.23}$$

式中:v 为圆形吸水管或集水管平均流速,m/s;β 为与管内水的充盈度 α 有关的系数,可从表5.17查得。

表5.16 排水管内壁糙率

排水管类别	陶土管	混凝土管	光壁塑料管	波纹塑料管
内壁糙率	0.014	0.013	0.011	0.016

注:当管的制作工艺不良或衔接不佳时,其糙率值应相应加大。

表 5.17　系数 α 和 β 值

管的内径/mm	60	65	70	75	80
α	1.330	1.497	1.657	1.805	1.934
β	0.676	0.693	0.705	0.714	0.718

注：管内水的充盈度 α 为管内水深与管的内径之比值。

排水管道的比降 j 应满足管内不淤流速的要求。当管内半径 $r \leqslant 100$ mm 时，j 可采用 $1/600 \sim 1/300$；当管内半径 $r > 100$ mm 时，j 可采用 $1/1500 \sim 1/100$。在地形平坦的地区，吸水管首端与末端的高差宜不大于 0.4 m。当所需比降不符合上述规定时，可适当缩短吸水管长度。

吸水管实际选用的内径不得小于 50 mm，集水管实际选用的内径不得小于 80 mm。吸水管宜采用同一内径，集水管可根据汇流情况分段变径。

（4）暗管管材的选择。

在进行暗管的规划布置时，应考虑管材的选择。管材的选择应坚持因地制宜、就地取材、技术可行、经济实用的原则。管材的技术性能包括化学性能和物理性能两个方面。在化学性能方面，管材应耐酸碱、耐腐蚀；在物理性能方面，管材应满足一定抗压强度和透水性能的要求。国内外常用的暗管材料分为当地材料管和塑料管两大类。目前我国使用的暗管材料以当地材料管为主，近年来塑料管的使用也有所增加。下面简要介绍几种常用管材。

①灰土管：用石灰和黏土按一定的体积比，做成一定内径、一定长度，形如马蹄或内圆外方的管子，管顶留有孔眼可以进水，亦可靠接缝处预留缝隙进水。

②水泥土管：将黏土、砂、水泥按一定的质量比，加适量的水制成与灰土管类似的暗管。

③瓦管：用普通黏土烧制而成，一般为内圆外方，内径 $5 \sim 8$ cm，外断面 12 cm×14 cm，每节长 $30 \sim 60$ cm。瓦管是我国很早就广泛采用的一种暗管，可以就地取材，施工技术容易掌握，造价低，但使用年限短。

④陶瓷管：类似于城市下水道用的承插头连接的陶瓷管，管壁上每间隔 20 cm 设孔径 1 cm 的进水孔，排成梅花状；管壁厚 2 cm，内径可达 20 cm，每节管长 1 m。其特点是使用年限较久，但造价较高。

⑤混凝土管：种类很多，有用作排水管的无砂混凝土管（亦称"多孔混凝土管"）、带孔的水泥砂浆管（亦称"薄壁管"）、石棉水泥管；也有用作集水输水的普

通混凝土管。混凝土管的缺点是质量大,运输易损坏,在高矿化度地下水中耐腐蚀性差,造价高。

⑥波纹塑料管:一种新型排水暗管,质轻、耐用,可用于机械化施工。我国已广泛采用塑料暗管排水这种新技术。塑料管按材料可分为聚乙烯管和聚氯乙烯管两种。

(5)外包滤料的选择。

外包滤料指包裹或充填在排水暗管周围的材料,它的作用是阻止土壤颗粒进入暗管,以避免沉淀和暗管阻塞,稳定暗管周围的土壤,改善暗管通道的渗水能力,以提高暗管的排水功能。充填在暗管周围,主要用于防止土壤中的细颗粒进入暗管的外包层称为"滤层";主要用于改善暗管的渗透性能而放置在暗管上部或周围的外包层称为"裹层"。

用作外包滤料的材料一般有有机材料、无机材料和合成材料三大类。

①有机材料:多为农业生产的副产品,如稻草、稻壳、棕皮、椰皮、芦苇、锯末等,这类材料可就地取材,价格低廉,因此应用比较普遍。我国多用稻草,日本多用稻壳。

②无机材料:包括砂、碎石、贝壳等,这些材料耐久性极好,只要级配得当,可满足各种暗管的透水防砂要求;缺点是质量大、用量多、运输和施工不便,且投资较高。

③合成材料:主要是化纤制品,有粒状、片状和碎屑状等多种形式。应用较多的合成材料有合成纤维丝和编织物、聚氯乙烯、聚苯乙烯(expandable polystyrene,简称 EPS)等碎屑。

外包滤料的选择应以取材容易、价格便宜、施工方便为原则,并符合耐酸碱、不易腐烂、不污染环境的要求。此外,还需注意以下几点。

①外包滤料的渗透系数应比周围土壤大 10 倍以上。

②外包滤料的厚度可根据当地实践经验选取:散铺外包滤料的压实厚度,在土壤淤积倾向严重的地区,宜不小于 8 cm,在土壤淤积倾向较轻的地区,宜为 4~6 cm;在土壤无淤积倾向的地区,可小于 4 cm(土壤的淤积倾向可以黏粒含量与粉粒加细砂粒含量的比值 R_g 为判断指标,$R_g \geq 0.6$ 时,无淤积倾向;$R_g = 0.5$ 左右时,淤积倾向较轻;$R_g < 0.4$ 时,淤积倾向较重)。

③散铺外包滤料的粒径级配可根据土壤有效粒径 d_{60} 按表 5.18 确定。

表 5.18 土壤有效粒径与外包滤料粒径级配关系

土壤有效粒径 d_{60}/mm	外包滤料粒径级配 d（粒径,mm）					
	d'_0	d'_5	d'_{10}	d'_{30}	d'_{60}	d'_{100}
0.02~0.05	0.074~0.590	0.30	0.33~2.50	0.81~8.70	2.00~10.00	9.52~38.10
0.05~0.10	0.074~0.590	0.30	0.38~3.00	1.07~10.04	3.00~12.00	9.52~38.10
0.10~0.25	0.074~0.590	0.30	0.40~3.80	1.30~13.10	4.00~15.00	9.52~38.10
0.25~1.00	0.074~0.590	0.30	0.42~5.00	1.45~17.30	5.00~20.00	9.52~38.10

④各种化纤外包滤料的厚度和滤水防砂性能应通过试验确定。作为排水暗管外包滤料的土工织物,可按式(5.24)进行初步选择,再通过试验确定。

$$\frac{O_{90}}{d_{85}} \approx 4 \tag{5.24}$$

式中:O_{90} 为土工织物的有效孔径,mm,即在土工织物孔径分布曲线上小于该孔径累计百分数为 90% 的土工织物孔径;d_{85} 为在土壤粒径级配曲线上,相对于过筛百分数为 85% 的土壤粒径,mm。

5.5.3 田间竖井排水工程规划

竖井是指由地面向下垂直开挖的井筒,也称"立井"。竖井排水是指在田间按一定的间距打井,井群抽水时在较大范围内形成地下水位降落漏斗,从而起到降低地下水位和排涝治碱的作用。我国北方在地下水埋深较浅、水质又符合灌溉要求的许多地区结合井灌进行排水,不仅提供了大量的灌溉水源,同时对降低地下水位和排涝治碱也起到了重要作用。实践证明,井灌井排是综合治理旱、涝、碱的重要措施。

1. 竖井排水的作用

(1) 降低地下水位,防止土壤返盐。

在井灌井排或竖井排水过程中,由于水井自地下水含水层中吸取了一定的水量,在水井附近和井灌井排地区地下水位将随水的排除而不断降低。水井内外形成水头差,水井附近和井灌井排地区含水层中的水便在此水头差的作用下径向汇入井内,使得水井周围形成了以井孔轴心为对称轴的降落漏斗。地下水位的降低值一般包括两部分:一部分是由于水井(或井群)长期抽水,地下水补给不及,消耗一部分地下水储量,在抽水区内外产生一个地下水位下降漏斗而形成的,如图 5.14 中实线所示,称为"静水位降";另一部分是由于地下水向水井汇集过程中发生水头损失而产生的,距抽水井越近,其数值越大,在水井附近达到最大值,此值一般在 3 m 以上,在水井抽水过程中形成的总水位降为动水位降,如图 5.14 中虚线所示。水井排水有效地降低了地下水位,增加了地下水埋深,减少了地下水的蒸发,可以起到防止土壤返盐的作用。

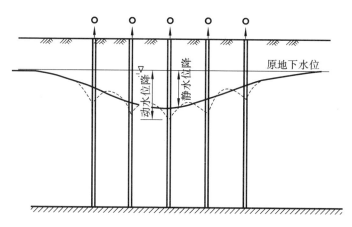

图 5.14 井群抽水过程中的水位变化

(2) 排涝防渍,增加灌溉水源。

干旱季节,利用竖井抽取地下水,会导致地下水位大面积、大幅度地下降,不仅可以防止土壤返盐,同时由于开发利用地下水,使汛前地下水位达到年内最低值,可以腾空含水层中的土壤容积,供汛期存蓄入渗雨水之用,这样便为建立地下水库提供了有利的条件。地下水位的降低提升了土壤蓄水能力和降雨的入渗速度,降雨时大量雨水渗入地下,这样便可以就地拦蓄,不必外排,且不会成灾,因而可以防止田面积水形成淹涝和地下水位过高造成土壤过湿,达到排涝防渍、防止土壤盐碱化的目的;同时,还可以有力地调控地下水资源,增加地下水提供的灌溉水量。

(3) 抽咸补淡,改善水源。

竖井排水在水井影响范围内形成较深的地下水位下降漏斗。地下水位的下降可以提升田面的入渗速度,从而为土壤脱盐创造有利条件。在有灌溉水源的情况下,利用淡水压盐可以取得良好的效果。

竖井排水除可有效地控制地下水位外,还具有减少田间排水系统和土地平整的土方工程量、占地少和便于机耕等优点,但竖井排水需消耗能源,运行管理费用较高,且需要有适宜的水文地质条件,在地表土层渗透系数过小或下部承压水压力过高时,均难以达到预期的排水效果。

采用竖井排水,首先电源要有保证,其次水文地质条件要符合打井的要求。水利部门通过水文地质参数的研究认为,在渗透系数小于 3 m/d,给水度小于 0.033 的条件下,不适宜采用竖井排水。在垂直剖面 0~5 m 厚度范围内有胶泥层、钙结层时,采用竖井排水的效果也不好。含水层以黏质砂土或砂质黏土为主的地区,也不宜布井。除此之外,一般均可打井。水质条件不影响布井。若地下水为淡水,可实行排灌结合;若地下水为咸水,可只排不灌,实行井灌渠排。

2. 竖井的规划布置

(1) 选取合理的井深和井型结构。

为了使水井起到灌溉、排涝、防渍、改碱、防止土壤次生盐碱化、淡化地下水的作用,增加降雨和灌水的入渗量,提高压盐的效率,并在表层形成一定的地下水库,在保证水井能自含水层中抽出较多水量的同时,还应使潜水位有较大的降深。为此,在竖井规划设计中必须根据各地不同的水文地质条件,选取合理的井深和井型结构。

①若含水层埋藏在 5~50 m 且为多系潜水含水层,可采用直径为 0.5~1.5 m 的浅筒井。若含水层厚度较大或富水性较强,宜采用大口井,井径可根据需要选取,常为 2~3 m,甚至可增加到 5 m。视具体情况而定,可采用完整井型或非完整井型。为了增加井的出水量,还可采用辐射井。

②若上层潜水含水层的富水性较差或较薄,而下部有良好的承压水含水层且水压较低,水井可打至下部承压水含水层,使潜水含水层补给承压水含水层。若下部承压水的水头很高,但富水性较差,则上部可建成不透水的大口井,以蓄积承压水。对于这几种情况,均可采用大口井与管井的联合井型。

③在 50 m 以内的黄土含水层或厚度较薄的弱含水层,如果采用其他井型出水量较小,则以选用辐射井为宜。

(2) 井距的选定及井群布置。

竖井的规划布置应根据地区自然特点、水利条件和水井任务而定。在利用竖井单纯排水的地区,井的间距主要取决于控制地下水位的要求。如果有地面灌溉水源实行井渠结合,在保证灌溉用水的前提下,井灌井排的任务是控制地下水位,排涝防渍,并防止土壤次生盐碱化。在这种情况下,井的间距一方面主要取决于单井出水量所能控制的灌溉面积,另一方面也取决于冲洗改良盐碱地时所要求的单井控制地下水位。

竖井在平面上一般按等边三角形或正方形布置,由单井的有效控制面积可求得有效控制半径 R 和井距 L,如图 5.15 所示。当采用等边三角形布置时,单井间距 $L=\sqrt{3}R$;当采用正方形布置时,单井间距 $L=\sqrt{2}R$。

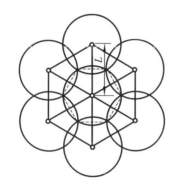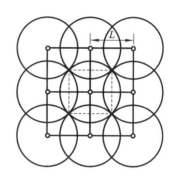

(a) 按等边三角形布置(单井间距$L=\sqrt{3}R$)　　(b) 按正方形布置(单井间距$L=\sqrt{2}R$)

图 5.15　竖井布置示意

当局部地区进行竖井排水时,在相同的水井间距和单井抽水量情况下,在抽水过程中局部井排对降低地下水位的作用不如大面积井排显著,且在水井停抽后,由于外区补给,地下水位回升较快。当井群同时抽水时,在其干扰范围内,任一井的水头或水位的降深,通常采用各井在单独抽水时对该井所引起动水位降累加法计算,即采用泰斯公式进行计算,见式(5.25)。

$$S = \sum_{i=1}^{n} S_i = \sum_{i=1}^{n} \frac{Q_i}{4\pi T} W\left(\frac{r_i^2}{4at}\right) \tag{5.25}$$

式中:S 为全部井抽水引起地下水位的动水位降,m;S_i 为由于第 i 口井抽水引起的水位降;Q_i 为第 i 口井的抽水流量;T 为含水层导水系数;$W\left(\dfrac{r_i^2}{4at}\right)$ 为泰斯井函数,可查井函数表得出;r_i 为第 i 口井与计算点的距离;a 为 T/μ 压力传导系数,μ 为潜水含水层给水度。

根据式(5.25)即可计算出在要求的时间 t 内水位下降的深度 S。如符合要求，则拟定的布局方案可作为备选方案之一。再通过多种方案比较，即可选定最优方案。

大面积均匀布井实行竖井排水时，外区补给微弱，每个单井控制相同的面积（可近似地作为圆形考虑），在这一面积内各点地下水位降深仅与井的出水量和含水层的水文地质参数有关，因此，每个水井控制区可以单独考虑。

第6章 灌排渠系建筑物设计

6.1 水　　闸

水闸是一种低水头水工建筑物,是灌区工程中的主要建筑物之一,通过闸门的启闭来控制流量和调节水位,具有挡水和泄水的双重作用。

6.1.1 水闸概述

1. 水闸分类

(1)按水闸的作用分类。

水闸按照其作用可分为进水闸、分水闸、节制闸、泄水闸、排水闸、冲沙闸等,有些水闸兼有多种作用。

①进水闸。

进水闸修建在河道、水库或湖泊的岸边,以及灌溉引水渠道的首部,用以保证和控制入渠流量。由于进水闸位于渠首,又称为"渠首闸"。

②分水闸。

分水闸用于把上一级渠道的流量按照需要引入下一级渠道,控制和调配流量,以达到计划用水的目的,是渠系中的配水建筑物。分水闸在支渠的渠首,则称为"支渠进水闸";在斗渠、农渠等渠道的进水口,则分别称为"斗门""农门"等。

③节制闸。

节制闸一般横跨干渠、支渠修建,且位于支渠、斗渠分水口的下游,用以控制闸前水位,满足支渠、斗渠等渠道引水时对水位的要求。节制闸主要利用闸门的启闭来控制渠道水位,是控制水位、调节流量、保证配水和泄水的控制性建筑物。

④泄水闸。

泄水闸一般都建在重要渠段(如高填方、高边坡和地质条件很差的渠段)或重要渠系建筑物(如渡槽、倒虹吸管、隧洞和分水枢纽等重点建筑物)上游的渠侧,闸后有较短的泄水渠线(宜尽量利用河流、山沟等),将水泄入承泄区。泄水闸设于灌溉渠道末端可用以退泄渠中剩余水量,又称"退水闸"。工程上亦有将泄水闸设在地面径流注入渠段下游的情况,以便通过泄水闸将径流及时排除。

⑤排水闸。

排水闸修建在排水渠道的末端,将控制区内的洪涝水排入江河或湖泊,以防内涝。当闸外水位较高时,关闸防止外水倒灌;当闸外水位较低时,开闸排涝。当控制区有蓄水灌溉任务时,一旦外河水位低落,就可以关闸蓄水。修建在感潮河段的排水闸,除具有挡潮、排涝的功能外,还可以在控制区需水时期引取涨潮顶托的河水(淡水),用于灌溉。平潮时期开闸过船,以利航运。

排水闸的特点是既能双向挡水,又能双向过水。

⑥冲沙闸。

冲沙闸一般修建在多泥沙河流上的引水枢纽或渠系中沉沙池的末端,又称"排沙闸"。渠系中的冲沙闸,也可设在布置有节制闸的分水枢纽处,或者利用泄水闸排沙。

(2)按闸室的结构形式分类。

按闸室的结构形式,水闸可分为开敞式水闸和涵洞式水闸。

①开敞式水闸。

开敞式水闸闸室上面没有填土,是水闸中广泛采用的一种结构形式。开敞式水闸包括有胸墙式水闸和无胸墙式水闸两种。有胸墙式水闸的闸门高度有所降低,从而降低了工作桥的高度,减小了闸门的启门力。对于胸墙较高和闸室抗滑稳定性较差的水闸,可将胸墙后的一段闸室做成封闭式的,在其顶部填土,利用填土重量来增加闸室的抗滑稳定性,这样布置的闸室可以称为"半封闭式闸室",但其工作特点和设计方法与无胸墙式水闸的闸室是一样的。

②涵洞式水闸。

涵洞式水闸主要修建在渠堤较高、引水量不大的渠道上,在洞身上面填土作为路基,两岸连接建筑物较开敞式水闸简单,比较经济。根据工作条件的不同,涵洞式水闸可分为有压式水闸和无压式水闸两种。灌排工程中,小型排水闸和泄水闸(还有排沙闸)常采用有压式,小型分水闸如斗门、农门等则常采用无压式。涵洞进水闸由进口首部、洞身和进出口连接段三部分组成。

2. 水闸布置

(1)闸址选择。

闸址应根据灌排区规划确定的渠系布置、规模、使用功能、运行特点、地形地质、水流、泥沙含量、施工、管理维修和环境保护等条件,综合比较选定。

闸址宜选择在地形开阔、岸坡稳定、岩土坚实和地下水位较低的地点,地基优先选用地质条件良好的天然地基。

①选择闸址应考虑的主要因素。

a. 地质条件。闸址应尽可能选择在土质均匀密实、压缩性小的天然地基上,避免采用人工处理地基。同时考虑地下水位及承压水对施工排水措施和地基稳定性的影响。

b. 水流条件。闸址位置宜使进闸和出闸水流均匀和平顺,闸前和闸后应尽量留有较好的顺直河(渠)段,闸前和闸后宜避开上、下游可能产生有害冲刷和泥沙淤积的地方。

c. 施工、管理条件。闸址附近应具有较好的施工导流条件,并要求有足够宽阔的施工场地和有利的交通运输条件。选择闸址还应考虑水闸建成后便于管理运用和防汛抢险,同时尽量结合布置公路桥梁(或农用桥梁)。

②各类水闸闸址选择要求。

a. 进水闸。

对于无坝取水的进水闸,应调查研究河床的演变情况,把闸址尽可能选择在河岸较坚实、河槽较稳定、断面较匀称的顺直河段上。

有坝取水渠首闸,也应选在河岸稳定处,同时还要求河岸高度适中,多位于引水一侧坝端的上游或下游。

b. 排水闸。

为了确保排水效果,应将排水闸闸址选在治涝区最低处至承泄区最短的排水渠道上。排水闸多建于排水渠的出口处。

当排水闸位于河道的岸边时,应将排水渠的出口设在河道的凹岸(或直岸),以免出口处发生淤积。排水渠轴线应向着河流下游方向,并与河水流向成锐角相交,交角一般宜小于60°。闸的上、下游渠道应力求顺直,排水渠出口处应做好河道护岸、护底工程,以免因出口的水位跌落形成溯流冲刷。

排水闸位置的选择常与整个排涝区采用的排水方法及经济效益有关。可在集中控制整个排涝区的地点修建一个大的排水闸,或将排水闸分散布置。

c. 泄水闸。

泄水闸位置的选取应考虑闸下有较大的承泄区(如位置较低的河道、湖泊、排水沟或洼地等)和泄水渠线较短的位置,以求泄水快速通畅、造价低。泄水建筑物（泄水闸、溢流堰、倒虹吸管等）之间的区段不能过长，以便及时泄退入渠洪水。

泄水闸常设于渠道一侧，一般用 60°～90°的分水角。泄水闸分水口的下游根据地形、水流等具体条件确定是否设节制闸。退水闸都布置在渠尾。

d. 分水闸和节制闸。

在渠系规划设计时，应确定分水闸和节制闸的位置。作为调配渠道洪量的分水闸，应布置在由上一级渠道向下一级渠道分水处，但分水闸的进口应不突出于闸前上一级渠道之中，而应向后退建，设在渠岸上。

分水闸的分水角一般采用 60°～90°。斗门、农门的分水角多为 90°。

在确定分水闸与节制闸的位置时，除应满足灌溉或其他要求外，还应考虑尽量把它们修建在一起。可使两个分水闸集中起来，共同使用一个节制闸，或者将几个分水闸布置在一起，互相起节制作用，以节省投资。

泄水闸或泄水闸兼作排沙闸使用时，也应尽量与分水闸等共用一个节制闸。

（2）水闸的组成及一般布置。

水闸由上游段、闸室段和下游段三部分组成。上游段的作用是将上游来水平顺地引进闸室，并且具有防冲和防渗等作用。下游段应具有引导过闸水流均匀扩散的出口形式和有效的消能防冲设施，以保证闸后不发生有害的冲刷。闸室段位于上述二者之间，是水闸控制水流的主体，也是连接两岸和上、下游段不可缺少的组成部分。

渠系水闸的总体布置应符合下列规定。

①节制闸的闸孔净面积和渠道过水面积应大致相等，闸孔数目宜为奇数。

②分水闸、泄水闸与渠道的中心线夹角宜为 60°～90°，其闸室进口与上级渠道之间应平顺连接并保持渠堤交通顺畅。

③多泥沙灌溉渠道上的分水闸底板或闸槛顶部应高于上级渠道底面 10 cm 以上。

④闸孔宽度应根据水深、流量、闸门和启闭设备类型，经技术经济比较后合理选定。闸孔孔径应符合现行行业标准《水利水电工程钢闸门设计规范》（SL 74—2019）的闸门孔口尺寸系列标准。

⑤上游翼墙顺水流向的投影长度应大于或等于铺盖长度，下游翼墙每侧的平均扩散角宜采用 7°～12°，其顺水流向投影长度应大于消力池长度。

⑥大中型水闸闸门槽前应设检修门槽和叠梁式检修闸门。

⑦寒冷地区的闸室及上、下游连接段的侧墙背后及底板之下，应采取妥善的

排水、保温、抗冻胀措施。

(3) 灌区各种水闸的布置特点。

①进水闸。

进水闸的中心线与河(渠)道中心线的交角宜小于30°，其上游引河(渠)长度不宜过长。

位于多泥沙河流上的进水闸，其中心线与河(渠)道中心线的交角可适当加大，在多泥沙河流有坝引水时，宜为70°~75°。位于弯曲河(渠)段的进水闸，宜布置在靠近河(渠)道深泓的岸边。

进水闸邻近河岸布置时，可在闸前河岸线处布设拦沙坎，在保证引水的前提下，适当抬高拦沙坎的顶部高程，对防沙入渠是有利的，对于河床稳定性差、含沙量较大的大中河流，拦沙坎或拦沙潜堰的设计高程应比设计水位对应的河床平均高程高1.0~1.5 m。

进水闸一般采用开敞式水闸；但对于上游水位变幅较大，而引水流量并不太大的进水闸，可采用带有胸墙的开敞式水闸；引水流量较小时，可采用涵洞式进水闸。

为了便于管理，同时也是为了引取小流量时能够对称开启闸孔，而又避免闸下产生折冲水流，进水闸闸孔数目宜为奇数。

为了引取河中表层清水，并减轻闸后消能负担，进闸流量最好采用直升式平面闸门(或弧形闸门)等主要闸门或叠梁式检修门联合控制。是否需要利用主要闸门控制流量，须根据河道水位而定。

在冬季结冰的河道上引水时，应采取适当的防冰措施。

进水闸设置胸墙可以拦截漂浮物，或者在闸前布设拦污栅阻拦漂浮物潜入闸孔。

有坝取水进水闸的平面布置形式有正面取水、侧面排沙和侧面取水、正面排沙两种布置形式，前者多建于宽浅式多沙河流人工整治段上，后者则用于稳定河段。对于这两种布置形式，进水闸都应与冲沙设施的布置紧密配合，防止推移质泥沙入渠。

②分水闸。

分水闸在平面布置上与进水闸类似。

分水闸可以做成开放式或涵洞式。当渠堤不高、分水流量较大时，常用前者；当渠堤较高、分水流量较小时，则多用后者。

渠系中常将分水闸与节制闸修建在一起，或将几个分水闸修建在一起，以互相起调节作用。

闸枢纽中可以共用一个铺盖,并缩短了闸与闸之间连接翼墙的总长度,比较经济,同时也有利于配水管理。但闸孔彼此过于接近,泄流时相互影响较大,使水闸量水的准确性有所降低。

由分水闸与节制闸或其他分水闸构成的闸枢纽,常见的布置形式有分水闸与节制闸互成正交、分水闸与节制闸互成斜交等。

③节制闸。

节制闸的轴线宜与河道中心线正交,其上、下游河道直线段长度宜不小于5倍水闸进口处水面宽度,难以满足上述要求时,宜设置导流墙(墩)。

节制闸横跨渠中,闸孔宽度应根据渠底坡降和渠道挖填方情况,经过经济比较后确定。

较大的节制闸常用平面闸门或弧形闸门控制水流,比较小的节制闸可用叠梁。但采用叠梁时,水流从顶部溢过,增加了消能的困难,且闸前容易产生泥沙的淤积。

为了使过闸水流平顺,水头损失较小,节制闸的上游翼墙宜采用扭曲面或圆弧墙的形式,下游宜采用八字墙或扭曲面,以利水流平稳地扩散。

设计闸孔时宜选用单数孔,以免闸下出现不对称水流。

在通航渠道上,节制闸如兼具过船功能,闸孔尺寸(闸孔净宽和高度)应满足航运的要求。

节制闸通常可与分水闸或泄水闸等联合修建。

④泄水闸。

泄水闸建于渠侧,其结构形式与分水闸相类似,有开敞式和涵洞式两种。为了增大泄流能力和在必要时泄空渠道进行整修,或在有冲沙要求时,闸槛和闸前渠底的高程应低于干渠渠底的高程。在泄水后期,闸前渠道中可能产生降水曲线时,应对这一段渠道加强保护,以防止冲刷。由于上游渠底高程降低,闸前水深较大,如采用开敞式水闸,宜设置胸墙,以减小闸门高度。闸的下游段应结合地形布置,多修建成陡坡、跌水等形式,在闸的下游泄水渠中,如流速较大,应采取相应的防冲措施。

泄水闸与节制闸联合布置时,它的布置和结构形式基本上与分水闸相同。如无冲沙要求,闸槛一般与闸前渠底齐平。

无节制闸的泄水闸,其上游渠道常需护砌一段较长的距离。工程上常在闸前利用降低的渠底建成跌塘,但为了防止过大降水造成渠道冲刷,必须选定跌塘前适宜的控制缺口形式。

⑤排水闸。

当排水闸位于河流的一侧时,应考虑其承受两向水头的特点,妥善地布置其防渗与消能防冲设备,一般都将铺盖或主板桩布置在水位经常比较高的一边,而将透水的(或者一部分设置排水孔和滤层)的护坦设在另一边;或者将水位较高一边护坦的不透水部分取得长一些,而在另一边取得短一些。对于承受双向水头而又双向过水的排水闸,其上、下游翼墙的扩散角均不应过大;圆弧形翼墙应该是比较合理的翼墙形式,其半径应较大,且数值基本相等。

沿河、沿海的排水闸一般都采用有胸墙的开敞式水闸。有通航要求的排水闸不宜采用有胸墙的开敞式水闸,但可采用活动式胸墙或双扉闸门。

6.1.2 水闸的消能防冲设计

水流经过水闸流向下游时,具有较大的上、下游水位差,另外上、下游的河宽通常大于闸宽,使得过闸水流比较集中,因此过闸水流往往具有较大的动能,将对下游河床产生不同程度的冲刷,必须采取相应的消能防冲措施加以防止。

为了合理地设计水闸的消能防冲设施,首先应了解过闸水流的特点。

1. 过闸水流的特点

(1)易形成波状水跃。

当水闸的上、下游水位差较小时,水流的弗劳德数很小,会在下游形成波状水跃,无强烈的旋滚,消能效果差,具有较大的冲刷能力。

另外,水流保持急流流态,不易向两侧扩散,致使两侧产生回流,缩小了河槽的有效过流宽度,使局部单宽流量增大,加剧了水流对下游河道的冲刷。

(2)易形成折冲水流。

由于平原地区的河渠往往宽而浅,河宽常大于闸宽,水流过闸时先收缩,出闸后再扩散。如果工程布置或运行操作不当,就容易使主流集中。同时,主流的方向还常常左右摆动,形成折冲水流,淘刷下游河床。

2. 水闸的消能防冲措施

为了防止过闸水流对下游河床的冲刷,不仅要尽可能消除下泄水流的动能,同时还需保护河床及河岸,防止水流的剩余动能对河床的冲刷。这种工程措施称为"消能防冲"措施,首先是消能,其次是防冲,因此在进行消能防冲设计时,消能是主要环节。

水闸通常采用底流消能方式,这种消能形式由消力池、海漫和防冲槽三个部分组成。

(1) 消力池。

消力池的作用是促使水流形成水跃,消除其能量,以保护地基免受冲刷。消力池的主要形式有三种,分别是消力坎式、挖深式和综合式。当闸下游尾水深度略小于跃后水深时,可采用消力坎式消力池;当闸下尾水深度小于跃后水深时,可采用挖深式消力池,并采用斜坡面与闸底板相连接,斜坡面的坡度宜不陡于1∶4;当闸下尾水深度远小于跃后水深,且计算消力池深度又较深时,可以采用挖深式与消力坎式相结合的综合式消力池。

消力池的计算主要包括消力池深度、长度和底板厚度3个方面。

①消力池深度:使池内水深对水跃产生一定的淹没度,从而保证在下游水位发生波动等情况下,不会形成远驱水跃。

在小型水闸计算时,ΔZ(涌浪高度)可以忽略不计,消力池深度按式(6.1)~式(6.3)近似计算。

$$d \approx \sigma_0 h'_c - h'_s \tag{6.1}$$

$$h'_c = \frac{h_c}{2}(\sqrt{1+8Fr^2}-1) \tag{6.2}$$

$$h_c^3 - T_0 h_c^2 + \frac{\alpha q^2}{2g\varphi^2} = 0 \tag{6.3}$$

式中:d 为消力池深度,m;σ_0 为水跃淹没系数,取 1.05~1.10;h'_c 为跃后水深,m;h'_s 为下游水深,m;h_c 为跃前收缩断面水深,m;Fr 为跃前收缩断面水流的弗劳德数;T_0 为由消力池底板顶面算起的总势能,m;α 为水流动能校正系数,可取 1~1.05;q 为过闸单宽流量,m³/(s·m);φ 为流速系数,一般取 0.95;g 为重力加速度,可采用 9.81 m/s²。

②消力池长度:保证水跃发生在池内,与水跃长度有关。消力池的总长度包括斜坡段的水平投影长度和护坦水平段的长度,其计算公式见式(6.4)。

$$L_{sj} = L_s + \beta L_j \tag{6.4}$$

式中:L_{sj} 为消力池的总长度,m;L_s 为斜坡段长度,与斜坡段的坡度有关,m;β 为水跃长度校正系数,可取 0.7~0.8;L_j 为自由水跃长度,m。

自由水跃长度采用《水闸设计规范》(SL 265—2016)中推荐的公式计算,见式(6.5)。

$$L_j = 6.9(h'_c - h_c) \tag{6.5}$$

③消力池底板厚度：下泄水流在消力池内流态十分紊乱，池底要承受高速水流的冲击力、脉动压力及扬压力等，受力比较复杂，因此消力池的底板必须具有足够的抗冲性、整体性和稳定性。为了满足以上要求，消力池底板厚度应根据抗冲和抗浮的稳定性分别计算。

消力池的底板根据抗冲要求，可用式(6.6)计算。

$$t = k_1 \sqrt{q \sqrt{\Delta H'}} \tag{6.6}$$

式中：t 为消力池底板始端的厚度，m；k_1 为消力池底板的计算系数，可取 $0.15 \sim 0.2$；q 为消力池进口处的单宽流量，$m^3/(s \cdot m)$；$\Delta H'$ 为闸孔泄流时的上、下游水位差，m。

消力池的底板根据抗浮要求，可用式(6.7)计算。

$$t = k_2 \frac{U - \gamma h_d}{\gamma_d} \tag{6.7}$$

式中：k_2 为消力池底板的安全系数，可取 $1.1 \sim 1.3$；U 为作用在消力池底板底面的扬压力，kPa；γ 为水的重度，kN/m^3；h_d 为消力池内平均水深，m；γ_d 为消力池底板的饱和容重，kN/m^3。

消力池底板厚度应取以上两式计算的较大值。消力池末端的厚度可取 $t/2$，但宜不小于 0.5 m。

(2) 海漫。

尽管水流在消力池内已消除了大部分能量，但仍有较大的余能，紊动现象仍很剧烈，特别是流速分布不均、底部流速较大的情况，对河床仍有较大的冲刷能力，因此在消力池后仍需设置海漫护底，以保护河床免遭水流冲刷。

①海漫长度：应根据可能出现的最不利水位和流量的组合情况进行计算。

②海漫的布置和构造：当下游河床局部冲刷作用不大时，可采用水平海漫；反之，则采用倾斜海漫；或者前面一段采用水平海漫，后面接不陡于 1：10 的倾斜海漫。

海漫在构造上应具有一定的柔性、透水性、抗冲性和表面粗糙性：柔性是为了在一定程度上适应河床的变形；透水性是为了消除底部承受的渗透压力；抗冲性是为了确保海漫自身不会发生冲刷破坏，从而达到保护河床的目的；表面粗糙性则是为了消耗水流的余能。

常用的海漫结构形式有以下几种。

a. 干砌石海漫：通常由粒径大于 30 cm 的块石砌筑而成，厚度为 0.4～

0.6 m,常布置在海漫后段。在砌石下面一般铺设碎石、粗砂垫层。干砌石海漫的抗冲流速为 2.5～4.0 m/s,为了提高其抗冲能力,每隔 6～10 m 设置一道浆砌石石埂。

b. 浆砌石海漫:一般采用粒径大于 30 cm 的块石,砌筑厚度一般为 0.4～0.6 m,内部设有排水孔,下部设反滤层。其抗冲能力大于同样粒径的干砌石海漫,可达 6 m/s,但柔性和透水性差,一般布置在海漫紧接消力池的前 1/3 范围内。

c. 混凝土海漫:整个海漫用混凝土板拼铺形成。混凝土板通常为边长 2～5 m 的正方形,厚度为 0.1～0.3 m。板中设有排水孔,下部铺设反滤层或碎石垫层,其抗冲流速可达 10 m/s,但是造价较高。

d. 铅丝石笼海漫:不仅施工方便,而且能够较好地发挥其抗冲性、透水性和柔性等性能。

(3) 防冲槽。

水流经过海漫后,仍具有一定的冲刷能力。如要河床完全不受冲刷,必须将海漫设置得很长,但这样做很不经济。因此,常在海漫末端设置防冲槽。防冲槽一般为堆石结构,其作用是当海漫末端发生河床底部冲刷时,防冲槽内的块石将会自动滚入被冲刷的河床上,从而阻止冲刷进一步向上游发展,确保海漫的安全。

防冲槽的尺寸应根据冲刷深度确定,海漫末端的河床冲刷深度可按式(6.8)计算。

$$d_m = 1.1 \frac{q_m}{[v_0]} - h_m \tag{6.8}$$

式中:d_m 为海漫末端的河床冲刷深度,m;q_m 为海漫末端的单宽流量,m³/(s·m);$[v_0]$ 为河床土质允许不冲流速,m/s;h_m 为海漫末端的河床水深,m。

对于冲刷深度较小的水闸,可采用 1～2 m 深的防冲齿墙,以代替防冲槽。

6.1.3 水闸的防渗排水设计

水闸在上、下游水位差的作用下,将会在闸基及两岸连接建筑物的岸坡产生渗流。渗流将对建筑物产生不利影响,具体表现在:①闸基渗流在闸底板上产生的扬压力不利于闸室的稳定;②岸坡绕渗对两岸连接建筑物的侧向稳定性不利;③闸基渗流和岸坡绕渗可能引起渗透变形破坏,严重的甚至会导致整个水闸失效;④渗流可能会使地基内可溶解的物质加速溶解。因而,必须采取可靠的防渗排水措施,以消除和减少渗流对水闸所产生的不利影响。

水闸防渗排水设计的任务是根据水闸作用水头、地基的地质条件等因素,拟定水闸的地下轮廓线和进行防渗排水布置。

1. 闸基防渗长度的确定

水流在上、下游水位差的作用下,经闸基向下游渗流,最终从消力池底板的排水孔等处逸出。从防渗铺盖的前端开始,沿铺盖、板桩、闸底板及护坦,到下游排水的前端,是闸基渗流的第一根流线,称为"地下轮廓线",其长度称为闸基防渗长度。

依据《水闸设计规范》(SL 265—2016),在工程规划和可行性研究阶段,初步拟定的闸基防渗长度应满足式(6.9)的要求。

$$L = C\Delta H \tag{6.9}$$

式中:L 为闸基防渗长度,即闸基轮廓线防渗部分水平段和垂直段长度的总和,m;ΔH 为上、下游水位差,m;C 为允许渗径系数值,见表 6.1。当闸基设板桩时,可采用表 6.1 中所列规定值的较小值。

表 6.1 允许渗径系数值

排水条件	地基类别									
	粉砂	细砂	中砂	粗砂	中砾、细砾	粗砾、夹卵石	轻粉质砂壤土	轻砂壤土	壤土	黏土
有滤层	9～13	7～9	5～7	4～5	3～4	3～25	7～11	5～9	3～5	2～3
无滤层	—	—	—	—	—	—	—	—	4～7	3～4

2. 防渗排水布置

当闸基防渗长度初步确定后,可以根据设计要求及地基特性,并参考已建工程的经验进行防渗排水布置。

(1) 布置原则。

防渗排水布置原则是"上防下排",即在闸底板的上游布置铺盖、板桩和齿墙等防渗设施,用以延长渗径,减小底板下的渗透压力及渗透比降;在下游布置排水孔、减压井等排水设施,以便尽快排出渗水,减小底板下的渗透压力,防止发生渗透变形。

(2)布置方式。

防渗排水布置方式与地基土质条件密切相关。

①黏性土地基。黏性土具有凝聚力,故不易产生管涌,但其与闸底板间的摩擦系数较小,对闸室的稳定不利。因此,在进行防渗排水布置时,主要考虑减小闸底渗透压力,从而提高闸室的稳定性。防渗措施一般采用水平铺盖,而不宜设置板桩。排水设施一般可延伸到闸底板下,以降低底板上作用的渗透压力,同时还有利于加速黏性土的固结。当黏性土地基内有承压透水层时,应在消力池底面设置垂直排水深入透水层,以便将承压水引出,从而提高闸室的稳定性。

②砂性土地基。砂性土地基的特点是摩擦系数大,这有利于闸室的抗滑稳定性,然而,砂性土土粒间无凝聚力,易产生管涌。因此,在进行防渗排水布置时,应以防止渗透变形为主。当砂土层很厚时,一般采用铺盖与悬挂式板桩相结合的方式,排水设施一般布置在消力池下面。如果为细砂,可在铺盖上游增设一道短板桩,以增加渗径,减小渗透坡降,但相邻两道板桩的间距应大于两道板桩长度之和的70%,避免渗流越过板桩,导致水平段的有效长度减小。当砂土层较薄时,可用板桩将砂层切断,并深入不透水层。对于粉砂地基,为了防止地基液化,一般可用板桩将闸基四周封闭起来。

(3)防渗与排水设施。

①防渗设施:构成地下轮廓的铺盖、板桩和齿墙,可以分为水平防渗设施和垂直防渗设施两类。

a.水平防渗设施:具体形式为铺盖,设在闸底板的上游,主要用来延长渗径,以降低渗透压力和渗透坡降,同时还具有防冲作用。铺盖的长度应根据闸基防渗需要确定,一般采用上、下游最大水位差的3~5倍。铺盖的材料有黏土、壤土、混凝土、钢筋混凝土及土工膜等。

(a)黏土及壤土铺盖。黏土及壤土铺盖通常采用渗透系数 $K=10^{-7}\sim10^{-5}$ cm/s 的黏性土做成,同时要求其渗透系数低于地基土渗透系数的1/100,以保证其具有足够的防渗能力。

铺盖厚度 δ 应根据铺盖土料的允许水力坡降值按式(6.10)计算。

$$\delta = \frac{\Delta H}{[J]} \tag{6.10}$$

式中:ΔH 为计算断面处铺盖顶面和底面的水头差,m;$[J]$为允许水力坡降,黏土铺盖为4~6,壤土铺盖为3~5。

为了保证铺盖施工质量,黏土或壤土最小铺盖厚度宜不小于0.6 m。由于

铺盖各截面的 ΔH 值向下游方向逐渐增大,由式(6.10)计算的铺盖厚度也随之加大。根据经验,铺盖在靠近闸室处的厚度不小于 1.5 m。为了防止铺盖发生干裂、冻胀及在施工期间被破坏,应在铺盖上面设 0.3~0.5 m 的保护层。常用的保护层有干砌块石、浆砌块石或混凝土。在保护层和铺盖之间需设置 1 层或 2 层由砂砾石铺筑的垫层。

(b)混凝土及钢筋混凝土铺盖。如果当地缺少作为铺盖的土料,则可以采用混凝土或钢筋混凝土铺盖,其厚度一般根据构造要求确定,为了保证铺盖的防渗效果和施工方便,最小厚度宜不小于 0.4 m。混凝土或钢筋混凝土铺盖与闸底板连接处用沉降缝分开,铺盖本身在顺水流方向也需设沉降缝,间距一般为 8~20 m,并且在上述沉降缝中应设置橡皮、塑料或纯铜片止水。

(c)土工膜铺盖。用土工膜作为上游铺盖时,土工膜的厚度应根据作用水头、膜下土体可能产生的裂缝宽度、膜的应变和强度等因素确定。根据水闸工程的实践经验,土工膜的厚度宜不小于 0.5 mm。土工膜铺盖的合理长度应使渗透坡降和渗流量限制在允许的范围内,一般长度为作用水头的 5~6 倍。为了防止树枝、石子等硬物将土工膜刺破,需在土工膜上部采用水泥砂浆、砌石或预制混凝土块进行保护,而在下部铺设垫层。

b. 垂直防渗设施:常用设施的形式有板桩、齿墙。

(a)板桩:一般设在闸底板的高水位一侧或铺盖的起始端,用以延长渗径、减小闸底板下作用的渗透压力,而设在闸底板下游的短板桩则是用以减小逸出点的渗透坡降。板桩的入土深度视地基透水层的厚度而定,当透水层较薄时,可以将板桩插入不透水层内;当不透水层埋深较深时,则板桩的深度一般为上、下游最大水头的 60%~100%。

板桩按材料可分为木板桩、钢筋混凝土板桩、钢板桩等。木板桩目前已很少采用,这是由于木板桩易劈裂,施工质量难以保证。在一般的工程中,采用较多的是钢筋混凝土板桩,其入土深度根据地下轮廓布置、防渗长度和施工条件来确定。根据实践经验,钢筋混凝土板桩的最小厚度宜不小于 20 cm,宽度宜不小于 40 cm。为了方便钢筋混凝土板桩的施打,需将板桩的端部做成楔形。板桩两侧设有榫槽,以增加接缝处的不透水性。

板桩与闸底板的连接方式有两种:一种是使板桩紧靠底板前缘,顶部嵌入黏土铺盖一定深度;另一种是将板桩顶部嵌入底板上游齿墙中专门设置的凹槽内,为了适应闸室的沉降,并保证其不透水性,槽内用可塑性较大的不透水材料进行填充。在实际工程中,应根据具体情况选用上述两种连接方式。前者适用于闸室沉降量较大,而板桩尖已插入坚实土层的情况;后者则适用于闸室沉降量较小,而板桩尖未插入坚实土层的情况。

(b)齿墙:闸底板上、下游端一般都有设置,既能防渗,又能增加闸室的抗滑稳定性。齿墙的深度一般为 0.5~1.5 m。

②排水设施:水闸排水设施的主要作用是将渗流安全地导向下游,以减小闸底板上作用的渗透压力,增加闸室的稳定性。

排水的形式有两种:平铺式排水和铅直排水。

a. 平铺式排水:一种常用的排水形式,一般采用透水性强的卵石、砾石或碎石等材料平铺在设计位置。排水石的粒径为 1~2 cm,在其下部与地基面间要设置反滤层,防止地基土产生渗透变形。反滤层常由 2 层或 3 层不同粒径的石料组成,层面大致与渗流方向正交。

b. 铅直排水:指排水井,常用于地基下有承压透水层处。将排水井伸入承压透水层内 0.3~0.5 m,可引出承压水,达到降压的目的,从而提高闸室的稳定性。

3. 闸基渗流计算

闸基渗流计算的目的是计算闸下渗流场内的渗透压力、渗透坡降及渗透流速等,并验证初步确定的地下轮廓线和排水布置是否满足规范要求。

闸基渗流计算常用的方法有流网法、改进阻力系数法和直线比例法。其中直线比例法假定渗流沿地下轮廓线的水头损失按直线规律变化,其计算方法简单。因此,尽管该方法的精度差,但仍为小型水闸所采用。直线比例法又分为勃莱法和莱因法两种。

(1)勃莱法。

如图 6.1 所示,当已知水头 H 和地下轮廓线的长度 L 后,可按直线比例关系求出地下轮廓线任一点的渗透压力水头,见式(6.11)。

$$h_x = \frac{H}{L}x \qquad (6.11)$$

式中:h_x 为渗透压力水头,m;x 为计算点与逸出点之间的渗径,m。

(2)莱因法。

莱因根据更多的实际工程资料认为,单位长度渗径上,水平渗径的消能效果仅为垂直渗径的1/3。计算时,将水平渗径(包括倾角小于或等于 45°的渗径)除以 3,再与垂直渗径(包括倾角大于 45°的渗径)相加,即渗径的折算长度 L',见式(6.12)。

$$L' = L_1 + L_2/3 \qquad (6.12)$$

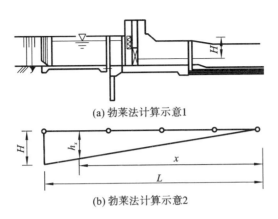

图 6.1 勃莱法计算示意

式中:L_1 为垂直渗径长度,m;L_2 为水平渗径长度,m。

计算出渗径的折算长度后,仍按式(6.11)计算各点渗透压力水头。

按上述方法计算出闸底板各点的渗透压力水头后,绘制闸底板渗透压力水头分布图,即可计算出闸底板的渗透压力。

6.1.4 闸室的稳定及地基处理

闸室在施工、运行或检修等各个时期都应该是稳定的,都不能产生过大的沉降或沉降差。在运行期间,闸室在水平推力等荷载的作用下,有可能产生沿地基面的浅层滑动,也有可能连同一部分土体产生深层滑动。闸室竣工后,地基所承受的压应力最大,可能产生较大的沉降和不均匀沉降,这不但会使闸室的顶高程达不到设计要求,而且不均匀沉降将使闸室倾斜,无法正常工作,甚至出现断裂。当闸基压应力超过地基允许压应力后,地基也有可能失去稳定性。

由此可见,必须验算闸室在各种情况下的稳定性、沉降量及不均匀沉降量,以确保水闸能够安全、可靠地运行。闸室的稳定性计算宜取相邻顺水流向永久缝之间的闸室单元作为计算单元,对于孔数较少而未分缝的小型水闸,可取整个闸室作为验算单元。

1. 荷载及其组合

(1) 荷载计算。

水闸承受的主要荷载包括自重、水重、水平水压力、扬压力、波浪压力、泥沙压力、地震力等。

① 自重:包括底板、闸墩、胸墙、工作桥、交通桥、闸门及启闭设备等的重力。

② 水重:指闸室范围内作用在底板上面的水体重力。

③水平水压力:指作用在胸墙、闸门、闸墩及底板上的水平水压力。

④扬压力:指作用在底板底面上的渗透压力及浮托力之和。

⑤波浪压力:作用于水闸铅直或近似铅直迎水面上的波浪压力,应根据闸前水深和实际波态,分别按《水闸设计规范》(SL 265—2016)进行计算。

⑥泥沙压力:水闸前有泥沙淤积时,计算时应考虑泥沙压力。

⑦地震力:在地震区修建水闸,当设计烈度不小于Ⅶ度时,应考虑地震影响。

(2) 荷载组合。

荷载组合分为基本组合和特殊组合两种。基本组合包括正常蓄水位情况、设计洪水位情况和完建情况等。特殊组合包括校核洪水位情况、地震情况、施工情况和检修情况。计算闸室抗滑稳定安全系数和应力时,其荷载组合可按《水闸设计规范》(SL 265—2016)的规定采用。

2. 闸室的抗滑稳定性

水闸在运行期内,如果闸室作用于地基的铅直力较小,那么当其所受到的水平力达到某一限值时,闸室将沿地基表层滑动。

(1) 计算公式。

①砂性土地基闸室沿基础底面的抗滑稳定安全系数用式(6.13)验算。

$$K_c = \frac{f\sum W}{\sum P} \geqslant [K_c] \tag{6.13}$$

式中:K_c 为闸室沿基础底面的抗滑稳定安全系数;$\sum W$ 为作用在闸室的全部铅直力的总和,kN;$\sum P$ 为作用在闸室的全部水平力的总和,kN;f 为闸室底面与地基土间的摩擦系数,初步计算时,黏性土地基的 f 值取 0.20~0.45,壤土地基取 0.25~0.40,砂壤土地基取 0.35~0.40,砂土地基取 0.40~0.50,砾石、卵石地基取 0.50~0.55,上述各类地基中,较密实、较硬的取较大值;$[K_c]$ 为设计规范允许的抗滑稳定安全系数,见表 6.2。

表 6.2　闸室沿基础底面的抗滑稳定安全系数的允许值 $[K_c]$

荷载组合	水闸级别			
	1	2	3	4、5
基本组合	1.35	1.30	1.25	1.20
特殊组合Ⅰ	1.20	1.15	1.10	1.05
特殊组合Ⅱ	1.10	1.05	1.05	1.00

注:①特殊组合Ⅰ适用于施工情况、检修情况或校核洪水位情况;

②特殊组合Ⅱ适用于地震情况。

②黏性土地基:闸室沿基础底面的抗滑稳定安全系数用式(6.14)验算。

$$K_c = \frac{\tan\varphi_0 \sum W + c_0 A}{\sum P} \geqslant [K_c] \quad (6.14)$$

式中:φ_0为闸底板底面与地基土之间的摩擦角;c_0为闸底板底面与地基土之间的凝聚力,kN/m^2;A为闸底板的底面积,m^2;其余符号意义同前。

(2)提高闸室抗滑稳定性的工程措施。

当闸室沿基础底面的抗滑稳定安全系数小于规范的允许值时,可以采取以下措施提高安全系数。

①调整闸门位置,将闸门向低水位侧移动,或将底板向上游端适当加长,以充分利用闸室水重。

②改变闸室的结构尺寸,从而增加自身重量。

③适当加深底板上、下游端的齿墙深度,更多地利用底板以下地基土的重量。

④增加铺盖和板桩的长度,或在不影响防渗安全的条件下,将排水设施向闸室靠近,以减小闸底板上的渗透压力。

⑤设置钢筋混凝土铺盖作为阻滑板,增加闸室的抗滑稳定性。

⑥增设钢筋混凝土抗滑桩或预应力锚固结构。

3. 地基处理方法

在设计水闸时,尽可能利用天然地基,当天然地基不能满足抗滑稳定、承载力及沉降量等要求时,必须对地基进行适当处理,使其达到运用要求。常用的地基处理方法有以下几种。

(1)换土垫层法。

换土垫层法将水闸基础下的软土层挖除一定的深度,换以强度较高的砂性土或其他土,并经过分层夯实或振动密实形成换土垫层。该方法可以改善地基应力分布,减少沉降量,适当提高地基稳定性和抗渗稳定性,适用于厚度不大的软土地基。

垫层的设计主要是确定垫层的厚度、宽度及所用材料。垫层的厚度应根据地基土质情况、结构形式、荷载等因素,以不超过下卧土层允许承载力为原则确定,一般为 1.5~3.0 m。若垫层厚度过小,则作用不明显;若垫层厚度过大,则基坑开挖困难。垫层的宽度,一般选用建筑物基底压力扩散至垫层底面的宽度再加 2~3 m。换土垫层的材料以中壤土、含砾黏土等为宜。级配良好的中砂、粗砂和砂砾,易于振动密实,用作垫层材料也是适宜的。但粉砂、细砂、轻砂壤土或轻粉质砂壤土容易液化,故不宜采用。另外,垫层材料中应不含树皮、草根及其他杂质。

(2)桩基础法。

当软土层的厚度较大且地基的承载力又不够时,可以考虑采用桩基础法。

水闸的桩基础一般采用钢筋混凝土桩,按其施工方法可以分为钻孔灌注桩和预制桩两类。钻孔灌注桩在选用桩径和桩长时比较灵活,因而运用较多,其桩径一般在 60 cm 以上,中心距不小于 2.5 倍桩径,桩长根据需要确定;对于桩径和桩长较小的桩基础,可以采用钢筋混凝土预制桩,其桩径一般为 20~30 cm,桩长不超过 12 m,中心距为桩径的 3 倍。

桩基按其受力形式可以分为摩擦桩和承重桩。水闸多采用摩擦桩,它是利用桩与周围土壤的摩擦阻力来支承上部荷载。

(3)沉井基础法。

沉井基础法是预先浇筑井圈,然后再挖除井圈内的软土,使井圈逐渐下沉到地基中,最终支撑在硬土层或岩石基础上。沉井基础法可以增加地基承载力,减少沉降量,提高水闸的抗滑稳定性,对防止地基渗透变形有利,适用于上部为软土层或粉细砂层、下部为硬土层或岩层的地基。

沉井基础在平面上多呈矩形,简单对称,便于施工浇筑和均匀下沉。沉井的长边宜不大于 30 m,长宽比宜不超过 3,以便控制下沉。较长的矩形沉井中间应设隔墙,从而增加长边的刚度。沉井的边长也不宜过小,否则接缝多,设置止水较麻烦。

6.2 渡　　槽

渡槽是输送渠道水流跨越河渠、道路、沟谷等的架空输水建筑物,一般由进出口连接段、槽身、支承结构及基础组成。

渡槽的类型一般指槽身及支承结构的类型。槽身及支承结构的类型较多,且材料有所不同,施工方法各异,因而其分类方式也较多。支承结构形式能反映渡槽的结构特点、受力状态、荷载传递方式和结构计算方法等。按支承结构形式分,渡槽有梁式、拱式、桁架式、组合式及悬吊式等。其中梁式是最基本也是应用最广的渡槽形式。本节主要讨论梁式渡槽的相关问题和设计方法。

6.2.1 渡槽的总体布置

1. 槽址的选择

选择槽址关键是确定渡槽的轴线及槽身的起止点位置。一般对于地形地质条件较复杂、较长的大中型渡槽,应找2~3个较好的位置,通过方案比较选出较优方案。

选择槽址的基本原则是力求渠线及渡槽长度较短,地质良好,工程量少;进出口水流顺畅,运用管理方便;槽身起止点落在挖方上,并有利于进出口及槽跨结构的布置,施工方便。

具体选择时,一般应考虑以下几个方面。

(1)地质良好。尽量选择具有承载能力的地段,以减少基础工程量。跨河(沟)渡槽,应选在岸坡及河床稳定的位置,以减少削坡及护岸工程量。

(2)地形有利。尽量选在渡槽长度短,进出口落在挖方上,墩架高度低的位置。跨河渡槽,应选在水流顺直河段,尽量避开河湾处,以免凹岸及基础受冲。

(3)便于施工。槽址附近尽可能有较宽阔的施工场地,料源近,交通运输方便,并尽量少占耕地,减少移民。

(4)运用管理方便。交通便利,运用管理方便。

2. 槽型的选择

长度短的中小型渡槽,一般可选用一种类型的单跨或等跨渡槽。对于地形、地质条件复杂且长度长的大、中型渡槽,视其情况,可选1~2种类型和2~3种跨度的布置方案。

具体选择时,应主要从以下几个方面考虑。

(1)地形地质条件。对于地势平坦、槽高不高的情况,宜选用梁式渡槽,施工较方便;对于窄深沟谷且两岸地质条件较好的情况,宜建单跨拱式渡槽;对于跨河渡槽,当主河槽水深流急,水下施工困难,而滩地部分槽底距地面高度不大,且渡槽较长时,可在河槽部分采用大跨度拱式渡槽,在滩地则采用梁式或中、小跨度的拱式渡槽;对于地基承载力较低的情况,可考虑采用轻型结构的渡槽。

(2)建筑材料情况。应贯彻就地取材和因材选型的原则。当槽址附近石料储量丰富且质量符合要求时,应优先考虑采用砌石拱式渡槽,但也应进行综合比较研究,选用经济、合理的结构形式。

(3) 施工条件。若具备必要的吊装设备和施工技术,则应尽量采用预制装配式结构,以期加快施工进度,节省劳力。若同一渠系上有几个条件相近的渡槽,则应尽量采用同一种结构形式,便于实现设计、施工定型化。

3. 进出口建筑物的选择

渡槽进出口建筑物一般包括进出口渐变段、槽跨结构与两岸的连接建筑物(槽台、挡土墙等),以及多满足运用、交通和泄水要求而设置的节制闸、交通桥和泄水闸等建筑物。

进出口建筑物的主要作用:使槽内水流与渠道水流衔接平顺,并可减小水头损失和防止冲刷;连接槽跨结构与两岸渠道,可以避免漏水、岸坡或填方渠道产生过大的沉陷和滑坡;满足运用、交通和泄水等要求。

(1) 渐变段的形式及长度。为了使水流进出槽身时比较平顺,减小水头损失和防止冲刷,渡槽进出口均需设置渐变段。渐变段常采用扭曲面形式,其水流条件好,一般用浆砌石建造,迎水面用水泥砂浆勾缝。八字墙式渐变段水流条件较差,但施工方便。

渐变段的长度一般采用式(6.15)确定。

$$L = C(B_1 - B_2) \tag{6.15}$$

式中:L 为渐变段的长度,m;C 为系数,进口取 1.5~2.0,出口取 2.5~3.0;B_1 为渠道水面宽度,m;B_2 为渡槽水面宽度,m。

对于中小型渡槽,通常进口 $L \geqslant 4 h_1$,出口 $L \geqslant 6 h_2$。h_1、h_2 分别为上、下游渠道水深。

渐变段与槽身之间常因各种需要设置连接段,连接段的长度视具体情况由布置确定。

(2) 槽跨结构与两岸的连接。槽跨结构与两岸渠道的连接方式对于梁式、拱式渡槽基本是相同的。其连接应保证安全可靠,连接段的长度应满足防渗要求,一般槽底渗径(包括渐变段)长度不小于 6 倍渠道水深;应设置护坡和排水设施,保证岸坡稳定;填方渠道还应防止产生过大的沉陷。

①槽身与填方渠道的连接。槽身与填方渠道的连接通常采用斜坡式和挡土墙式两种形式。

斜坡式连接是将连接段(或渐变段)伸入填方渠道末端的锥形土坡内,根据连接段的支承方式又可分为刚性连接和柔性连接两种。刚性连接是将连接段支承在埋于锥形土坡内的支承墩上,支承墩建于老土或基岩上。小型渡槽也可不设连接段,而将渐变段直接与槽身相连,并按变形缝构造要求设止水。柔性连接是将连接段(或渐变段)直接置于填土上,靠近槽身的一端仍支承在墩架上。要求回填土夯实,并根据估算的沉陷量,对连接段预留沉陷高度,保证进出口建筑物的设计高程。

挡土墙式连接是将边跨槽身的一端支承在重力挡土墙式边墩上,并与渐变段或连接段连接。挡土墙建在老土或基岩上,保证其稳定并减小沉陷量。为了降低挡土墙背后的地下水压力,在墙身和墙背面应设排水。渐变段与连接段之下的回填土多采用砂性土,并应分层夯实,上部铺 0.5~1.0 m 厚的黏性土作为防渗铺盖。该种形式一般用于填方高度不大的情况。

②槽身与挖方渠道的连接。由于连接段直接建造在老土或基岩上,沉陷量小,故其底板和侧墙可采用浆砌石或混凝土建造。有时为缩短槽身长度,可将连接段向槽身方向延长,并建在浆砌石底座上。

6.2.2 渡槽的水力计算

水力计算的内容主要是确定槽底纵坡坡度、槽身过水断面形状及尺寸、进出口高程,并校核总水头损失是否满足渠系规划的要求。

1. 槽底纵坡坡度的确定

合理选定纵坡坡度 i 是渡槽水力设计的关键一步,槽底纵坡坡度 i 对槽身过水断面和槽中流速有着决定性的影响。当条件许可时,宜选择较陡的纵坡坡度。初拟时,一般取 $i=1/1500\sim1/500$ 或槽内流速 $v=1\sim2$ m/s(最大可达 4 m/s);对于长渡槽,可按渠系规划允许水头损失 $[\Delta Z]$ 减去 0.2 m 后,再除以槽身总长度,作为槽底纵坡坡度 i 的初拟值;对于有通航要求的渡槽,$v\leqslant1.5$ m/s,$i\leqslant1/2000$。

2. 槽身过水断面形状及尺寸的确定

槽身过水断面常采用矩形和 U 形两种:矩形断面适用于大、中、小流量的渡槽;U 形断面适用于中、小流量的渡槽。

槽身过水断面的净宽 b 和净深 h 一般按渠道最大流量来拟定,按设计流量计算水流通过渡槽的总水头损失值 ΔZ,若 ΔZ 等于或略小于渠系规划允许水头损失值 $[\Delta Z]$,则可确定 i、b 和 h 值,进而确定相关高程。

槽身过水断面尺寸按水力学有关公式计算,当槽身长度 $L\geqslant15\,h$(h 为槽内设计水深)时,则按明渠均匀流公式计算;当 $L<15h$ 时,则按淹没宽顶堰流公式计算。

初拟 b、h 时,一般按 h/b 比值来拟定,h/b 不同,槽身的工程量也不同,故应选定适宜的 h/b 值。梁式渡槽的槽身侧墙在纵向起梁的作用,加高侧墙可以提高槽身的纵向承载力,故从水力和受力条件综合考虑,工程上对梁式渡槽的矩形槽身一般取 $h/b=0.6\sim0.8$,U 形槽身 $h/b=0.7\sim0.9$;拱式渡槽一般按水力最优要求确定 h/b。

为了保证渡槽有足够的过水能力,防止风浪或其他因素造成侧墙顶溢流,侧墙应有一定的超高。超高与断面形状和尺寸有关,对于无通航要求的渡槽,超高一般可按式(6.16)和式(6.17)确定。

矩形槽身:
$$\Delta h = \frac{h}{12} + 5 \text{ cm} \tag{6.16}$$

U 形槽身:
$$\Delta h = \frac{D}{12} \tag{6.17}$$

式中:Δh 为超高,即通过最大流量时,水面至槽顶或拉杆底面(有拉杆时)的距离,cm;h 为槽内水深,cm;D 为 U 形槽过水断面直径,cm。

对于有通航要求的渡槽,超高应根据通航要求来定。

3. 进出口高程的确定

为确保渠道通过设计流量时为明渠均匀流,进出口底板高程按式(6.18)~式(6.22)确定。

进口槽底抬高值:
$$y_1 = h_1 - Z - h \tag{6.18}$$

进口槽底高程:
$$\nabla_1 = \nabla_3 + y_1 \tag{6.19}$$

出口槽底高程:
$$\nabla_2 = \nabla_1 - Z_1 \tag{6.20}$$

出口渠底降低值:
$$y_2 = h_2 - Z_2 - h \tag{6.21}$$

出口渠底高程:
$$\nabla_4 = \nabla_2 - y_2 \tag{6.22}$$

式中：y_1 为进口槽底抬高值；h_1 为上游渠道水深；Z 为进口段水面降落值；h 为槽内水深；∇_1 为进口槽底高程；∇_3 为进口渠底高程；∇_2 为出口槽底高程；Z_1 为槽身沿程水面降落值；y_2 为出口渠底降低值；h_2 为下游渠道水深；Z_2 为出口段水面回升值；∇_4 为出口渠底高程。

4. 总水头损失的校核

(1) 渡槽总水头损失 ΔZ。渡槽总水头损失 ΔZ 具体计算见式(6.23)。

$$\Delta Z = Z + Z_1 - Z_2 \tag{6.23}$$

式中：Z 为进口段水面降落值，m；Z_1 为槽身沿程水面降落值，m；Z_2 为出口段水面回升值，m。

ΔZ 应等于或略小于规划中允许的水头损失值。

(2) 进口段水面降落值 Z。进口段水面降落值 Z 常采用下列淹没宽顶堰流公式计算，见式(6.24)。

$$Z = \frac{Q^2}{(\varepsilon \varphi A \sqrt{2g})^2} - \frac{v_0^2}{2g} \tag{6.24}$$

式中：Q 为渠道设计流量，m^3/s；ε、φ 为侧收缩系数和流速系数，可取 $0.90 \sim 0.95$；A 为通过设计流量时槽身过水断面面积，m^2；g 为重力加速度，一般取 $9.81\ m/s^2$；v_0 为上游渠道通过设计流量时断面平均流速，m/s。

(3) 槽身沿程水面降落值 Z_1。槽身沿程水面降落值 Z_1 具体计算见式(6.25)。

$$Z_1 = iL \tag{6.25}$$

式中：i 为槽身纵坡坡度；L 为槽身总长度，m。

(4) 出口段水面回升值 Z_2。根据实际观测和模型试验，当进出口采用相同的布置形式时，Z_2 值与 Z 值有关，一般近似取值见式(6.26)。

$$Z_2 \approx \frac{1}{3} Z \tag{6.26}$$

6.2.3 渡槽的结构设计

本节以梁式渡槽为例，对渡槽的结构设计进行讲解。

1. 作用(荷载)及其效应组合

(1) 作用的分类。

①永久作用：一般包括结构自重、土压力、预应力。

②可变作用:一般包括静水压力、动水压力、风荷载、人群荷载、温度作用、槽内水重、车辆荷载。

③偶然作用:地震作用、漂浮物的撞击力。

(2) 作用效应组合。

①基本组合:按承载力极限状态设计时,对持久状况或短暂状况下,永久作用与可变作用的效应组合。

②偶然组合:按承载力极限状态设计时,对偶然状况下,永久作用、可变作用与一种偶然作用的组合。

③短期组合:按正常使用极限状态设计时,可变作用的短期效应与永久作用的效应组合。

④长期组合:按正常使用极限状态设计时,可变作用的长期效应与永久作用的效应组合。

(3) 作用(荷载)的计算。

中、小型渡槽一般不考虑地震力。当槽顶设有人行便道时,设计值一般选用 $2\sim 3\ kN/m^2$。

2. 槽身结构纵向支承形式和横断面形式

梁式渡槽的槽身支承于墩台或排架之上,槽身侧墙在纵向起梁的作用。

(1) 槽身结构纵向支承形式。根据支点位置的不同,梁式渡槽可分为简支梁式、悬臂梁式及连续梁式三种。下面主要介绍前两种形式。

①简支梁式渡槽的优点在于结构简单,吊装施工方便,接缝止水易解决,但其跨中弯矩较大,底板全部受拉,对抗裂、防渗不利。其常用跨度为 8~15 m,其经济跨度为墩架高度的 80%~120%。

②悬臂梁式渡槽一般为双悬臂梁式渡槽,也有单悬臂梁式渡槽。

a. 双悬臂梁式渡槽又分为等跨双悬臂梁氏渡槽和等弯矩双悬臂梁式渡槽。设每节槽身长度为 L,悬臂长度为 a,则等跨双悬臂梁式渡槽 $a=0.25L$,等弯矩双悬臂梁式渡槽 $a=0.207L$。在均布荷载作用情况下,等弯矩双悬臂梁式渡槽虽然跨中与支座处弯矩绝对值相等,且比等跨双悬臂梁式渡槽支座处负弯矩数值小,但由于纵向上、下层均需配置受力筋和一定数量的构造筋,总配筋量可能比等跨双悬臂梁式渡槽多,且由于墩架间距不等,故应用较少;等跨双悬臂梁式渡槽的跨中弯矩为零,支座处负弯矩较大,底部全部位于受压区,对抗裂有利。另外,悬臂梁式渡槽的跨度可达简支梁式渡槽的 2 倍左右,故每节槽身长度最大可达 40 m,但其重量大,施工吊装困难,且接缝止水因悬臂端变形大,故容易被拉裂。

b. 单悬臂梁式渡槽一般只在双悬臂梁式渡槽向简支梁式渡槽过渡或与进出口建筑物连接时采用。一般要求悬臂长度不宜过大,以保证槽身在另一支座处有一定的压力。

梁式渡槽的跨度不宜过大,跨度一般在 20 m 以下较经济。

(2) 槽身横断面形式。梁式渡槽常用的断面形式是矩形和 U 形;矩形槽身常用钢筋混凝土或预应力钢筋混凝土结构;U 形槽身还可采用钢丝网水泥或预应力钢丝网水泥结构。

①矩形槽身。矩形槽身按其结构形式和受力条件不同,可分为以下几种情况。

a. 无拉杆矩形槽。该种形式结构简单,施工方便,主要用于有通航要求的中、小型渡槽。侧墙做成变厚的,顶厚按构造要求一般不小于 8 cm,底厚应按计算确定,而一般不小于 15 cm。有通航要求的大、中型渡槽,为了改善侧墙和底板的受力条件,减小其厚度,沿槽长每隔一定距离加一道肋而成为加肋矩形槽,肋的间距通常取侧墙高度的 70%~100%,肋的宽度一般不小于侧墙的厚度,厚度一般为 2.0~2.5 倍墙厚。当流量较大或有通航要求时,为改善底板受力条件,减小其厚度,可采用多纵梁式结构,侧墙仍兼纵梁用,中间纵梁间距 1.5~3 m。

b. 有拉杆矩形槽。对于无通航要求的中、小型渡槽,在墙顶设置拉杆可以改善侧墙的受力条件,减少侧墙横向钢筋用量。拉杆间距一般在 2 m 左右。侧墙常做成等厚的,其厚度为墙高的 1/16~1/12,一般为 10~20 cm。在拉杆上还可铺板,兼作人行便道。

c. 箱式结构。该种形式既可以满足输水要求,顶板又可作交通桥,其用于中、小流量双悬臂梁式槽身较为经济。箱中按无压流设计,净空高度一般为 0.2~0.6 m,深宽比常用 0.6~0.8 或更大。

矩形槽的底板底面可与侧墙底缘齐平,或底板底面高于侧墙底缘。前者适用于等跨双悬臂梁式槽身,构造简单,施工方便;后者用于简支梁式槽身时,可以减小底板的拉应力,对底板抗裂有利。为了避免转角处的应力集中,通常在侧墙和底板连接处设贴角,角度 $\alpha=30°\sim60°$,边长一般为 15~25 cm。

②U 形槽身。U 形槽身横断面由半圆加直线段构成,槽顶一般设顶梁和拉杆,支座处设端肋。与矩形槽相比,其具有水力条件好、纵向刚度大等优点。

在初拟钢筋混凝土 U 形槽断面尺寸时,可参考以下经验数据(图 6.2)。

壁厚:$t=(1/10\sim1/15)R_0$,常用 $8\sim15$ cm。

直线段高:$f=(0.4\sim0.6)R_0$。

顶梁:$a=(1.5\sim2.5)t, b=(1\sim2)t, c=(1\sim2)t$。

对于跨宽比大于 4 的梁式渡槽槽身,为增加槽身纵向刚度,满足横向抗裂要求,通常将槽底弧段加厚,见式(6.27)和式(6.28)。

$$t_0=(1\sim1.5)t \tag{6.27}$$

$$d_0=(0.5\sim0.6)R_0 \tag{6.28}$$

图 6.2(a)中 s_0 是从 d_0 的两端分别向槽壳外壁所作切线的水平投影长度,可由作图求出。

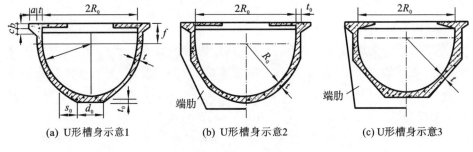

(a) U 形槽身示意1   (b) U 形槽身示意2   (c) U 形槽身示意3

图 6.2 U 形槽身

注:t—槽壳壁厚;R_0—槽壳内半径;f—垂直段总高;a—侧梁水平宽;b—侧梁外端高;c—侧梁斜边高;t_0—加厚槽底弧段;d_0—槽身横断面直线段。

端肋的外侧轮廓可做成梯形[图 6.2(b)]或折线形[图 6.2(c)]。

钢丝网水泥 U 形槽,壁厚一般为 $2\sim4$ cm,其优点是弹性好、自重小、预制吊装方便、造价低,但耐久性差,易出现锈蚀、剥落、漏水等现象,故一般适用于小型渡槽。

3. 槽身结构计算

(1) 纵向计算。

通常取一个槽段进行计算,按支承情况不同,该槽段可能是简支梁式或悬臂梁式或连续梁式。

纵向计算的荷载(作用)一般可简化为作用在整个槽段上的荷载,主要包括槽身自重(人行便桥、拉杆等自重也简化成均布荷载)、槽中水重及人群荷载等,有时还包括温度荷载及地基变位引起的应力(连续梁应考虑此两种荷载)。

(2) 横向计算。

在进行横向计算时,沿槽身纵向取 1 m 按平面问题进行分析,单位长度渡槽上的荷载由两侧的剪力差维持平衡。

4. 支承结构

梁式渡槽的支承结构形式有重力墩、排架、组合式墩架和桩柱式槽架等。

(1) 重力墩。重力墩可分为实体墩和空心墩两种形式。

实体墩的墩身通常用砖石、混凝土等材料建造而成,墩体的承载力和稳定性易满足要求,但其用料多、自重大,故不宜用于槽高较大和地基承载力较低的情况。实体墩一般适宜高度为 8～15 m。构造尺寸一般为墩顶长度略大于槽身的宽度,每边外伸约 20 cm;墩头一般采用半圆形。墩顶常设混凝土墩帽,厚 30～40 cm,四周做成外伸 5～10 cm 的挑檐,帽内布设构造钢筋,并根据需要预埋支座部件,墩身四周常以 20∶1～40∶1 的坡度向下扩大。

空心墩通常采用混凝土预制块砌筑,也可采用现浇混凝土砌筑,壁厚约 20 cm,墩高较大时由强度验算决定。该种形式可以大量节约材料,自重小而刚度大,在较高的渡槽中已被广泛应用。其外形尺寸和墩帽构造与实体墩基本相同,常用的横断面形状有圆矩形、矩形、双工字形及圆形四种。墩内沿高每隔 2.5～4 m 设置两根横梁,并在墩身下部和墩帽中央设进人孔。

(2) 排架。排架一般采用钢筋混凝土建造,可现浇或预制吊装。常用的形式有单排架、双排架及 A 字形排架等几种形式。

单排架是由两根铅直立柱和横梁组成的多层钢架结构,工程中应用广泛,其适用高度一般在 20 m 以内。双排架由两个单排架通过水平横梁连接而成,属于空间结构。双排架的结构承载力、稳定性及地基承载力均比单排架易满足要求,适用高度一般为 15～25 m。

当排架高度较大时,为满足结构承载力和地基承载力要求,可采用 A 字形排架,其适用高度一般为 20～30 m,但施工复杂、造价较高。

双排架和 A 字形排架都是由单排架构成的,其尺寸可参照单排架拟定。

排架与基础(常采用整体板式基础)的连接形式,视情况不同,可采用固接或铰接。现浇排架与基础采用整体结合,排架竖筋直接伸入基础内部,按固结计算。而预制装配式排架,可随接头处理方式而定。对于固结端,立柱与杯形基础连接时,应在基础混凝土终凝前拆除杯口内模板并凿毛,立柱安装前应将杯口清洗干净,并在杯口底部浇筑强度等级不低于 C20 的细石混凝土,然后将立柱插入杯口,在其四周浇筑细石混凝土;对于铰接,只在立柱底部填5 cm厚的C20细石混凝土抹平,将立柱插入后,在其周围填5 cm厚的C20细石混凝土,再填沥青麻绳即可。

(3)组合式墩架。当渡槽高度超过30 m或槽高较大时,若采用加大柱截面尺寸的方式以满足稳定性要求不经济,则应考虑采用组合式墩架(上部是排架,下部是重力墩)。位于河道中的渡槽,最高洪水位以下常采用重力墩,最高洪水位以上则采用排架。

(4)桩柱式槽架。其支承柱是桩基础向上延伸而成的,当地基条件差而采用桩基础时,采用此种槽架较为经济。桩柱式槽架又可分为等截面和变截面两种形式。

5. 基础

渡槽基础按埋置深度可分为浅基础和深基础两种。埋置深度小于5 m的为浅基础,埋置深度大于5 m的为深基础。

(1)基础形式。基础形式的选择与上部作用、地质条件、洪水冲刷及施工基坑排水等因素有关,其中地质条件是主要因素。浅基础常采用刚性基础或整体板式基础(柔性基础);深基础一般采用桩基础或沉井基础。

(2)浅基础的埋置深度。浅基础的底面应埋置于地面以下一定的深度,其值应按地基承载力、耕作要求、抗冰冻要求及河床冲刷等情况,并结合基础形式及尺寸而定。在满足要求的情况下,基础应尽量浅埋。浅基础的埋置深度应满足以下几个方面的要求。

①地基承载力要求:在满足地基承载力和沉陷要求的前提下,应尽量浅埋,但不得小于0.5 m,一般埋于地面以下1.5~2.0 m,且基础底面以下持力层厚度应不小于1.0 m。

②耕作要求:耕作地内的基础,基础顶面以上至少要留0.5 m的覆盖层。

③抗冰冻要求:严寒地区基础顶面在冰冻层以下的深度应通过专门计算确定。

④抗冲刷要求:对于位于河道中受水流冲刷的基础,其底面应埋入最大冲刷线以下。最大冲刷线是各个槽墩处最大冲刷深度的连线,可参考有关专著计算最大冲刷深度。

6. 整体稳定性验算

渡槽及其地基的稳定性验算是确定总体布置方案的可行性必不可少的一环。

槽身一般是搁置于支承结构顶上的,当槽中无水时,在侧向风荷载作用下,槽身有可能产生滑动或倾覆,特别是位于大风地区的轻型壳体槽身,此项验算尤为必要。

渡槽整体稳定性验算,主要是验算地基稳定性、承载力和沉陷量是否满足要求。

对于斜坡土基上的大、中型槽墩,还应验算深层滑动的可能性。

7. 细部构造

(1) 槽身伸缩缝及止水。

梁式渡槽每节槽身的接头处及槽身与进出口建筑物的连接处,均须设伸缩缝,缝宽 3~5 cm,伸缩缝必须用既能适应变形又能防止漏水的材料封堵。

(2) 槽身的支座。

①平面钢板支座。支座的上、下座板,采用 25~80 mm 的钢板制作,其活动端上、下座板的接触面,须刨光并涂以石墨粉,以减小摩阻力和除锈。平面钢板支座一般用于跨径在 20 m 以下的槽身支座。

②切线式支座。支座的上座板底面为平面,下座板顶面为弧面,用 40~50 mm 钢板精制加工而成。

③摆柱式支座。槽身的固定端仍采用切线式支座,活动端为摆柱式支座。摆柱可用钢筋混凝土或工字钢作柱身,柱顶、底部配以弧形钢板。摆柱式支座适用于大型渡槽,但抗震性能较差。

对于多跨简支梁式渡槽,各跨的活动支座与固定支座一般按"定""动"支座相间排列,使槽身所受的水平外力均匀分配给各个排架。

6.2.4 渡槽加固实践

本节以白马灌区何公桥渡槽为例,对其加固方案变更过程进行讲解。

1. 工程概况

何公桥渡槽位于白马灌区右干渠,兴建于 1967 年 12 月,初建为双悬臂大跨径高架钢丝网水泥薄壳渡槽,后因槽壳发生非稳定性主拉应力裂缝采取桁架加固。渡槽全长319 m,渡槽设计流量4.8 m³/s,过水断面2.0 m×1.6 m(宽×水深),原设计纵坡坡度 $i=1/645$,现状纵坡坡度为1/912。

2. 工程现状

何公桥渡槽槽身老损现象普遍,主要问题包括槽身内外壁面玻璃纤维布老化、破损,外壁面混凝土保护层老化、剥落,钢丝网及钢筋外露锈蚀,内壁面混凝土保护层老化、脱落,钢丝网外露;部分槽段槽壁存在穿孔现象(水面以下部分);部分槽段拉杆及橡胶止水存在一定的老损现象;桁架结构老损普遍,保护层剥落、受力钢筋大面积外露;排架结构及其基础整体情况相对较好,除排架局部存在保护层剥落、钢筋外露现象外,整体无明显影响工程安全的、突出的结构性外观老损问题。

3. 原设计方案

针对存在的问题,设计加固方案为:对进口连接段边坡和底板裂缝处进行凿毛,采用混凝土进行修补处理;对槽身采用碳纤维布补强,更换伸缩缝止水;将进口左侧翼墙拆除重建。

其中对槽身采用碳纤维布补强方法如下:槽身外侧粘贴纵向通长碳纤维布,纵向碳纤维布粘贴完成后再环向粘贴碳纤维布,环向碳纤维布间距设置为400~1000 mm,两端密中间疏,碳纤维布外侧设置保护层。

4. 检测结果

(1)通过对渡槽各主要结构的混凝土碳化深度、抗压强度及设计保护层厚度等进行无损检测,对抽检构件(测区)有如下结论。

排架结构混凝土现龄期抗压强度推定值为276 MPa,仍满足设计强度要求;设计保护层厚度为25 mm,抽检合格率为96%,混凝土碳化深度为20~50 mm。槽身结构(内壁面)的混凝土现龄期抗压强度推定值为28.6 MPa,仍满足设计强度要求;设计保护层厚度为30 mm,碳化深度为7~15 mm,保护层多已风化、磨损,钢丝网外露。桁架结构混凝土现龄期抗压强度推定值为25.6 MPa,仍满足设计强度要求;设计保护层厚度为20 mm,抽检合格率为88%,局部不满足设计要求,多部位碳化深度大于保护层厚度。

而根据现行行业规范《水工混凝土结构设计规范》(SL 191—2008)对保护层

厚度进行评定,何公桥渡槽排架保护层厚度合格率仅为36%,桁架保护层厚度合格率小于10%,均不满足现行规范要求。

(2) 结合各部分结构检查、检测分析,得出以下结论。

①排架:渡槽部分排架外观存在局部的老损现象(保护层脱落、钢筋外露锈蚀),老化程度较轻,结构混凝土现龄期抗压强度及保护层厚度均满足要求,且基础无明显变形现象。

②槽身:渡槽内、外壁面保护层较薄,多已老化磨损,且内、外壁面玻璃纤维老化破损,基本失去保护作用,加之渡槽施工质量较差,槽体混凝土存在少浆、振捣不密实的质量缺陷,以上原因使得渡槽外壁面出现较为普遍的保护层剥落、受力钢筋外露锈蚀(受力钢筋在钢丝网内层)的现象。槽壁现龄期强度推定虽然仍符合设计要求,但槽段整体结构耐久性存在较大隐患。

③桁架:渡槽桁架普遍存在突出的老化问题,主要是桁架柱(梁)结构均存在保护层脱落、受力钢筋外露锈蚀的问题,且老损程度较大。根据自定评判标准,有11/17的桁架"严重老化",整体桁架结构存在较大的安全隐患。

5. 变更必要性

何公桥渡槽是大跨径高架钢丝网水泥薄壳渡槽,由于工程设计和施工存在诸多缺陷,常处于带病运行状态,虽经桁架加固,但至今仍存在槽壳钢丝网大面积锈蚀,保护层成块剥落,桁架弦杆、腹杆混凝土碳化沿杆顺主筋裂缝发育,保护层成条脱落等现象,支承排架同样存在混凝土碳化深度抵达主筋导致的碳化破坏问题,特别是近年来上述老化破损现象还呈明显恶化趋势。为此利用白马灌区续建配套与节水改造投资,拆除何公桥渡槽,再建输水建筑物,满足下游8万亩基本农田的灌溉需要是十分必要的。

6. 设计变更内容

(1) 加固方案比选。

根据管理局提供的何公桥渡槽检测报告对原加固方案进行修改,对加固与重建两个方向共四个方案进行比选。四个方案分别为:原设计槽身修补方案,桁架、槽身加固方案,拆除后重建渡槽方案,拆除后新建倒虹吸管方案。

①原设计槽身修补方案。

对进口连接段边坡和底板裂缝处进行凿毛处理,采用混凝土进行修补;采用碳纤维布加固槽身,更换伸缩缝止水;拆除重建进口左侧翼墙。

槽身外侧粘贴纵向通长碳纤维布,纵向碳纤维布粘贴完成后再环向粘贴碳纤维布,环向碳纤维布间距设置为 400~1000 mm,两端密中间疏,碳纤维布外侧设置保护层。

②桁架、槽身加固方案。

对槽身内侧表面有裂缝位置进行处理,对有混凝土缺陷的部位采用环氧树脂砂浆进行修补加固,槽身内侧整体采用环氧砂浆粘贴玻璃纤维布(三油两布)进行防渗处理。

对渡槽槽身外侧有裂缝位置进行处理,对有混凝土缺陷的部位采用环氧砂浆进行修补加固,部分锈蚀严重的地方需加筋修复;修复完成后对槽身外表面进行玻璃纤维布(三油两布)加固处理。

对渡槽桁架及排架表面有裂缝位置进行处理,对有混凝土缺陷的部位采用环氧树脂砂浆进行修补加固,部分锈蚀严重的地方需加筋修复。

对渡槽桁架下弦杆有裂缝位置进行处理,对有混凝土缺陷的部位采用环氧树脂砂浆进行修补加固,部分锈蚀严重的地方需加筋修复;修复完成后对桁架下弦杆进行粘贴碳纤维布加固处理。

于渡槽跨中的下部增设排架,减小槽身弯矩。

③拆除后重建渡槽方案。

原槽身、排架拟采用定向爆破方式进行推倒拆除,拆除后于原址进行重建。同时进出口衬砌,部分挡墙也进行拆除重建。

何公桥渡槽采用定向爆破拆除,排架沿水流方向纵向倾倒,尽量减少排架倒塌影响范围,爆破前需采取适当安全措施疏散附近人员。

重建何公桥渡槽全长 349.5 m,纵坡坡度的 1/1000,设计流量为 4.81 m^3/s,加大流量为 6.02 m^3/s。渡槽进口底板高程为 149.45 m,出口底板高程为 149.13 m。

何公桥渡槽设计流量为 4.81 m^3/s(<5 m^3/s),为 5 级渡槽,但由于最大排架高度大于 30 m 为高排架渡槽,根据规范提级为 4 级建筑物。

a. 槽身支承位置选择。

原槽身为等跨双悬臂梁式 U 形薄壳渡槽,本次对等跨双悬臂与简支形式进行比选(等弯矩双悬臂形式槽身不利于排架布置,不进行考虑)。当排架间距同为 l 时,等跨双悬臂槽身长度可做到 $2l$,简支结构形式槽身长度为 l,两种结构形式所受最大弯矩均为 $1/8ql^2$(q 为均布荷载)。

对比可知,在受到同样弯矩的情况下,等跨双悬臂槽身可以做得更长,减少分缝止水数量,但不能增加渡槽跨度或减少排架数量。当排架间距一定时,不能起到减小弯矩的作用,且简支式受力结构比等跨双悬臂结构简单,槽身伸缩缝的止水结构简单可靠,便于维修更换,故采用简支式支承,双排架支承处悬挑接缝。

b. 槽身断面选择。

原槽身为 U 形薄壳渡槽,本方案槽身断面在 U 形槽身与矩形槽身中进行比选。何公桥渡槽排架最大高度达到 33.1 m,横槽方向作用于渡槽表面的风压力为影响槽身横向稳定性的重要因素。U 形槽身比矩形槽身风荷载减小近一半。U 形槽身横断面为半圆加直线段,与矩形槽身相比有水利条件好的优点。单位长度 U 形槽身钢筋混凝土量比矩形槽身小,自重小,模板单价比矩形槽身高,总体造价相当。综合考虑采用 U 形槽身。

槽身尺寸根据槽身水利计算与水面衔接计算综合确定为净宽 2.5 m,净高 1.85 m。根据《水工混凝土结构设计规范》(SL 191—2008),除对钢筋混凝土构件及发生裂缝后会引起严重渗漏的其他构架(如渡槽槽身等)提出抗裂验算要求外,其余构件都可按裂缝宽度控制,故槽身需按照抗裂要求进行设计。因根据抗裂要求计算出的槽身混凝土尺寸过大,故考虑在槽身内侧设一层防渗膜,槽身结构按照限裂进行设计,以减小槽身混凝土尺寸。

c. 排架尺寸选择。

根据《水工混凝土结构设计规范》(SL 191—2008),20 m 以下采用单排架,20 m 以上采用双排架。单排架长边(顺槽向)尺寸为排架总高的1/30~1/20,常用 0.4~0.7 m,本方案取 0.7 m。短边(横槽向)尺寸为长边尺寸的50%~80%,即 0.35~0.56 m,本方案取 0.5 m,为支撑槽身,排架顶部在顺水流方向设置短悬臂梁式牛腿。双排架立柱尺寸根据经验及参考类似工程定为0.5 m×0.6 m。

d. 基础形式选择。

根据拟建场地的地形、地质条件,结合建筑物的荷载特点,可采用天然地基浅基础(多柱扩展基础),以强风化石英砂岩为地基基础持力层。

综上,渡槽为简支式钢筋混凝土 U 形槽身,槽身净宽 2.5 m,净高 1.85 m。每节槽长 10~18 m,槽顶设拉杆。槽身两端搁置在钢筋混凝土排架上,高度在 20 m 以上采用双排架,20 m 以下采用单排架。双排架立柱尺寸为 0.5 m×0.6 m,单排架立柱尺寸为 0.5 m×0.7 m。基础形式为扩展基础,排架每隔 4 m 设一道连系梁。扩展基础四个角点位置打锚筋,锚杆长度为 6 m,入岩 5 m,且锚杆置于弱风化基岩上,扩展基础的基础承载力不小于 300 kPa。

排架施工完成后基础回填至原地面线高度。施工完成后排架下道路须恢复至原路面或改道,相应水塘、水沟、河床先回填土再恢复水流原状并对两侧河岸进行恢复。

④拆除后新建倒虹吸管方案。

原槽身、排架拟采用原地坍塌爆破方式进行推倒拆除,拆除后于原址进行新建。同时进出口衬砌、挡墙、进口处水闸也进行拆除新建。

何公桥渡槽采用原地坍塌爆破拆除,排架沿水流方向纵向倾倒,尽量减少排架倒塌影响范围,具体施工方法以爆破公司出具的方案为准。爆破前需采取适当的安全措施疏散附近人员。

新建何公桥倒虹吸管里程为 K23+916.8~K24+266.1,全长 349.3 m(进口段 17.8 m、出口段 11.4 m),设计流量为 4.81 m^3/s,加大流量为 6.02 m^3/s。倒虹吸管进口底板高程为 148.981 m,出口底板高程为 148.712 m。

a. 倒虹吸管平面布置。

根据现场情况原渡槽 12#排架处紧靠渡槽建设有民房,沿原轴线建设将产生较大面积房屋拆迁,为尽量减少拆迁面积,中间部分轴线与原轴线略偏 4 m。倒虹吸管进出口处受地形限制,若发生偏移,则进出水口挡墙过高且产生较高填方。故进出水口设在原址,以降低造价,同时充分利用原有较为稳定的基础。

综上,倒虹吸管进出口位置为渡槽进出口原址,中间邻河部分轴线为略向右侧偏移 4 m。倒虹吸管轴线在上、下游分别设两处平面转角(分别为 2°、3°)。

b. 倒虹吸管纵向布置。

倒虹吸管若采用全段埋地,则无法设排沙设施,后期运行维护将存在较大问题,故跨河部分采用架空方式。倒虹吸管轴线中间部分斜穿河道长度 29 m,且河边有一处水泥路,上、下游原 6#排架、16#排架处各有一处水泥路。为保证构筑物距离河边水泥路净空大于 4.5 m,同时上、下游两侧公路埋深大于 1 m,纵向采用两侧埋地斜管+中间水平(为了利于排沙且尽量减少路面回填高度,向下游设 1‰反坡)架空布置方式,同时,考虑两处平面转角,设置 1#镇墩(竖向转角)、2#镇墩(水平转角)、3#镇墩(水平转角)、4#镇墩(竖向转角)、5#镇墩(竖向转角)。

c. 倒虹吸管管材选择。

进口渠道坡降为 1/7500,进口渐变段起点高程为 148.981 m。出口渠道坡降为 1/10200,出口渐变段终点高程为 148.712 m。设计流量下,上、下游水位差为 0.347 m;加大流量下,上、下游水位差为 0.269 m。针对架空段与埋地段的不同环境,对玻璃钢管与钢筋混凝土管进行比选。根据水力计算,若采用玻璃钢管,此时最小管径为 2.4 m;若采用钢筋混凝土管,此时最小管径为 2.6 m。

(a)架空段管材选择。

架空段斜穿河道,排架间距设为 15 m,尽量减少排架对河道的影响。若采用钢筋混凝土管,最小管径为 2.6 m。设计内水压力为 0.25 MPa,抗裂验算按 1.2 倍内水压力取为 0.3 MPa,管身为小偏心受拉构件,抗裂安全系数取 1.15,管身钢筋混凝土等级为 C30,混凝土抗拉强度标准值为 2.01 N/mm²,经抗裂计算,混凝土管壁厚为 300 mm。

此时钢筋混凝土管恒载为 150.25 kN/m,活载为 53.1 kN/m。经计算,桥板跨度 15 m 时主梁下部受拉钢筋放不下 3 排,减小跨度又会增加河道内排架数量,对倒虹吸管下方河道行洪有影响。

若采用玻璃钢管(DN2400,0.4 MPa,壁厚 31.8 mm),此时管道恒载 4.8 kN/m,活载 45 kN/m。经计算,桥板跨度 15 m 时主梁下部受拉钢筋能放下 2 排。

为减少对河道的影响,推荐采用自重较轻的玻璃钢管,排架间距为 15 m。

(b)埋地段管材选择。

埋地段采用与架空段相同管径的玻璃钢管和混凝土管进行比选。

玻璃钢管采用中粗砂与砂砾石两种材料分区回填,管底厚度 δ 为 300 mm。较大直径的现浇钢筋混凝土管通常敷设在素混凝土鞍形管座上,包角 135°,管座肩宽采用(1.0~1.5)倍的壁厚,δ 取 300 mm;管基厚度常用(1.5~2)倍的壁厚,δ 取 500 mm。

两种倒虹吸管方案每米造价对比如表 6.3 和表 6.4 所示。

表 6.3 玻璃钢管方案

管长/m	中砂回填/(m³/m)	砾石回填/(m³/m)	造价/(元/m)
1	3.6	12.47	7903

表 6.4 钢筋混凝土管方案

管道 C30 混凝土用量/(m³/m)	管座 C20 混凝土用量/(m³/m)	钢筋用量/(t/m)	模板用量/(m²/m)	脚手架用量/(m³/m)	三毡二油对应沥青用量/(m³/m)	造价/(元/m)
2.73	3.3	0.46	18	33.3	3.88	8173

从造价上比较,玻璃钢管比钢筋混凝土管更有优势,同时玻璃钢管安装方便,能缩短工期,故斜坡浅埋段推荐使用玻璃钢管。

综上,倒虹吸管全段管材推荐采用玻璃钢管。

d. 倒虹吸管架空部分支撑方式选择。

倒虹吸管架空部分管材为玻璃钢管,管径为 2.4 m,壁厚为 31.8 mm。管道下设 135°包角 C20 混凝土管座。为方便检修维护,于管道两侧各设 0.9 m 宽的检修通道。

对排架方案、板拱上设排架方案、肋拱上设排架方案进行比较,择优作为管道支撑方案。

(a) 排架方案:倒虹吸管最大排架高度为 7.34 m,排架形式均为单排架。单排架长边(顺轴向)尺寸为排架总高的 1/30~1/20,常用 0.4~0.7 m,考虑到排架顶部自重大,本方案取 0.7 m,短边(横轴向)尺寸为长边尺寸的 50%~80%,即 0.35~0.56 m,本方案取 0.5 m。

(b) 板拱上设排架方案:由于上、下游公路的限制,矢高不宜太高,此时若设一跨,则矢跨比过小,不在合理范围内,故设两跨,跨度根据地形设为 18 m,矢高为 3.6 m,矢跨比为 1/5。板拱横断面为矩形等截面,截面高度根据跨度设为 0.5 m,截面宽度根据上部支撑需要设为 2.98 m。

(c) 肋拱上设排架方案:总体布置与板拱相同,跨度根据地形设为 18 m,矢高为 3.6 m,矢跨比为 1/5。肋拱横断面为双矩形等截面,截面高度根据拱跨设为 0.5 m,总宽度根据上部支撑需要设为 2.98 m,拱肋宽度根据排架宽度需要设为 0.5 m。

各方案经济比选如表 6.5~表 6.7 所示。

表 6.5 排架方案

项目	单价	工程量	合计/万元
排架 C25 钢筋混凝土	512.02 元/m³	82.6 m³	27.1
排架基础 C25 钢筋混凝土	403.77 元/m³	148.2 m³	
排架钢筋制安	5152.16 元/t	27.5 t	
平面钢模板	52.9 元/m²	515.3 m²	

表 6.6 板拱上设排架方案

项目	单价	工程量	合计/万元
板拱 C30 钢筋混凝土	418.9 元/m³	238.0 m³	
曲面钢模板	120.3 元/m³	584.3 m²	
拱上排架 C25 钢筋混凝土	512.02 元/m³	48.0 m³	63.1
拱座 C30 钢筋混凝土	416.3 元/m³	245.1 m³	
拱桥钢筋制安	5152.16 元/t	65.0 t	

表 6.7 肋拱上设排架方案

项目	单价	工程量	合计/万元
肋拱 C30 钢筋混凝土	439.9 元/m³	109.8 m³	
曲面钢模板	120.3 元/m³	432.8 m²	
拱座 C30 钢筋混凝土	416.3 元/m³	245.1 m³	40.8
拱桥钢筋制安	5152.16 元/t	39.9 t	

综上,排架方案造价最低,故推荐采用排架方式跨河。

7. 加固方案对比

(1) 工程费用。

何公桥渡槽工程各方案工程费用对比如表 6.8 所示。

表 6.8 何公桥渡槽工程各方案工程费用对比

项目	建筑工程/万元	金属结构工程/万元	临时工程/万元	工程费用合计/万元
白马右干何公桥渡槽(原设计槽身修补方案)	116.61	0	0	116.61
白马右干何公桥渡槽(桁架、槽身加固方案)	349.74	0	38.58	388.32
白马右干何公桥渡槽(拆除后重建渡槽方案)	614.47	0	30.1	644.57
白马右干何公桥倒虹吸管(拆除后新建倒虹吸管方案)	640.14	10.09	32.66	682.89

造价上,修补、加固方案比重建、新建方案节约投资。原设计槽身修补方案最节约造价,拆除后重建渡槽方案比拆除后新建倒虹吸管方案稍节约造价。

(2) 加固效果。

由于桁架、槽身老损较为严重且槽身修补施工难度较大,因此,原设计槽身修补方案难以保证施工质量;桁架、槽身加固方案通过增设排架对桁架进行加固,方案可靠性相对较强,但是施工技术要求仍然较高,且施工过程中容易对原结构产生扰动。拆除后重建渡槽方案和新建倒虹吸管方案可靠性最佳。

(3) 施工安全。

原设计槽身修补方案及桁架、槽身加固方案与拆除后重建渡槽方案均涉及 30 m 以上高度、18 m 以上跨度的高架高跨钢筋混凝土施工,施工安全较难保证,安全隐患较多。拆除后新建倒虹吸管方案最大排架高度为 7.34 m,最大跨度为 15 m,施工技术成熟,施工安全较易得到保证。

综上,鉴于桁架的老化破损问题较为突出,且老化破损呈明显恶化趋势,加之当前的施工技术水平、施工条件有限,为保证加固效果施工安全,推荐采用拆除后新建倒虹吸管方案。

6.3 倒虹吸管

倒虹吸管是输送渠水通过河渠、山谷、道路等障碍物的压力管道式输水建筑物,常用钢筋混凝土及预应力钢筋混凝土材料制成,也有用混凝土、钢管制作的,主要根据承压水头、管径和材料供应情况选用。

6.3.1 倒虹吸管概述

1. 倒虹吸管的适用条件

当渠道与障碍物间相对高差较小,不宜修建渡槽或涵洞时,可采用倒虹吸管;当渠道穿越的河谷宽而深,采用渡槽或填方渠道不经济时,也常采用倒虹吸管。

2. 倒虹吸管的特点

倒虹吸管与渡槽相比,可省去支承部分,造价低廉,施工较方便;当埋于地下时,受外界温度变化影响小;属压力管流,水头损失较大;与填方渠道的涵洞相比,可以通过更大的山洪;在小型工程中应用较多。

3. 倒虹吸管的材料

国内外倒虹吸管应用较广的有钢筋混凝土管、预应力钢筋混凝土管和钢管三种。

(1) 钢筋混凝土管具有耐久、低廉、变形小、糙率变化小、抗震性能好等优点，一般适用于中等水头(50~60 m)以下情况。

(2) 预应力钢筋混凝土管的抗裂、抗渗和抗纵向弯曲的性能均优于钢筋混凝土管，且节约钢材，又能承受高压水头作用。在同管径、同水头压力条件下，预应力钢筋混凝土管的钢筋用量仅为钢管的20%~40%，比应用钢筋混凝土管节约20%~30%的钢筋及约20%的劳力。故一般对于高压水头倒虹吸管，优先采用此种管材。

(3) 钢管具有很高的承载力和抗渗性，但造价较高，可用于任何水头和较大的管径。如陕西韦水倒虹吸管，钢管直径达2.9 m。

此外，带钢衬钢筋混凝土管能充分发挥钢板与混凝土两者的优点，主要适用于高水头、大直径的压力管道工程。

4. 倒虹吸管的类型

倒虹吸管按管身断面形状可分为圆形、箱形、拱形；按使用材料可分为木质、砌石、陶瓷、素混凝土、钢筋混凝土、预应力钢筋混凝土、铸铁和钢管等。

圆形管具有水流条件好、受力条件好的优点，在工程实际中应用较广，其主要用于高水头、小流量情况。箱形管分长方形和正方形两种，可做成单孔或多孔。其适用于低水头、大流量情况。直墙正反拱形管的过流能力比箱形管大，主要用于平原河网地区的低水头、大流量、外水压力大、地基条件差的情况，其缺点是施工较麻烦。

6.3.2 倒虹吸管的布置与构造

倒虹吸管一般由进口、管身、出口三部分组成。总体布置应结合地形、地质、施工、水流条件、交通情况及洪水影响等因素综合分析而定，力求做到轴线正交、管路最短、岸坡稳定、水流平顺、管基密实。按流量大小、运用要求及经济效益等，倒虹吸管可采用单管、双管或多管布置方案。

1. 倒吸虹管的布置

1）管路布置

根据管路埋设情况及高差，倒虹吸管常采用以下几种布置形式。

（1）竖井式：一般常用于压力水头小（小于 5 m）及流量较小的过路倒虹吸管，其优点是构造简单、管路短、占地少、施工较易，缺点是水流条件较差、水头损失大。井底一般设 0.5 m 深的集沙坑，以便清除泥沙及在维修水平段时排水。

（2）斜管式：中间水平、两端倾斜的倒虹吸管，该种形式水流条件比竖井式好，工程中应用较多。其主要适用于穿越渠道或河流，且高差较小、岸坡较缓的情况。

（3）折线形：当管道穿越河沟深谷、岸坡较缓且起伏较大时，管路常沿坡度起伏铺设，成为折线形倒虹吸管。该种形式常将管身随地形坡度变化浅埋于地表之下。埋设深度应视具体条件而异。该种形式开挖量小，但镇墩数量多，主要适用于地形高差较大的山区、丘陵区。

（4）桥式：当管道穿越深谷及山沟时，为减少施工困难，降低管中压力水头，缩短管道长度，降低沿程水头损失，可在折线形铺设的基础上，在深槽部分建桥，在桥上铺设管道过河，称为"桥式倒虹吸管"，桥下应留一定的净空高度，以满足泄洪要求。

2）进口段布置

进口段一般包括渐变段、进水口、拦污栅、闸门及沉沙池等，应视具体情况按需设置。

（1）渐变段：一般采用扭曲面，长度为 3～4 倍渠道水深，所用材料及对防渗、排水设施的要求与渡槽进口段相同。

（2）进水口：常做成喇叭形，进水口与胸墙的连接通常有三种形式。当两岸坡度较陡时，对于管径较大的钢筋混凝土管与胸墙的连接，喇叭形进口与管身常用弯道连接，其弯道半径一般采用 2.5～4.0 倍管的内径；当岸坡较缓时，可不设竖向弯道而将管身直接伸入胸墙内 0.5～1.0 m 与喇叭口连接。小型倒虹吸管常不设喇叭口，一般将管身直接伸入胸墙，水流条件较差。

（3）拦污栅：常布设在闸门之前，以防漂浮物进入管内。栅条与水平面夹角以 70°～80°为宜，栅条间距一般为 5～15 cm。其形式有固定式和活动式两种。

（4）闸门：单管输水一般不设闸门，常在进口处预留门槽，需要时用迭梁或插板挡水,双管或多管输水,为满足运用和检修要求则进口前须设闸门。

(5) 沉沙池:若渠道水流中挟带大量粗粒泥沙,为防止管内淤积及管壁磨损,可考虑在进水口前设沉沙池。按池内沉沙量及对清淤周期的要求,可在停水期间采用人工清淤,也可同时设置冲沙闸进行定期冲沙。若渠道泥沙资料已知,沉沙池尺寸按泥沙沉降理论计算而定;无泥沙资料时,可按式(6.29)确定。

$$\left.\begin{array}{l} L \geqslant (4 \sim 5)h \\ B \geqslant (1 \sim 2)b \\ S \geqslant 0.5D + \delta + 20 \text{ cm} \end{array}\right\} \quad (6.29)$$

式中:L 为池长,m;B 为池宽,m;S 为池深,cm;b 为渠道底宽,m;h 为渠道设计水深,m;D 为管道内径,cm;δ 为管道壁厚,cm。

3) 出口段布置

出口段一般包括出水口、闸门、消力池、渐变段等,其布置形式与进口段类似。为满足运用管理要求,通常在双管或多管倒虹吸管出口设闸门或预留迭梁门槽。

出口设消力池的主要作用是调整流速分布,使水流均匀地流入下游渠道,以避免冲刷。消力池的长度一般取渠道设计水深的 3~4 倍,池深可按式(6.30)估算。

$$S \geqslant 0.5D + \delta + 30 \text{ cm} \quad (6.30)$$

式中:D、δ 与式(6.29)中的意义相同。

出口渐变段形式一般与进口段相同,其长度通常取渠道设计水深的 5~6 倍。小型倒虹吸管常用复式断面消力池与下游渠道相连。

2. 倒虹吸管的构造

(1) 管身构造。为了防止温度变化、耕作等不利因素的影响,防止河水冲刷,管道常埋于地表之下(钢管一般露天布置),其埋深视具体情况而定,一般要求:在严寒地区,须将管身埋于冰冻层以下;通过耕地时,应埋于耕作层以下,一般埋深为 0.6~1.0 m;穿过公路时,管顶埋土厚度取 1.0 m 左右;穿越河道时,管顶应在冲刷线以下 0.5~0.7 m。

为了清除管内淤积和泄空管内积水,以便进行检修,应在管身设置冲沙泄水孔,孔的底部高程一般与河道枯水位齐平,对于桥式倒虹吸管,则应将冲沙泄水孔设在管道最低部位。进人孔与冲沙泄水孔可单独或结合布置,且最好布设在镇墩内。

倒虹吸管的埋设方式、管身与地基的连接形式、伸缩缝等，与土石坝坝下埋管基本相同。对于较好土基上修建的小型倒虹吸管，可不设连续坐垫，而采用支墩支承，支墩的间距视地基条件及管径等而定，一般采用 2～8 m。

为了适应地基的不均匀沉降及混凝土的收缩变形，管身应设伸缩沉降缝，缝中设止水，缝的间距可根据地质条件、施工方法和气候条件综合确定。现浇钢筋混凝土管缝的间距，在挖方土基上一般为 15～20 m，在填方土基上为 10 m 左右，在岩基上为 10～15 m。缝宽一般 1～2 cm，常用接缝的构造。

现浇管多采用平接和套接，缝间止水片现多采用塑料止水接头或环氧基液贴橡胶板，其止水效果好。预制管在低水头时用企口接，高水头时用套接，缝宽多为 2 cm。各种接缝形式中，应注意塑料（或橡胶）不能直接与沥青类材料接触，否则会加速老化。

预制钢筋混凝土管及预应力钢筋混凝土管，管节接头处即为伸缩沉降缝，其管节长度可达 8 m，接头形式可分为平接式和承插式，其中承插式接头施工简易，密封性好，具有较好的柔性。

(2) 支承结构及构造。

①管座。小型钢筋混凝土管或预应力钢筋混凝土管常采用弧形土基、三合土、碎石垫层。其中碎石垫层多用于箱形管，弧形土基、三合土多用于圆管。大中型倒虹吸管常采用浆砌石或混凝土刚性坐垫。

②支墩。在承载力超过 100 kPa 的地基上修建中小型倒虹吸管时，可不用连续管座而采用混凝土支墩。支墩常采用滚动式、摆柱式及滑动式。管径小于 1 m 的倒虹吸管也可采用鞍座式支墩，其包角一般为 120°，支墩间距取 5～8 m 为宜。预制管支墩一般设于管身接头处，现浇管支墩间距一般为 5～18 m。

③镇墩。在倒虹吸管的变坡处、转弯处、管身分缝处、管坡较陡的斜管中部，均应设置镇墩，用以连接和固定管道、承受作用。镇墩一般采用混凝土或钢筋混凝土重力式结构。其与管道的连接形式有刚性连接和柔性连接两种。刚性连接是将管端与镇墩浇筑成一个整体，适用于陡坡且承载力大的地基。柔性连接是将管身插入镇墩内 30～50 cm，管身与镇墩用伸缩缝分开，缝内设止水片。柔性连接常用于斜坡较缓的土基上。位于斜坡上的中间镇墩，其上端与管身采用刚性连接，下端与管身采用柔性连接，这样可以改善管身的纵向工作条件。

6.3.3 倒虹吸管的水力计算

倒虹吸管为压力流,其流量按有压管流公式进行计算。倒虹吸管水力计算是在渠系规划和总体布置的基础上进行的,其上、下游渠道的水力要素、上游渠底高程及允许水头损失均为已知。水力计算的主要任务是确定管道的横断面形状与管数、横断面尺寸、下游渠底高程,计算水头损失及校核过流能力,确定进出口水面衔接是否合理。

1. 确定管道的横断面形状与管数

(1) 横断面形状。常用的横断面形状有圆形、箱形、直墙正反拱形三种,设计中应结合工程实际情况选择合适的横断面形状。

(2) 管数。合理选择管数也是设计中的关键之一。是选用单管、双管还是多管输水,主要根据设计流量、运用要求、技术经济合理性等因素而定。对于大流量或流量变幅大、检修时要求给下游供水、采用单管技术经济不够合理的情况,宜考虑采用双管或多管。

2. 确定横断面尺寸

倒虹吸管横断面尺寸主要取决于管内流速。管内流速应结合技术经济比较结果管内不淤条件确定,管内的最大流速由允许水头损失控制,最小流速则按挟沙流速确定。工程实践表明,倒虹吸管通过设计流量时,管内流速一般为 $1.5 \sim 3.0 \text{ m/s}$。有压管流的挟沙流速可按式(6.31)进行计算。

$$V_{np} = \omega_0 \sqrt[6]{\rho} \cdot \sqrt[4]{\frac{4Q_{np}}{\pi d_{75}^2}} \tag{6.31}$$

式中:V_{np} 为挟沙流速,m/s;ω_0 为泥沙沉速或动水水力粗度,cm/s;ρ 为挟沙水流含沙率,以质量比计;Q_{np} 为通过管内的相应流量,m³/s;d_{75} 为挟沙粒径(小于该粒径的沙的质量占总质量的75%),mm。

初选流速后,可按设计流量由公式 $A = \dfrac{Q}{V}$(其中 Q 为流量,V 为断面平均流速)计算所需过水断面面积 A。

对于圆形管,管径计算见式(6.32)。

$$D = \sqrt{\frac{4A}{\pi}} \tag{6.32}$$

对于箱形管,管径计算见式(6.33)。

$$h = \frac{A}{b} \quad (6.33)$$

式中:b 为管身过水断面的宽度,m;h 为管身过水断面的高度,m。

3. 确定下游渠底高程

一般根据规划阶段确定的水头损失允许值,并分析运行期间可能出现的各种情况,参照类似工程的运行经验,选定一个合适的水头损失 Z,据此确定下游渠底高程。确定的下游渠底高程应尽量满足:①通过设计流量时,进口处于淹没状态,且基本不产生壅水或降水现象;②通过加大流量时,进口允许产生一定的壅水,但一般宜不超过 50 cm;③通过最小流量时(按最小不利情况输水),管内流速满足不淤流速要求,且进口不产生跌落水跃。

4. 计算水头损失及校核过流能力

倒虹吸管的水头损失包括沿程水头损失和局部水头损失两种,则总水头损失计算见式(6.34)。

$$Z = h_f + h_j \quad (6.34)$$

式中:Z 为总水头损失,m;h_f 为沿程水头损失,m;h_j 为局部水头损失之和,m。

由于一般情况下局部水头损失在总水头损失中所占比例很小,故除大型管道外,为简化计算,可采用管内平均流速代替不同部位的流速值。

按通过设计流量计算水头损失 Z 后,与允许的$[Z]$值($[Z]$为允许的总水头损失值)进行比较:若 Z 等于或略小于$[Z]$,则说明初拟的 V 合适;否则,另选 V,重新计算,直到 $Z \approx [Z]$。

过流能力按有压管流公式进行计算。

5. 确定进出口水面衔接是否合理

(1) 验算通过加大流量时,进出口的壅水高度是否超过挡水墙顶和上游堤顶有无一定的超高。

(2) 验算通过最小流量时,进出口的水面跌落值是否会在管道内产生不利的水跃情况。为了避免在管内产生水跃,可根据倒虹吸管总水头损失的大小,采用不同的进出口结构形式。

6.4 涵 洞

涵洞是渠系建筑物中较常见的一种交叉建筑物。当渠道与道路、溪谷等障碍物相交时,在交通道路或填方渠道下面,为输送渠水或宣泄溪谷来水而修建的建筑物称为"涵洞"。通常所说的涵洞主要是指不设闸门的输水涵洞与排洪涵洞。涵洞一般由进口、洞身、出口三部分组成。

涵洞顶部一般有填土,其建筑材料常用的有砖石、混凝土、钢筋混凝土。而干砌卵石拱形涵洞在新疆、四川等地已有悠久的历史,并积累了较为丰富的经验。

6.4.1 涵洞的工作特点和类型

涵洞因其作用、过涵水流状态及结构形式等的差异,而具有不同的工作特点及类型。

为减小水头损失,渠道上的输水涵洞常设计成无压的,其过涵流速一般不大,上、下游水位差也较小,其过涵水流形态和无压隧洞或渡槽类似,流速常在 2 m/s 左右,故一般可不考虑专门的防渗、排水和消能问题。

排洪涵洞可以设计成有压的、无压的或半有压的。当不会因涵洞前壅水而淹没农田和村庄时,可选用有压或半有压的。而布置半有压涵洞时需采取必要措施,保证过涵水流仅在进口一小段为有压流,在洞身直至出口均为稳定的无压明流。设计此种形式的涵洞时,应根据流速及洪水持续时间,考虑消能防冲、防渗及排水问题。

涵洞的洞身结构常采用圆形、箱形、盖板形及拱形等形式,对应圆涵、箱涵、盖板涵、拱涵等。

(1) 圆涵。

圆涵的水力条件及受力条件均较好,能承受较大的填土和内水压力作用,一般多用钢筋混凝土或混凝土建造,便于采用预制管安装,是常采用的一种形式。其优点是结构简单,工程量小,便于施工。当泄量大时,可采用双管或多管涵洞,其单管直径一般为 0.5~6 m。钢筋混凝土圆涵可根据有无基础分为有基圆涵、无基圆涵及四铰圆涵。

(2) 箱涵。

箱涵多为刚结点矩形钢筋混凝土结构,具有较好的静力工作条件,对地基不均匀沉降的适应性好,可根据需要灵活调节宽高比,泄流量较大时可采用双孔或多孔布置。箱涵适用于洞顶埋土较厚、洞跨较大和地基较差的无压或低压涵洞,可直接敷设于砂石地基、砌石或混凝土垫层上。小跨度箱涵可分段预制,现场安装。

(3) 盖板涵。

盖板涵一般采用矩形断面,由侧墙、底板和盖板组成。侧墙和底板多用浆砌石或混凝土建造。盖板一般采用预制钢筋混凝土板,跨度小时,可采用条石作为盖板,盖板一般简支于侧墙上。

当地基较好、孔径不大(小于2 m)时,底板可做成分离式,底部用混凝土或砌石保护,下垫砂石以利排水。盖板涵主要用于填土较薄或跨度较小的无压涵洞。

(4) 拱涵。

拱涵由拱圈、侧墙(拱座)及底板组成。工程中常见的拱涵有半圆拱及平拱两种形式。半圆拱的矢跨比为1/2,平拱的矢跨比为1/8～1/3。拱涵一般采用浆砌石或素混凝土建造而成。拱圈可做成等厚或变厚的,混凝土拱厚一般不小于20 cm,砌石拱厚一般不小于30 cm。拱涵的底板,根据跨度及地基情况,可采用整体式和分离式两种形式。为改善整体式底板的受力条件,工程上通常采用反拱底板。拱涵多用于地基条件较好、填土较高、跨度较大、泄量较大的无压涵洞。

6.4.2 涵洞的构造

1. 进出口的构造

涵洞进出口的作用是平顺水流以降低水头损失和防止冲刷,主要有以下几种构造形式。

(1) 一字墙式:构造简单、省材料但水力条件较差,一般用于中、小型涵洞或出口处。

(2) 斜降墙式:在平面上呈八字形,扩散角为20°～40°,与一字墙式相比,进流条件有所改善,但仍易使上游产生壅水封住洞顶。

(3) 走廊式:涵洞进口两侧翼墙高度不变形成廊道,水面在该段跌落后进入洞身,可降低洞身高度,但工程量较大,采用较少。

(4) 八字墙式:将翼墙伸出填土边坡之外,其作用与走廊式相似。

(5) 进口抬高式:将斜降墙式进口段洞身在 1.2 倍洞高的长度范围内抬高,使进口水面跌落高度处于此范围内,以免水流封住洞口,该种形式构造简单,应用较广。

进出口附近需用干砌石或浆砌石护坡和护底,以防止产生冲刷,一般砌护长度不小于 3 m。

2. 洞身构造

(1) 分缝与止水。

为了适应温度变化引起的伸缩变形和地基的不均匀沉降,涵洞应分段设置沉降缝。对砌石、混凝土、钢筋混凝土涵洞,分缝间距一般不大于 10 m,且不小于 2 倍洞高;对于预制安装管涵,按管节长度设缝。常在进出口与洞身连接处及洞身上作用变化较大处设沉降缝,该缝为永久缝,缝中须设止水,其构造要求可参考倒虹吸管。

(2) 防渗要求。

一般在整个涵洞的洞身上设置防渗层,防渗层一般可采用石灰三合土、水泥砂浆、沥青、黏土等材料,有压涵洞还应沿洞身外设截水环,其与坝下埋管类似。

(3) 洞顶以上填土厚度要求。

洞顶以上填土厚度一般应不小于 1.0 m,对于有衬砌的渠道,也应不小于 0.5 m,以保证洞身具有良好的工作条件。

(4) 无压涵洞洞内净空高度、面积要求。

一般对于圆涵和拱涵,净空高度应大于或等于洞高的 1/4;对于箱涵和盖板涵,应不小于洞高的 1/6。净空面积应不小于涵洞断面的 10%。

3. 涵洞的基础

圆涵基础一般采用混凝土或浆砌石管座,管座顶部的弧形部分与管体底部形状吻合,其包角一般为 $2\alpha_\varphi = 90° \sim 135°$。对于良好地基上小直径圆涵,可直接采用素土平基或弧形土基铺管。岩基上的圆涵基础可参考坝下埋管选用。箱涵和拱涵在岩基上只需将基面整平即可;在压缩性小的土层上,只需采用素土或三合土夯实;软基上,通常用碎石垫层。

寒冷地区的涵洞,其基础应埋于冰冻层以下 0.3~0.5 m。

6.4.3 涵洞的布置和水力计算

1. 涵洞的布置

涵洞的布置任务是选定涵址、洞轴线位置及洞底高程。布置时应根据地形、地质和水流条件等因素综合考虑，达到水流平顺、技术经济合理、安全可靠的要求，为此应注意以下几点要求。

(1) 地质条件良好。涵洞轴线应选在地基较均匀、承载力较大的地段，避免沿洞轴因不均匀沉降而导致洞身断裂破坏。当受到地形等条件限制，必须在软基上建造时，应采取必要的加固措施。

(2) 洞轴线合理。洞轴线应尽量与渠堤或道路正交，缩短洞身长度，并尽量与来水方向一致，以保证水流顺畅。

(3) 洞底高程及纵坡坡度。洞底高程可等于或接近原水道底部高程，纵坡坡度应等于或略大于原水道底部坡度，一般采用1‰~3‰。

(4) 洞顶填土厚度。渠下涵洞，对于有衬砌的渠底，洞顶应至少低于衬砌底10 cm；路下涵洞，洞顶以上填土厚至少100 cm。

2. 涵洞的水力计算

涵洞水力计算的任务是选择洞身断面形式、尺寸及进出口水流衔接计算。合理确定涵洞的设计流量是水力计算的前提。判断洞内水流流态是进行过水能力计算的关键。

涵洞的水流流态可能为无压流、半有压流或有压流。在工程实际中，多数情况下采用无压流，无压涵洞具有水头损失小，上游水位壅高低；出口流速较低，下游消能防冲简单；洞内有自由水面，防渗要求低等优点。只有在特殊情况下，才采用有压流，其工作条件与倒虹吸管相似。半有压流易产生不稳定流态，应尽量避免使用。

无压涵洞根据水道底部坡度，可分为陡坡涵洞（$i>i_k$，i 为水道底部坡度，i_k 为水道临界底部坡度）与缓坡涵洞（$i<i_k$）两种。无压涵洞的水流现象较复杂，洞内水面曲线及流态变化各异，试验研究表明，对于进出口形式、洞长、纵坡坡度、洞身断面形式与材料及孔径尺寸已确定的涵洞，洞中的水流现象主要取决于上、下游水位。这里仅重点讨论工程中常见的两种典型情况。

(1) 自由出流的陡坡涵洞。

当 $i>i_k$,且下游水位低于涵洞出口临界水深水面,水流保持急流状态出洞,下游水位不影响泄流能力时,为自由出流情况。多数排水涵洞采用该形式。

(2) 淹没出流的缓坡涵洞。

大多数渠道输水涵洞,当 $i<i_k$,且下游水位高于涵洞出口临界水深水面,洞内水流为缓流,下游水位影响泄流能力时,为淹没出流情况。

渠系上的输水涵洞一般均设计成无压涵洞。涵洞设计流量及加大流量采用渠道设计流量、加大流量。当洞身较长时,可按明渠均匀流计算通过设计流量时所需的尺寸,并验算通过加大流量时,涵洞内净空高度是否满足要求,具体计算方法可参考渡槽的水力计算。当洞身较短(小于渠道设计水深的10倍)时,涵洞内难以形成均匀流,可根据拟定的洞身断面尺寸和纵坡坡度,计算洞内水面线和进出口段水面降落值,进而确定洞身和进出口渐变段的高度,并验算通过加大流量时洞内净空高度是否满足要求。

填方渠道或公路下的排洪涵洞,可以设计成无压的、半有压的或有压的,设计流量和下游水位是已知的,其上游水位若无控制要求,则是未知的。洞口断面面积越大,上游水位越低;洞口断面面积越小,上游水位越高。应通过技术经济比较来确定上游水位。

3. 涵洞的结构计算

(1) 涵洞上的作用(荷载)。

①永久作用:一般包括涵洞自重、填土压力(垂直土压力和水平土压力)等。

②可变作用:一般包括洞内外水压力、人群荷载、车辆荷载等。

③偶然作用:一般指地震力,对于中小型工程一般不考虑此项作用。

(2) 作用(荷载)效应组合。

根据结构不同的设计状况进行承载力极限状态设计时,其作用效应组合即基本组合和偶然组合;根据需要进行正常使用极限状态设计时,其作用效应组合即短期组合和长期组合。

(3) 结构计算。

涵洞的进出口结构计算与其形式及构造有关,一般按挡土墙计算。

涵洞洞身的结构计算,应与其结构形式、工作条件、构造等相适应,圆涵、箱涵、拱涵等的受力分析、计算简图及内力计算等,可参考倒虹吸管。

第7章 灌区工程管理

7.1 灌溉渠道系统管理

7.1.1 灌溉渠道的整修养护

灌溉渠道的整修养护主要包括防淤、防冲、防洪、防风沙、渠堤滑坡防治、渠道裂缝防治、渗漏防治等方面。

1. 防淤

在灌溉渠系中,大于 0.1 mm 的泥沙不应进入渠道。一般采取的防淤措施有以下方面。

(1) 水源上游全面进行水土保持治理,采取生物措施、工程措施及小流域承包治理措施防止水土流失,减少水源的泥沙含量。

(2) 渠道枢纽设置防沙、排沙措施。

(3) 带冲沙闸的沉沙槽,槽内设分水墙、导沙坎,构成一套较完整的冲沙设备,按照操作规程,启闭冲沙闸和进水闸,合理运用,防止底沙进渠,这样排沙效果好。

(4) 在距进水闸不远处,利用天然地形设置排沙闸,将沉积在渠首干渠段内大颗粒泥沙定时冲走,泄入河道或沟道。

(5) 在无坝引水时,底槛设计于距进水闸一定距离的河床上,其高度应为河道中一般水流深度的 1/4~1/3,底槛与水流方向应成 20°~30°角,底槛长度应根据河道流向及进水闸设计而定,原则上应既有拦沙效果,又不影响进水闸引水。在设计底槛时,必须注意加护槛前的河床,防止冲刷,并要定期清除淤积在槛后的泥沙。

(6) 其他防止泥沙进渠的工程,如导流装置、沉沙池、导流丁坝、隔水沙门等,可根据当地实际情况选用。

(7)采用混凝土U形渠槽铺预制板或现场浇筑等办法,减少渠床糙率,加大渠道流速,从而增加挟沙能力,减少淤积。

为了保证渠道能按计划进行输水,每年必须编制清淤计划,确定清淤量、清淤时间、清淤方法及清淤组织等。干渠、支渠清淤,一般由渠道管理单位负责;斗渠、农渠、毛渠等田间工程清淤,一般由受益单位按受益面积摊工完成。清淤方法有水力清淤、人工清淤、机械清淤等。选择清淤方法时一般以成本低、用工少、效率高为原则。

渠道除草一般包括以下几种方法。

①工程衬砌法:用混凝土或砌石等刚性材料衬砌渠道,基本上可以杜绝杂草丛生。

②机械除草法:我国使用较普遍的方法,多在放水前进行机械除草。

③化学除草法:化学除草使用的药剂很多,如苯甲酸、克无踪、氟乐灵等,效果均较好。

④浑水淤灌法:有引洪条件的渠道,在洪水季节,可引洪水灌渠,使土质的干重增加,孔隙率减小,造成杂草生长不利条件,但此法有时不一定有效。

⑤生物除草法:在经常通水的渠道中放养草鱼等食草型鱼类,既消灭了杂草,又获得养鱼之利。

⑥树木遮阴法:在渠旁有计划地造林植树,以抑制杂草生长。

2. 防冲

渠道受冲刷原因和处理办法如下。

(1)渠道土质或施工质量问题。

渠道土质不好,施工质量差,又未采取砌护措施,引起大范围的冲刷。可采取夯实渠堤、弯道及填方渠段,用黏土、土工编织袋或块石砌护等方法,以防冲刷。

(2)渠道设计问题。

渠道设计流速和渠床土壤允许流速不相称,即通过渠道的实际流速超过了土壤的抗冲流速,造成冲刷塌岸。可采取增建跌水、陡坡、潜堰等办法,调整渠道纵坡坡度,减缓流速,使渠道实际流速与土壤抗冲流速相适应。

(3)渠道建筑物进出口砌护长度不够。

下游的水未能全部消除,造成下游堤岸冲塌,渠底冲深,这是灌区较普遍的现象。可增设或改善消力设施,加长下游护砌段,上、下游护坡及渠堤衔接处夯实,以防冲刷。

(4) 风浪冲击。

水面宽、水深大的渠道,如遇大风或通航,往往会掀起很大的风浪,冲击渠岸。其处理办法是两岸植树,降低风速,防止水流直接冲刷。最好是用块石或混凝土作护坡,超过风浪高度;通航渠道要限制航速。

(5) 渠道弯曲、水流不顺。

渠道弯曲半径应不小于 5 倍水面宽度,否则将会造成凹岸冲刷。如地形条件许可裁弯取直,可适当加大弯曲半径,使水流平缓顺直;在冲刷段用土工编织袋装土或干砌片石、浆砌块石混凝土等护堤,效果更好。

(6) 管理运用不善。

渠道流量猛增或猛减,流冰或其他漂浮物撞击渠坡,在渠道上打土堰截水、堵水等,造成局部地段的冲刷塌岸。应拆除堵截物,清除漂浮物,避免渠道流量猛增或猛减。

3. 防洪

灌区建成后,各级渠道必将截断许多河流、沟道,打乱了原有的天然水系,沿渠线形成许多小块集雨面积。每当夏秋暴雨季节山洪暴发时,如果这些小块集雨面积上的洪水处理不当,必将造成山洪灾害,破坏渠系工程,影响渠系的正常运行,要做好渠道防洪,应着重解决以下问题。

(1) 复核干渠、支渠渠道的防洪标准。应根据其控制面积,历年洪水灾害情况及其对政治、经济的影响,结合防洪具体条件,复核渠道的防洪标准。

(2) 复核渠道立体交叉建筑物防洪标准。凡渠道跨越天然河、沟时,均应设置立体交叉排洪建筑物,应能保证洪水畅通无阻。

(3) 傍山(塬)的渠道,应设拦洪、排洪沟道,将坡面的雨水、洪水就近引入天然河、沟。小面积洪水,在保证渠道安全的条件下,可退入灌溉渠道。灌区外的地面洪水,可从灌区边界设置的排洪沟或截水沟排走。

(4) 傍山(塬)渠的山坡、沟壑治理。对傍山(塬)的渠道,山坡要重视水土保持,减轻洪水威胁。

(5) 渠道上的排洪、泄洪工程的管理。对渠道上的排洪、泄洪工程要加强管理和养护,保持流水畅通,注意渠首漏水等问题。横过渠首的排洪桥要注意进出口的渗漏及堤岸的完整性等问题。

4. 防风沙

在气候干旱、风沙很大的地区,渠道常会遭到风沙埋没,影响渠道正常运用。风沙的移动强度取决于风力、风向和植被对固沙的作用。一般 3~4 m/s 的风速就可以使 0.25 mm 直径的沙粒移动。防止风沙埋渠有以下几种方法。

(1) 选择渠线时应考虑风向。

渠道选线时,如条件许可,渠道走向尽量与当地一般风向一致,这样渠道就不易被风沙埋没。

(2) 营造防风固沙林带。

防风固沙林带是解决风沙问题的根本措施。陕北榆林地区一般在渠旁 50 m、垂直主要风向的位置营造林带,交叉种植乔木与灌木。种植一些生长较快的灌木草皮,如沙蒿、柠条、沙柳、苜蓿等,可以较快地起到防风固沙的作用。根据当地气候条件,春季种沙蒿,当年即可起到防沙的作用;继而种苜蓿,两年后,沙蒿逐渐衰退,苜蓿生长起来;再种柠条,到五六年后苜蓿衰退;柠条生长起来,可以逐渐地起到防沙作用。在这些防风固沙林带,一定要加强管理和养护,并禁止放牧。

(3) 引水冲沙。

如当地有充足的水源条件,可用水力冲沙,用水拉平渠道两旁的沙丘、沙梁,使渠道远离沙丘,也能减少风沙危害。

(4) 设置沙障。

在固沙林带还没有长起来以前,还可以用梢料,如沙蒿、柠条等编织成沙障,垂直于当地主风的方向布置,以挡风沙。沙障一般可筑成 1.0 m 高的明障或 0.5 m 的暗障。在沙障之间埋设柴草,可起固沙作用。

5. 渠堤滑坡防治

对渠堤滑坡,应首先消除造成危害的不稳定因素,包括禁止在滑坡体底层处取土、防止滑坡体被淘刷、保持排水孔畅通等。如渠堤滑坡已经产生,则应清除滑坡土体,重新砌筑或翻修夯实。如旧渠出现沉陷或深坑,应在停水后进行锥探,查清隐患深度及范围,及时灌浆堵塞或重新翻修夯实。

6. 渠道裂缝防治

对于渠道裂缝,应查明裂缝类型并进行处理。对不太深的表层裂缝,可采用开挖回填的办法处理;对较深的内部裂缝,可采用重力灌浆、压力灌浆或劈裂灌浆法处置,灌浆的浆液可采用黏土或黄土泥浆。

7. 渗漏防治

渗漏严重的渠道,应因地制宜采用防渗措施。已经衬砌的渠道,若因冻害或其他原因遭到破坏,应查明原因及时予以修复。

7.1.2 灌溉渠道的隐患及处理

渠道的主要特点是线路长,往往地处偏僻,受地形、地质、人为、自然因素等方面影响而存在隐患。这些隐患影响渠道正常工作,甚至造成损失或灾害。因此,要查明隐患的存在及其产生的原因,以便及时采取有效措施,防止事故的发生。

1. 隐患的类型和原因

渠道中隐患的种类较多,常见的有以下几种情况。

(1) 动物洞穴。

对渠道易造成危害的动物主要有狐、獾、鼠和蛇等,它们往往在渠堤身的内部营巢作穴,造成隐患。这类洞穴的直径一般为 0.1~0.5 m,洞道纵横分布、互相连通,有的甚至横穿渠堤,形成漏水通道,特别是在汛期高水位时,造成穿堤漏水,危害性极大。

(2) 蚁穴。

蚁穴往往存在于渠堤身内部,其特点是四通八达,横穿渠堤,特别是白蚁穴的主巢直径可达 1.5 m,水位上涨时水将沿蚁路侵入堤内,形成漏洞,引起坍塌,严重时会导致渠堤决口,正所谓"千里之堤,溃于蚁穴",所以应引起高度重视。

(3) 腐木空穴。

当渠道的堤内埋有腐烂树干、树根等腐木时,随着时间的增加,必将形成洞穴。这种隐患的危害也是相当大的,必须在施工时严格把关,予以彻底清除。

(4) 人为洞穴。

人为洞穴主要是指渠道内部的排水沟、防空洞、藏物窑洞、废窑、废井、旧宅基、坟墓等。这些洞穴往往埋藏在渠堤的深处,不易被发现,一旦渠内水位升高,很容易产生漏洞、跌窝等险情,导致渠道堤身破坏。

(5)暗沟。

在渠道的堤防工程施工时,由于局部未夯实、存在施工缝或用泥块进行填筑使渠堤内部存在薄弱环节等,渠道内部渗入水流后,将会逐渐形成暗沟,当水位较高时,易产生塌坑或脱坡等破坏现象。

此外,隐患还有穿堤工程(如涵闸)回填部位接触渗漏、堤基渗漏及内部裂缝等。

2. 隐患的处理

隐患的存在对渠道危害极大,实际工作中,一般处理措施有两种。有时也可根据具体情况,采用上部翻修而下部灌浆的综合措施。当渠道出现沉陷或深坑时,应在停水后进行锥探,查清隐患深度及范围,及时灌浆堵塞或重新翻修夯实。

(1)灌浆法。

对于渠堤内部的蝼蚁穴、兽洞、裂缝、暗沟等隐患,当翻修难度较大时,均可采用灌浆的方法进行处理,可结合锥探进行。灌浆材料一般选用黏性土,灌浆时稠度和压力均要适当。常用的灌浆方式有两类,即重力式灌浆和压力式灌浆。前者可借助于钻头、木架等使浆液与孔间造成一定高差,依靠浆柱自身重力进行灌注;后者则是利用专门的灌浆机械施压进行灌注。

此外,白蚁对渠堤的危害性很大,应注意防治。消灭白蚁可选用下列措施:①找出蚁穴外露特征,做好标记,使用灭蚁灵毒饵灭杀;②用1%~2%的五氯酚钠水溶液,或80%敌敌畏乳剂按1∶30000稀释拌匀的泥浆灌注蚁巢;③在堤坝表层设置一定间隔的小洞,用六六粉或乙基1605农药与干粗沙拌匀灌洞,注水饱和,然后用粗沙封口;④利用白蚁天敌灭蚁,进行生物防治;⑤在堤坝表面铺设一层厚10 cm左右的炉渣,改变堤坝表土的化学性质和物理结构。

(2)翻修法。

这种方法是当隐患查清后,随即挖开并重新回填夯实。翻修法处理隐患是比较彻底的。但对于埋深较大的隐患,是否可以开挖,应进行分析论证。翻修法的开挖回填要求,除参考土坝裂缝的开挖处理方法外,还要注意以下几点。

①根据查明的隐患情况,决定开挖范围。开挖中如发现新的问题,必须继续开挖,直到开挖完为止,但不允许掏挖。

②当开挖深度较大时,应根据土质类别预留一定的边坡和台阶,以免造成渠道的崩塌。

③当渠道水位较高,特别是有防汛任务时,一般不得开挖,如遇特殊情况开

挖,应进行分析论证,采取一定的安全措施并报请上级主管部门批准。

④回填前,若开挖坑槽内有积木、树根等其他杂物,要进行彻底清除。

⑤新旧土料接合处应刨毛压实,必要时可做接合槽,以保证结合紧密,防止产生集中渗流。

⑥回填时,一般不要使用挖出来的土料,但如果挖出的土料经试验符合设计要求,则可以采用。

7.1.3 渠系建筑物的管理运用

1. 渠系建筑物完好和正常运用的基本标志

(1) 过水能力符合设计要求,能准确、迅速地控制运用。

(2) 建筑物各部分经常保持完整,无损坏。

(3) 挡土墙、护坡和护底均填实,且挡土墙后及护底板下无危险性渗流。

(4) 闸门和启闭机械工作正常,闸门和闸槽无漏水现象。

(5) 建筑物上游无冲刷淤积现象。

(6) 建筑物上游壅高水位不能超过设计水位。

2. 渠系建筑物管理中注意的问题

(1) 各主要建筑物要备有必要的照明设备,行水期和防汛期均有专人管理,不分昼夜地轮流看守。

(2) 对主要建筑物应建立检查制度及操作规程,随时进行观察,并认真加以记录,如发现问题,认真分析原因,及时研究处理,并上报至主管机关。

(3) 在配水枢纽的边墙、闸门上,以及大渡槽、大倒虹吸管的入口处,必须标出最高水位,放水时不能超过最高水位。

(4) 不能在建筑附近进行爆炸,200 m 以内不准用炸药炸岩石,500 m 以内不准在水内炸鱼。

(5) 建筑物上不可堆放超过设计荷载的重物,各种车道距护坡边墙保持 1 m 以上距离。

(6) 为了保证行人和操作人员的安全,建筑物必要部分应加栏杆,重要桥梁设置允许荷载的标志。

(7) 主要建筑物应有管理房,启闭机应有房(罩)等保护设施。重要建筑物上游附近应有退、泄水闸,以便在建筑物发生故障时,及时退水。

(8) 在渠道中如需增加和改建渠系建筑物,则应进行充分论证。

(9) 建筑物附近根据管理需要划定管理范围,由当地县人民政府发放土地使用证书。

(10) 不可在建筑物,专用通信、电力线路上架线或接线。

(11) 渠道中放木行船,要加强管理,不能损害建筑物。

(12) 与河、沟的交叉工程,应注意做好导流、护岸等工程,防止洪水淘刷基础。

3. 渠系建筑物的检查观测要求及养护维修的规定

管理单位应参照有关规程具体制订工程检查观测细则。应监视水工建筑物运行期间的状态变化,发现不正常现象,及时采取措施,确保工程安全运行。应验证规划设计的合理性,为以后设计、施工、管理及科研工作提供技术资料。

渠系建筑物的养护和维修应遵守下列规定:圬工建筑物的浆砌石护坡如有塌陷、隆起,应查明原因重新翻砌;勾缝脱落或开裂,应冲净后重新勾缝;干砌石护坡、护底,如有塌陷、隆起、错位,应予以整修。

混凝土建筑物的表面应保持清洁完好。苔藓、贻贝等附着生物应定期清除。若发现混凝土裂缝或渗漏,应及时分析产生原因及其对建筑物的影响,采取修补措施。底板、闸门槽和消力池应定期清理,防止表面磨损。

4. 重要渠系建筑物的观测

(1) 主要观测项目。

渠系建筑物观测项目很多,主要观测项目如下。

①对于高填方、高边坡、库渠结合土坝等,观测项目有沉陷、位移、裂缝、浸润线、管涌渗流量、渗水浑浊度、固结情况、坝基渗水压力、绕坝渗流等。对于水中倒土填方及水力冲填坝,则必须观测固结情况与孔隙压力。渠道高填方及高边坡主要进行沉陷和位移的观测。

②对于混凝土及砌石工程,观测项目有沉陷、裂缝、位移、渗流量、混凝土温度、混凝土应力、绕坝渗流、渗漏水水质、坝体渗水扬压力、钢筋应力、伸缩缝、振动及过水面压力等。

③水闸上、下游河(渠)床变形,水流形态,闸基扬压力、沉陷、裂缝、位移、绕

过两岸的渗流、波浪、伸缩缝、振动等。

④隧洞和涵管的水流形态,下游河(渠)床变形,进口淤积、洞身变形、外水压力、漏水量、负压、汽蚀、进气量、振动等。

(2)观测方法。

渠系建筑物的观测方法有一般观察、活动仪器观测、固定仪器观测等。在特别情况下还需加强观察。渠系建筑物在不同运用情况和外界因素影响下,对容易发生问题的部位应注意观察。

①高水位运行期间,应加强对背水坡、反滤层及渗透逸出部位进行观察。

②暴雨期间,应加强对建筑物表面和两岸山坡排洪情况,以及可能发生滑坡的部位进行观察。

③泄水期间,应加强对水流形态、消能设施、冲刷淤积情况、振动情况及水面漂浮物等进行观察。

④水位消落期间,应加强对迎水坡可能发生滑坡的部位进行观察。

⑤冰冻期间,应对可能受冰压或壅冰阻塞部位进行观察。

(3)观测需遵循的原则。

①根据需要和要求对重要的建筑物进行全面观测,对各种互相联系的工程,应配合进行观测。

②对重要建筑物进行系统、连续的观测。全部观测工作应严格按照规定的测次和时间顺序进行。

③及时、系统地结合建筑物荷载及其他影响建筑物工作的有关因素对观测成果进行整理分析。

④要保证观测成果的真实性和准确性。

7.2　灌区排水系统管理

排水系统管理是保证排水工程系统安全运行、促进农业增产、发挥排水工程效益的重要措施,也是改变地区自然面貌、维持生态平衡的重要措施。排水工程的管理工作是在灌区管理机构的统一领导下进行的,一般不另设专门的管理组织。

7.2.1 排水系统的检查养护与维修

1. 排水系统的检查养护

(1) 排水系统的检查养护要求。

排水系统的检查养护应符合下列要求:汛前对各级排水系统进行检查,编制岁修计划。汛后根据损坏情况,安排大修、小修及必要时的抢修。及时拆除排水沟各种障碍,包括临时抗旱抽水横堤、小坝、临时人行便桥等。明沟一般要求:干沟2~3年清淤一次,支沟1~2年清淤一次,斗沟、农沟每年清淤一次。对不稳定沟段,应采取有效的防坍、固坡措施。

(2) 排水系统的检查养护措施。

春季解冻后,对排水系统的各级沟道及其建筑物应详细检查登记,编制年修计划,报请有关上级水行政部门批准后,按先后次序,在雨季前完成。春播后要做好排洪、泄洪前的准备工作。在汛期能及时泄洪、排涝,防止洪涝灾害的发生。在植物生长期内,要及时清除沟底、边坡、戗台和弃土堆上的杂草和灌木。在汛期过后,排水沟系及其建筑物应进行汛后检查,根据损坏情况进行大修或小修。要及时清除沟道中一切临时落入水流中并阻碍水流的物体,如植物根、茎、叶、土块,乱石、砖瓦、垃圾等。在较大排水沟道中,应及时拆除各种阻碍水流运行的临时建筑物,如临时抗旱抽水横堤、小坝堰、临时人行便桥或行车桥,鱼栅、鱼闸等捕鱼设备等。清除闸孔、桥孔、涵管口及拦渠土堤中泄水口的淤泥冰块和淤积漂浮物等。清除在各沉沙池内的淤沙及堵塞在池中的其他物体。堵好、填实沿排水系统的灌溉田块向排水渠泄水的冲沟、缺口。

2. 排水系统的维修

(1) 小修。

小修是排水系统维修的经常性工作,一般由沟道专职管护人员负责完成。

小修一般包括以下工作。

①清除排水网中的杂草与灌木。

②清除放水的喇叭口、涵管口、桥孔、闸孔,以及排水沟上观测井、测水设备等附近的杂物。

③清除排水沟槽中的树根、树桩,漂浮在沟道中的乱木、杂草,挖除阻碍水流的土堰,并注意清除为方便行人和车辆跨越沟道而扔下去的砖石块、枯枝、秸

秆等。

④清除阻碍沟道排水的小浅滩、鱼嘴等。

⑤对排水沟道衬砌护面、便桥、行车桥及其他建筑物的小修小补。

⑥做好汛前的一般准备工作。

⑦修理沟道受冲刷的部位,加固个别冲刷部位等。

管理排水沟道与灌溉渠道一样,应经常有专人巡查,若发现问题,要经常地、系统地实施小修小补,以保持排水畅通。

(2)大修。

排水系统的大修是根据排水沟系各部分损坏情况或规定的大修年限进行的。对需要进行大修理或大清淤整修的沟渠,应进行纵横断面的测量,调查各段和各处边坡、沟底、戗台和弃土堆上杂草生长的情况,承泄河床受冲刷或产生淤积变形的地点和性质,淤积泥沙及形成浅滩、沙洲等的地点和性质,并注明全沟损坏处的准确桩号和分布情况。

在调查排水沟上建筑物时,应调查主要建筑物分布状况和损坏程度,分析原因并提出修复措施等。大修一般包括以下几方面的工作。

①对于土方量较大的沟道、河道的清淤整修工程,应使它们有必要的过水断面、深度和纵坡坡度。

②整修或改建计划包括原设计、施工上没有考虑到的多种条件所造成的较大损坏或变形,达不到原设计效益等情况。

③修理或改建各类建筑物的局部或全部,使之符合实际运用的要求。

④修建或改建沟渠,增加或填塞不必要的沟渠,新修或改建水闸,增建或改建排水网上的观测设备。

排水沟渠大修工程经过调查、测量后,编报各项文件(包括建筑物损坏明细表、沟道纵、横断面图、建筑物局部测量图等),然后编制大修工程设计方案。其设计内容包括排水系统工程示意图,并在图上标明应修理的地段和建筑物;应修理地段的纵、横断面图,以及应完成的工程量;沟道和承泄区的综合损坏明细调查表;修理、改建说明书和预算;各种建筑物改建损坏明细表及设计图和预算书;施工设计及说明;综合预算及建筑材料、工程量、投资明细表、设计说明书等。

(3)抢修。

抢修工作大都发生在非常洪水通过以后,险工往往出现在沟道或承泄河流的弯道水流顶冲处,若不及时抢修堵复,将会给附近道路、桥梁、水闸等建筑物造成很大的危害。

在防汛前,应在可能发生的险工地段,备好一定的抢险器材,如发现紧急事故,必须组织力量,进行抢修。修理范围和重点,应根据具体损坏的程度与地点来确定,并报上级主管部门核查。

7.2.2 排水沟系病害的处理与防治

排水沟冲刷和沟坡坍塌、沟底淤积和杂草丛生是排水沟管理过程中存在的主要病害。管理养护的任务就是要预防这些病害的出现,对已经发生的病害要及时处理,使排水沟处于正常状态,充分发挥排水沟的工程效益。排水沟管理养护工作的主要内容是防冲防塌、防淤除草、清除隐患、排水建筑物管理等。排水沟正常工作状态的标准是:过水断面的输水能力符合设计要求,断面不冲不淤,沟堤坡岸完整,沟内不生杂草,没有人为的阻水障碍物,建筑物完整无损,控制自如,保持排水通畅。

1. 防冲防塌

排水沟冲刷和沟坡坍塌的主要原因是:沟中水流速度过大,地面径流对坡面的冲蚀,地下水在坡面的渗出,以及沟中水位的急剧变化等。具体防治措施如下。

(1) 流速过大的沟段应增设跌水或修建防冲设施。
(2) 发生冲刷的建筑物进出口段,应增设或改进消能设施。
(3) 认真处理各级沟道的入水口,必要时应设置控制闸门,以防止冲刷和水量急剧增减。
(4) 整修岸坡,在冲蚀严重的沟段附近开挖截流沟,防止地面径流漫坡注入沟道,或采用工程措施和生物措施进行护坡。

2. 防淤除草

沟道淤积和杂草丛生的主要原因是沟坡坍塌、沟道冲刷或高含沙水流入沟等。沟道淤积将造成过水断面减小,排水沟的输水能力达不到设计要求;沟道中杂草丛生,将增大沟道断面的糙率,使断面的过水能力降低;因交通或其他原因填土筑坝更是排水的巨大障碍,使沟道无法正常排水。沟道淤积和杂草丛生一般是难以避免的,但人为修建阻水建筑物是不允许的,因此,及时清淤除草、清除阻水障碍物是排水沟管理的重要内容。

3. 清除隐患

排水沟道的隐患主要是施工质量差、管理不善、制度不严造成的。隐患不除可能导致排水紧张时出现险情,甚至导致决口事故的发生。具体措施有:经常检查巡视,及时发现隐患,加固险工险段,清除雨淋沟、浪窝、裂缝和塌坡等;在沟道两旁有计划地植树,以加固堤岸、美化环境、防风排水、增加收入。

4. 排水建筑物管理

排水沟上修建的桥、闸、涵等各种建筑物是排水系统的重要组成部分,它们必须与排水沟道一起保持稳定的工作状态,才能保证排水系统充分发挥效益。排水建筑物正常工作的标准:过水能力符合设计要求;上、下游没有冲淤现象;各部位经常保持完整无损,可准时、快捷地控制运用;闸门和启闭设备能灵活地操作、不漏水,与土堤的交接部位填土密实,无严重渗漏。

排水建筑物的管理养护包括经常性维修、汛期前后的定期检修和紧急情况下的抢修。排水建筑物容易出现的问题有由于外力的撞击造成局部损坏或剥蚀,高速水流冲刷引起的表面磨损,施工质量不好引起的空蚀,混凝土表面产生蜂窝、麻面、骨料架空、接缝不平、砖石砌体砂浆不密、勾缝脱落等。排水建筑物防护措施如下。

(1) 制定建筑物的操作运用规程和必要的规章制度。

(2) 不准在较大建筑物附近爆破或炸鱼,禁止在建筑物上堆放超过设计重量的重物。

(3) 不许任意在沟道内私建和修建任何建筑物。

(4) 在排涝期间应随时注意观测检查建筑物的水流状态和工作情况,及时清除柴草杂物,冬季还要注意冰块堵塞,避免沟道壅水冲刷或漫溢决口等事故的发生,保证行水安全。

5. 排水承泄区管理

天然情况下的河流、湖泊等排水承泄区,在水位和泄水能力方面,往往不能满足排水系统的排水要求。为此,必须采用工程措施进行治理,以满足排水的需求。若以河道作为排水承泄区,整治的目的是稳定河槽,降低水位,增大泄量,改善排水条件。整治工程包括护岸工程(如修建丁坝、顺坝,以控制主流、归顺河道、防止岸滩冲蚀)、疏浚工程(如挖深河槽、清除浅滩等,以改善河道流态、增加水深)、裁弯工程(如对过分弯曲的河段进行裁弯取直,以缩短流程、保持水流顺畅)、堵汊工程(如对汊道、淤滩较多且水流分散的河段进行堵塞,以使主槽稳定、水流集中)、堤防工程(如对河床较高、过水断面较小、泥沙淤积严重的河道,修筑和加固堤防,以扩大泄水能力,保证泄洪安全)。

整治的方法主要有疏浚河床、拓宽河槽、束窄堵汊、裁弯取直、修筑堤防等。

(1) 疏浚河床。

开挖浅滩以增加河道水深的方法称为"疏浚"。对于水流含沙量大、淤积严重、河床较高、滩地较宽、水深较小、杂草丛生的河段,可采用疏浚的方法将河槽挖深,并用挖出的土方在河道两岸修筑或加固堤防,以扩大泄水断面和稳定主流。挖槽的轴线以直线为宜,并尽量与水流流向一致,若不一致,则偏角应不超过15°。挖槽的深度和宽度取决于排水的要求,并应使河道水流在任何水位时都能平顺稳定,在河道两岸应留出一定宽度的滩地,一般为10~15 m,以保护地方安全。在两岸河滩宽窄不一或弯曲河段,应在滩地较宽的一侧或弯道的凸岸切滩,以使河道两岸对称,主河槽保持在河道中心线两侧,达到水流平顺稳定的目的。疏浚河槽一般多采用挖泥船等施工机械。

(2) 拓宽河槽。

对于河床狭窄、水深较大、滩地较少的河段,疏浚河床不仅施工困难,挖深有限,有时还不能满足安全泄洪的要求,而且挖深过大,宽深比过小,还可能造成断面不稳。这时可拓宽河槽,扩大过水断面。一般情况下,为减少工程量,多采用一岸拓宽。当一岸拓宽不能满足泄水要求,或可能引起主流偏离河道中心,产生冲刷和断面不稳时,应采取两岸拓宽。拓宽时应尽量减少挖压农田和拆迁房屋,拓宽后的河岸和堤防应修在良好的地基上。

(3) 束窄堵汊。

对于河宽过大、河汊较多、流速迟缓,一岸易冲、一岸易淤的河段,可修建束水堵汊建筑物,束窄河宽,堵支强干,引导流向,保护河岸,使河床形成水深、流速和稳定性等都比较适宜的规则断面。常用的束窄堵汊建筑物有丁坝(由河岸伸向河槽、与河岸线成丁字形的横向整治建筑物,有束窄河床、导水归槽、调整流向、改变流速、冲刷浅滩、保护河岸、控制泥沙的作用)、顺坝(与水流方向大致平行的纵向整治建筑物,作用是束窄河槽、保护滩岸、增大流速、引导流向、改善水流条件)、锁坝(一种拦断河流汊道的整治建筑物,又称"堵坝")。

(4) 裁弯取直。

弯曲河道,蜿蜒曲折,凹岸易冲,凸岸易淤,深槽、浅滩并存且不断发生,河床不稳,主流多变,宣泄能力低。因此,必须根据具体情况,对弯道过多、弯曲过大的河段采取裁弯取直措施,以缩短河道长度,增大水力坡度,提高流速和挟沙能力,扩大宣泄流量。

蜿蜒型河段,由于凹岸的不断冲刷和凸岸的不断淤积,常常形成弯曲很大、近似环形的弯道,称为"河环",河环的两端相距很近,称为"狭颈"。狭颈两端水位差很大,一遇漫滩水流,容易形成串沟并逐渐扩大发展成为新河,这种现象称为"自然裁弯"。裁弯取直则是利用河流的这种自然规律,在河环的狭颈附近,开挖断面较小的引河,然后借助水流的冲刷力,扩大发展成为新河,故又称为"人工裁弯"。

(5) 修筑堤防。

堤防是一项重要的防洪工程,也是河道整治中经常采用的一项工程。对于用作排水承泄区的河道来说,修建堤防的主要作用是保持河道稳定、增加过水断面面积、提高泄水能力、改善排水条件、确保行洪安全。

合理选定堤线是堤防工程的关键,关系到工程安全与效益及沿岸人民的生命财产安全,一般应考虑:堤线平顺短直,大致与洪水流向一致,与河势、河岸线的方向相适应,避免急弯和局部突出,以使水流顺畅;堤线尽量布置在地势较高、土质较好的地段,尽量避开沙土地带和深塘深沟及沼泽地带,以免造成施工困难和引起堤身安全;满足营造防护林带和筑堤取土的要求;尽可能少占耕地、少迁房屋,以减少经济损失和工程造价。

堤身的横断面一般为梯形。堤顶高程一般根据设计防洪标准通过计算确定。堤顶宽度一般如下:堤高 6 m 以下,顶宽 3 m;堤高 6~10 m,顶宽 4 m;堤高 10 m 以上,顶宽不小于 5 m。

7.3 灌区灌排系统的续建配套与改造

7.3.1 灌排渠系的续建配套与改造

1. 渠系布置存在的问题及改造措施

灌排渠系的主要问题除渠系配套不全、老化失修外,通常还包括如下内容。

(1) 渠系紊乱。同级渠道所控制的灌溉面积悬殊;上、下级渠道互相平行或交叉。

(2) 渠线、比降不合理。有的渠道迂回弯曲,渠线过长;有的渠道偏低,使局部高地灌不上水。有的比降过小,水草丛生,渠道淤积;有的比降过大,冲刷、坍塌严重。

(3) 横断面不合理。有的断面过小,与灌溉面积不相适应;有的断面宽浅,占地多而输水能力小。

(4) 渠道渗漏严重,不仅造成水量的大量浪费,影响灌溉效益,还会造成填方渠段堤脚滑塌,有些还会导致渠旁农田冷浸、灌区沼泽化或盐碱化,影响作物产量。

(5) 渠道泥沙淤积,影响过流能力。

(6) 退洪、防洪工程不配套等。

为了保证正常供水和满足灌区发展的要求,需要对其进行工程改造,具体方案、措施如下。

(1) 力求做到各级渠道分级清楚,渠道条数较少,长度较短而控制灌区面积较大。

(2) 支渠不宜过长,控制面积不宜过大,且各支渠的控制面积应大体相等。

(3) 各级渠道的断面、比降适宜,能安全通过设计流量,断面稳定,不冲不淤。有引洪淤灌任务的渠道,在按要求引洪时不发生严重淤积。各级渠道的分水口应尽量合并减少,并有完善的控水、量水设施。

(4) 渠道防渗改造,主要措施有夯实土壤、草皮护坡、干砌卵石、浆砌块石、混凝土衬砌、沥青混凝土护面、膜料护面等。上述防渗措施各有特点,应根据当地具体条件,因地制宜加以选用。

(5) 干渠、支渠上应设置足够的退水设施,以保证在发生暴雨、下游决口时能及时退泄水量。

(6) 控制渠道泥沙淤积有两类方法:①控制渠首泥沙入渠;②提高渠道输沙能力,如调整比降、裁弯取直、增大水力半径、渠道衬砌、减小糙率、经常除草等。

(7) 渠系改造设计中,渠底纵坡一般不做大的变动,只做局部调整。但如果原设计或施工问题较多,渠系水力条件很差,则必须在照顾渠底比降的情况下做全局性调坡设计。

(8) 出现盐碱化、沼泽化的灌区,水稻灌区,以及地面径流集中的地区应有健全的排水系统。

2. 渠系续建配套与改造的步骤

渠系续建配套与改造的具体步骤包括收集和分析资料、进行渠系续建配套与改造的可行性论证、渠系规划布置、渠系建筑物配套、渠道流量计算、渠道断面设计等。

7.3.2　灌溉渠道衬砌防渗

1. 渠道衬砌防渗措施

渠道衬砌防渗措施按渠道衬砌所用材料，一般分为土料防渗、砌石防渗、混凝土防渗、沥青防渗及膜料防渗等。

（1）土料防渗。

土料防渗一般是指以黏性土、黏砂混合土、灰土（石灰和土料）、水泥土（水泥和土料）、三合土（石灰、黏土、砂）和四合土（三合土中加入适量的卵石或碎石）等为材料的防渗措施，一般包括土料夯实防渗、黏土护面防渗、水泥土护面防渗、三合土护面防渗等。

①土料夯实防渗是用人工夯实或机械碾压方法增加渠底和内坡土壤密度，减弱渠床表面土壤透水性。它具有造价低、适应面广、施工简便和防渗效果良好等优点，主要适用于黏性土渠道。经过夯实的渠道，渗漏损失一般可减少 1/3～2/3。

②黏土护面防渗是在渠床表面铺设一层黏土，以减小土壤透水性的防渗方法。它适用于渗透性较大的渠道，具有可就地取材、施工方便、投资小、防渗效果较好等优点。根据试验，黏土护面厚度为 5～10 cm 时，可减少渗漏水量 70%～80%；黏土护面厚度为 10～15 cm 时，可减少渗漏水量 90% 以上。黏土护面的主要缺点是抗冲能力低，渠道平均流速不能大于 0.7 m/s；护面土易生杂草；渠道断水时易干裂。

③水泥土护面防渗是用水泥和土料拌和后，夯实成渠道的防渗护面。防渗层厚度宜采用 8～10 cm，水泥掺量一般为土重的 5%～12%。它具有可就地取材、施工简便和防渗效果好（可减少渗漏水量 80%～90%）等优点，其缺点是抗冻能力差，适用于气候温和的无冻害地区。

④三合土护面防渗是用石灰、砂、黏土经均匀拌和后，夯实成渠道的防渗护面。三合土护面防渗的防渗效果较好，可减少渗漏损失 85% 左右。这种方法在

我国南方各省采用较多。

(2) 砌石防渗。

砌石防渗具有可就地取材、施工简单、抗冲、抗磨、耐久、耐腐蚀等优点,具有较强的稳定渠床的作用,能适应渠道流速大、推移质多、气候严寒的情况。石料有卵石、块石、条石、石板等。砌筑方法有干砌和浆砌两种。砌石防渗适用于石料来源丰富,有抗冻、抗冲要求的渠道。这种防渗措施防渗效果好,一般可减少渗漏量70%~80%,使用年限可达40年。

砌石防渗主要依靠施工的高质量保证其防渗效果。干砌石防渗在其竣工后未被水中泥沙淤填以前,如果砌筑质量不好,不仅防渗能力很差,而且会在水流的作用下,使局部石料松动而引起整体砌石层发生崩塌,甚至溃散的现象。因此,砌石防渗必须保证施工质量,且渗透系数不大于 1×10^{-6} cm/s。

(3) 混凝土防渗。

混凝土防渗是广泛采用的一种渠道衬砌防渗措施,它的优点是防渗效果好、耐久性好、强度高、输水阻力小,管理方便。混凝土防渗一般可减少渗漏损失85%~95%,使用年限30~50年,糙率 $n=0.014\sim0.017$,允许不冲流速为3~5 m/s。其缺点是混凝土衬砌板适应变形的能力差;在缺乏砂、石料的地区,造价较高。

混凝土防渗常采用板形、槽形等结构形式。防渗层一般采用等厚板,当渠基有较大膨胀、沉陷等变形时,除采取必要的地基处理措施外,大、中型渠道宜采用楔形板、肋梁板、中部加厚板、Ⅱ形板,小型渠道宜采用矩形板或U形渠槽。楔形板和肋梁板适用于有冻胀地区的渠道;矩形板适用于无冻胀地区的渠道;U形渠槽可埋设于土基中,也可置于地面上,还可采用架空式渠槽,其由于具有水力条件好、省工省料、占地少、整体性好、便于管理、防渗效果好等优点,在我国广泛应用。

混凝土衬砌有现场浇筑和预制装配两种。现场浇筑的优点是衬砌接缝少,与渠床结合好,造价较低;预制装配的优点是受气候条件的影响小,混凝土质量容易保证,并能减少施工与行水的矛盾。一般预制板构件装配的造价比现场浇筑高约10%。

(4) 沥青防渗。

沥青防渗材料主要有沥青玻璃布油毡、沥青砂浆、沥青混凝土等。沥青防渗具有防渗效果好、耐久性好、投资少、造价低、对地基变形适应性好、施工简便等优点,可减少渗漏量90%~95%,使用年限10~25年。

①沥青玻璃布油毡防渗。沥青玻璃布油毡衬砌前应先修筑好渠床,后铺砌油毡。铺砌时,由渠道一边沿水流方向展开拉直,油毡之间搭接宽度为 5 cm,并用热沥青玛琋脂黏结。为了保证黏结质量,可用木板条均匀压平黏牢,最后覆盖土料保护层。

②沥青砂浆防渗。沥青与砂按 1∶4 的配合比配料拌匀后加温至 160~180 ℃,在渠道现场摊铺、压平,厚 2 cm,上盖保护层。还可与混凝土护面结合,铺设在混凝土块下面,以提高混凝土的防渗效果。

③沥青混凝土防渗。该方法是将沥青、碎石(或砾石)、砂、矿粉等经加热、拌和,铺在渠床上,压实压平形成防渗层。沥青混凝土具有较好的稳定性、耐久性和良好的防渗效果。对于中、小型渠道,护面厚度一般为 4~6 cm;对于大型渠道,护面厚度一般为 10~15 cm。渠道防渗用沥青混凝土常用的沥青含量为 6%~9%,骨料配合比范围大致如下:石料 35%~50%,砂 30%~45%,矿粉 10%~15%。

(5)膜料防渗。

膜料防渗就是用不透水的土工织物(即土工膜)来减小或防止渠道渗漏损失的技术措施。膜料按防渗材料可分为塑料类、合成橡胶类和沥青及环氧树脂类等。膜料防渗具有防渗性能好、适应变形能力强、质轻、运输方便、施工简单、耐腐蚀、造价低等优点。膜料防渗渠道一般可减少渗漏损失 90%~95%。

塑料薄膜防渗是膜料防渗中采用最广泛的一种,目前通用的塑料薄膜为聚氯乙烯和聚乙烯,防渗有效期为 15~25 年。膜料防渗一般采用埋铺式,保护层可用素土夯实或加铺防冲材料,总厚度应不小于 30 cm。薄膜接缝用焊接、搭接及化学溶剂(如树脂等)胶结,在薄膜品种不同时只能用搭接,搭接长度为 5 cm 左右。

除以上防渗措施外,还有在渠水中拌入细粒黏土、淤填砂质土渠床的土壤孔隙的人工防渗措施;也有在渠床土壤中渗入食盐、水玻璃及大量有机质的胶体溶液,来减少土壤渗透能力的化学防渗方法等。

2. 渠道衬砌防渗类型的选择

选择渠道衬砌防渗类型时,主要考虑以下要求。

(1)防渗效果好,减少渗漏量。在水费很高的地区,或渗漏水有可能引起渠床失稳、影响渠道运行时,应提高防渗标准,建议采用下铺膜料,上部用混凝土板作保护层等措施。

(2)可就地取材,造价低廉。应本着因地制宜、可就地取材、尽量节省工程费用的原则选用防渗措施。砂、石料丰富的地区,可采用混凝土或砌石防渗措施。

(3)能提高渠道输水能力和防冲能力。防渗材料不同,渠道的糙率是不同的,不冲流速的差异也很大。所以,选用的防渗措施应有利于提高渠道的输水能力和保持渠床稳定。

(4)防渗时间长、耐久性能好。防渗工程的使用年限对工程的经济效果影响很大,所以选择防渗方式时,应予以特别考虑。

(5)施工简易,便于管理,养护维修费用低。

(6)渠道防渗应具有一定的经济效益,选择防渗措施,应多方案比较,择优选用。渠道防渗的经济效益主要是节省水量和扩大灌溉面积。

7.3.3 低压灌排管道的管理

1. 低压输水管道的管理

(1)灌溉管道的使用应符合下列要求:初次投入使用时,应进行全面检查、试水或冲洗。保持管道通畅,无污物、杂质和泥沙淤淀。各类闸门、闸阀及安全保护装置启闭灵活,动作自如。无渗水、漏水现象,给水栓、出水口及暴露在地面的连接管道保持完整。测量仪表或装置盘面清晰、方便测读,指示灵敏。灌溉季节结束,应对压力管道进行维修。严寒地区还要采取防冻措施。

(2)管道系统的连接控制和保护设备包括调压塔、给水栓、弯头、三通、控制阀、安全阀、进排气阀、压力表、水表和流量调节器等,其工作条件应符合设计和运行技术要求。运行过程中应定期检查,加强维修养护。

(3)地面移动软管使用前应认真检查质量,使用时应铺放平顺,跨沟时用托架保护。

(4)低压灌溉管道运行管理严禁先开机或打开进水闸门(指渠灌区),再打开出水口或给水栓。当更换其他出水口(或给水栓)灌溉时也应遵守:先开拟投入运行的出水口,再关闭结束灌溉的出水口。当有多个出水口停止运行时,也应自下而上逐渐关闭出水口。各种工况运行时,都严禁突然开或关闸阀或出水口(给水栓),要求缓慢开或关。

2. 排水暗管管理

暗管排水系统一般由管道进口、沉沙井、出水口等部分组成。管理养护的任务就是保证排水系统的各个组成部分处于正常的工作状态。

(1) 管理养护要求。

排水管道系统的维修养护应符合下列要求：排水通畅、达到工程设计标准。暗管在运行初期应经常检修维护，每年可定期检修一次。对于出流量明显减少的情况，应查找原因，及时处理。鼠道应视其出流减少情况，及时进行处理或全部更新。

(2) 管道养护。

管道容易产生的问题主要是堵塞和断裂。

造成堵塞的主要原因有：暗管接头缝隙过大或滤层效果差，导致泥沙进入管内而淤积；化学沉积物（主要是铁的化合物）的堵塞；植物根系侵入管内造成的堵塞等。清除淤塞的常用方法有刮除法和冲洗法。刮除法是用硬聚氯乙烯管或竹条绑扎的杆条推进排水管内，利用装在管端或杆端能起刮除作用的附属设备，搅动管内沉积物，然后将其从管内清除出去。冲洗法是用冲洗机械通过带射流喷嘴的清洗管，将压力水流射入暗管内，冲击管内的沉积物，清洗管依靠向后射出水流的作用力在管内向前移动，或依靠人力将清洗管推进和拉出暗管，使沉积物随水流一起排出暗管。

造成断裂的主要原因有：施工质量差；管材强度低；管内压力过大；大型农业机械的碾压等。暗管断裂塌陷会造成排水通道的堵塞，使排水工作无法正常进行。应及时查明断裂部位，挖出损坏的管道，处理好地基，更换新管道，按要求处理接头和滤层，然后回填夯实。

(3) 进出口和沉砂井的养护。

对于有排除地表水任务的暗管系统，需要设置地面进水口，泥沙和地面杂物随地表径流进入进水口，容易导致管道堵塞，所以要对进水口经常进行检查维护，对排水之后进水口周围出现的冲刷和沉陷现象应及时进行修复。

对于出口的要求是保持排水畅通。淤泥、浪沫和杂草等在出水口附近的汇集是造成出水口堵塞的主要因素，应经常注意清除。另外，还要保持出水口处的边坡不受冲刷，平时出水口不被淹没，保持自由流的出流状态。

沉沙井是用于拦沙或沉沙，减少泥沙进入暗管的建筑物。在管理养护中应经常清除沉积于井内的泥沙，保证其拦沙的效能。沉沙井一般可与检查井结合修建。

第8章 灌区信息化管理

8.1 概 述

灌区是我国重要的粮、棉、油生产基地,将直接影响国家的粮食生产安全和稳定。随着人口的增长和经济的快速发展,水资源已成为灌区社会经济可持续发展的首要制约因素。但由于灌区目前水资源管理调度技术手段处于较低层次,没有灌区科学管理所需各种信息的实时监测、分析处理和综合应用系统,测量点不精确、不及时,而且信息传递相对滞后,灌区管理决策者无法实时或及时地了解全灌区的运行情况,造成了大部分地区在水资源缺乏的情况下,农田灌溉仍然依靠经验,采用旧的灌溉方式,灌水量大,渠系利用系数很低。由于实时信息的缺乏,灌区的用水计划也不尽合理,且没有办法做出实时的修正。水资源不能合理分配和利用,束缚了灌区效益的提高。随着电子信息技术的发展与成熟,为改变传统的灌区管理方式,建设灌区的信息化系统是必然选择。

1. 基本概念

水利信息化指的是充分利用现代信息技术,深入开发和广泛利用水利信息资源,全面提升水利事业活动的效率和效能。全国水利信息化建设又称为"金水工程",灌区信息化是水利信息化的重要组成部分。

灌区信息化就是充分利用现代信息技术,深入开发和广泛利用灌区信息资源,大大提高信息采集和加工的准确性及传输的时效性,做出及时、准确的预测和反馈,为灌区管理部门提供科学的决策依据,全面提升灌区经营管理的效率和效能。

2. 灌区信息化发展历程

(1)灌区信息化探索阶段。

20世纪70年代以来,灌区就开始进行自动控制技术方面的研发应用。如:以湖南韶山、河南人民胜利渠等为代表的闸门自动控制系统,以及以甘肃景电灌区为代表的泵站自动调度系统等。同期,很多灌区在量水建筑物上安装自记水位计、明渠流量计、遥测水位计等自动测报或计量仪器。此外,大多灌区都曾建有专线电话、无线对讲集群及数字微波等通信系统。以上研发应用工作在当时称为"灌区自动化技术"或"灌区通信调度技术",实际上就是早期灌区信息化管理的雏形,这些技术在当时均对灌区的管理调度发挥了重要作用,有些系统直到现在还在应用。

(2)灌区信息化的提出。

2001年,水利部印发了《全国水利信息化规划纲要》,提出了全国水利系统信息化的发展思路。同年5月,农村水利司与灌排中心联合在湖南韶山召开了"灌区用水管理信息化技术研讨会",正式提出"大型灌区信息化"的理念。2002年7月,水利水电司中国灌溉排水发展中心下发《关于开展大型灌区信息化建设试点工作的通知》,正式启动了全国大型灌区信息化建设试点工作。

(3)灌区信息化试点。

2002年11月,水利部确定河北石津等30个大型灌区为首批信息化建设试点单位,开始实施灌区信息化建设。2003年8月,水利部召开了"全国大型灌区信息化试点工作汇报座谈会",组织试点单位、大专院校、科研单位、相关企业等共同探讨了大型灌区信息化建设的指导思想与原则、建设目标、建设内容等问题,对灌区信息化建设试点工作进行了全面总结及部署。

(4)灌区信息化建设。

当前我国信息化技术不断发展,基于已有的水利信息化设备,进一步提高灌区信息化建设基础设施,提升灌区管理质量和运行效率,利用大数据构建灌区统一的水资源管理决策思路,形成灌区管理智能中心,通过数据的分析、计算、优化设计、模拟与大数据的分析等最终形成决策,利用自动监测技术,建设灌区水资源自动监测系统,实现由传统的人工管理向自动化、智能化、精准化管理转变,逐步完善灌区信息采集系统。

3. 建设内容

灌区信息化主要包括监测系统、控制系统、网络传输及软件开发四个方面。

(1)监测系统。

监测系统主要是对雨情、水情、闸位、工情、墒情、水质、气象和视频等方面进行监测。具体监测内容根据灌区实际情况和所处地域又有很大不同。

①雨情监测。雨情监测在水库灌区和南方山区布点相对密集,而北方地区

布点则可较疏,西北干旱地区进行雨情监测的必要性不大。目前雨情监测主要采用的仪器包括翻斗式雨量计、容栅式雨量计等。

②水情监测。水情包括水位和流量,是大型灌区信息化的基础数据之一。水情监测一般是根据灌区管理单位的管理细致程度布点,主要是闸前、闸后,各级交接断面,重要配水点,以及在田间与收费相关的计量等。目前水位测量采取的主要技术包括压力、浮子、超声波、声波、电容、磁致伸缩等。流量监测除泵站管道输水部分采用电磁流量计外,基本采用建筑物量水配合自动水位采集装置计算流量和用水量。

③闸位监测。闸位监测一般结合闸门控制统一考虑,但不排除部分由于投资或技术等原因,无法实现控制而仅监测闸位的信息点。布点针对主要的分水闸、节制闸和泄洪闸。闸位监测使用的主要技术有编码式、模拟量和超声波等。

④工情监测。工情主要是指水工建筑物和衬砌渠道的应力、裂缝、位移、变形、渗漏等方面的数据信息。目前除大坝外极少进行工情监测。

⑤墒情监测。墒情是土壤水分运动的情况,由于其"以点代面"的代表性差、成本较高而一直存在争议,目前大多为试验性质。

⑥水质测量。由于灌区供水任务逐步增多,水质测量越来越受到重视,尤其是与人体健康关系密切的浊度、氯化物、重金属、溶氧等参数。水质测量一般在水库或供水出口布点。水质测量主要采取化学方法结合电子技术,测量参数不同,具体技术也有所区别。

⑦气象监测。气象监测主要是对与灌溉相关的温度、湿度、气压、风向、风速、降雨、蒸发、光照、地温等气象要素进行监测。部分灌区建有小型气象站,用以在线监测小范围内的气象状况,一般采用一体化自动气象站。

⑧视频监测。可视化管理是当前较为流行的技术,例如闸门、重要建筑物等。由于视频传输对网络带宽要求较高,过多的测点势必造成网络投资增加。

监测系统是大型灌区信息化管理动态数据的主要来源,是硬件建设的基本内容,其监测的项目和精度都应结合灌区需要有所取舍,监测点的数量依据管理的细化程度和投资金额确定,监测的方式应根据技术的发展而不断发展,其建设是一个长期过程。

(2)控制系统。

控制系统用于实现配水、调度,同样是大型灌区信息化硬件建设的基本内容。对于灌区来说,控制目标一般只有闸门和泵站两个对象。

①闸门控制分有开度调节和无开度调节两种,主要针对分水闸、节制闸和泄

洪闸。对传统螺杆机、卷扬机、液压启闭机的控制系统增加自动控制功能，除可实现遥控、集中控制之外，还能根据上、下游水位实现过流量、闸位开高等闭环控制。

②泵站控制由于有很多工业自动控制技术可以借鉴或直接采用，一般与机电设备改造、节能改造等项目统一考虑，而多级泵站之间的协调调度是提水灌区信息化的主要建设内容。

（3）网络传输。

网络传输是灌区信息化的载体，是数据、视频、语音传输的途径，主要使用自建网或公网，方式包括有线和无线，有线技术主要有光缆、电缆、电力线载波等，无线技术主要有微波、超短波、GPRS（general packet radio service，通用分组无线服务技术）、CDMA（code division multiple access，码分多址）等。

（4）软件开发。

软件是灌区信息化发挥作用的关键。信息系统对提高管理水平的主要作用一是代替部分手工作业，提高劳动生产率，二是通过计算机强大的计算能力分析数据，提供更精确的辅助决策支持。灌区信息化软件主要包括专业业务软件和综合业务管理软件。

①专业业务软件是以水管理为核心的软件系统，包括预测预报、水量综合调度、水流模拟仿真、测控操作等方面。

②综合业务管理软件是以工程管理为核心的软件系统，主要包括工程管理、办公自动化、信息发布、用水户协会管理等内容。

8.2　灌区水情自动化监测

灌区水情自动化监测是实现灌区用水管理信息化和自动化的基础，它对及时、准确地掌握灌区水情，提高灌区用水管理水平具有重要的意义。

灌区水情自动化监测的对象包括河流和渠道的水位、流量、含沙量，灌区地下水位、含盐量等。抽水灌区还涉及水泵运行工况的自动化监测等内容。

8.2.1　灌区水量信息采集系统

水是基础性的自然资源和战略性的经济资源。水资源的可持续利用是经济和社会可持续发展的保障。水情测报和计量用水是灌区管理工作的重要内容及基础性技术工作,是倡导节约用水、提高水利用率、建设节水型社会的重要手段之一,是水工程管理部门防汛抗旱、执行计划用水、安全引输水及科学调配水的保证。在水被赋予商品属性的情况下,水的准确计量是核定和计收水费的主要依据。灌区水量信息采集系统也是现代农业水利自动化的重要组成部分。

1. 灌区水量信息采集系统组成

灌区水量信息采集系统主要由现地采集终端、信息采集中心 2 个部分组成。其中以智能水文数据记录仪为主设备,配以压阻式液位传感器、超声波流速变送器、通信模块等设备,组成灌区信息采集系统的采集终端;以 PC 机(personal computer,个人计算机)、通信模块、应用软件、打印机等组成信息采集中心。现地采集终端可实现全天 24 h 无人看守,生产控制及管理可集中在采集中心进行。水量信息采集终端密集采集、处理、存储水文数据。现场的水量信息采集终端采用太阳能供电,实时或定时采集水位、流速等信息并计算流量,通过第三方提供的 GPRS 通信方式与所属管理站进行通信。利用 GPRS 或直接与 PC 机相连完成数据的传输,信息采集中心完成对数据的收集、处理、存储,为决策层提供决策依据,为水量计算、水费计收提供依据,从而实现灌区的水情采集及用水计量自动化。

2. 灌区水量信息采集系统采用的技术

灌区水量信息采集系统采用成熟技术,产品设计选型符合国际或国家工业标准,可靠性高、适应能力强、扩展灵活、操作维护简便。灌区水量信息采集系统平台软件选用稳定、安全的主流操作软件,便于使用和维护;管理软件、应用软件、现场监测软件均选用符合国际软件业标准的软件。灌区水量信息采集系统采用自动测量、现代计算机及网络通信技术,借鉴在水利行业内的应用经验,构建整个灌区的分层分布式综合自动化系统。建成先进、实用、高效、可靠、覆盖全灌区的水量信息采集系统,实现信息采集存储自动化、数据传输处理网络化、决策支持数字化、调度指挥现代化。系统变人工计量为自动精确计量,变人工传递信息为自动上报,极大地减轻工作人员的劳动强度,降低供、用水成本,提高用水透明度,实现全灌区动态计划用水、科学调配,从而达到节约用水、提高经济效益的目的。

3. 现地信息采集终端的功能

现地信息采集终端由智能水文数据记录仪、水位传感器、流速传感器、GSM（global system for mobile communication，全球移动通信系统）通信机、太阳能板、蓄电池等组成。其功能主要有以下方面。

(1) 数据采集。终端的采集模式有 2 种，分别为实时采集和定时采集。

(2) 越限报警。实时监测水位、流速、电源电压等数据，若数据高于上限或低于下限（数据上、下限可以设置），采集终端本地显示电源故障报警、信息越限报警，并向中心站发送报警信息。

(3) 数据处理、统计、运算和输出功能。对采集的数据进行处理、统计、运算、存储，并通过 GPRS 形式将信息传送到管理总站。

(4) 数据合理性检查，滤除不合理数据。

(5) 数据缺损手动补插。

(6) 数据加注日期和时标。数据在采集、处理完成后，存储时附加采集日期和时间，便于查询历史信息。

(7) 引水时段数据统计。数据计算、统计并现地显示引水时段内累计总水量、当日水量、当日最高水位出现时间和最低水位出现时间等信息。

(8) 自诊断功能。采集终端在上电工作时，进行自诊断。若发现设备有故障，则显示报警信息。正常工作时，在当数据口无增量变化时定时自检，并将接口及电源状态发送至接收站。在自诊断过程中，若出现无法恢复运行的情况，系统将自动重启。

(9) 数据的转发和暂存功能。当信息发送失败时可以暂存，隔一段时间继续发送；若连续发送失败，可转发给备用的接收站。

(10) 可人工设置终端设备的参数（如站号、采样时间、水位上限或下限报警值、电源电压报警值等），中心站也可利用短信异地更改设备参数。

(11) 实时或定时向中心站发送本站运行状态、电源电压等信息。发出的每一条信息，都自带本站的地址码、信息采集时间和当前采集终端的时间标志，表明该信息的来源、采集时间和测站的当前时间，接收站通过检查采集终端的时间，保证各个站点与接收站时间一致、同步工作。

(12) 配有标准 RS232 端口，通过调整不同的通信速率，不仅支持 GSM 短信、GPRS，还支持 PSTN（public switched telephone network，公用电话交换网）、IC 卡（integrated circuit card，集成电路卡）、便携机直接导出等方式传输信息。

灌区水量信息采集系统遵循开放兼容、技术先进、实时有效、稳定可靠、简单、易操作、易扩展和使用成本低的原则,保证系统很好地完成农业灌溉实时数据采集和水的准确计量任务,为实现灌区农业水利的现代化打好坚实的基础。

8.2.2 水情信息采集

信息化要求的是数字化的信息,这就需要建立一套现代化的信息采集和数字化的系统。按照数据更新情况,灌区的信息可以分为静态数据、动态数据和实时数据三类。静态数据和动态数据往往是一次采集、定时或不定时更新,如灌区各种工程设施的信息在灌区数据库的建设过程中收集、入库,这就完成了信息采集的任务,如果以后某工程设施的属性发生了变化(年久失修或进行了维护),针对该工程进行更新就可以了。如果灌区已经累积了大量的纸质资料,可以借助一定的技术手段予以数字化,通过键盘录入,也可以将纸质资料扫描后存入数据库进行管理。总之,这类数据的采集相对而言比较容易,但对于实时数据来说,情况就复杂了。实时数据需要按照固定的时间间隔进行采集,如渠道的水位和流量数据。要了解渠道放水情况,就必须不断地采集渠道不同断面的水位和流量数据。

传统的信息采集方法在很多情况下已难以满足信息化建设的要求,所以必须采用现代化的信息采集手段。

1. 渠道水情信息采集

渠道水情信息采集包括水位、流量、含沙量和水质等的采集,其中最基本的是水位和流量的采集,对于引黄灌区等含沙量大的灌区要进行含沙量的监测,有特殊要求时要进行水质的监测。

(1)水位。

传统的水位测量方法是在测验断面设立水尺,人工定时观测水位,这种测验方法无法满足自动化迅速发展的需要,现在已有大量的自动观测记录水位的设备,用以代替人工观测。

自动观测记录水位的仪器有自记水位计等。自记水位计是至今仍常用的水位观测仪器,它可以连续记录水位变化的完整过程,其类型很多,如可按水位传感方式划分为浮子式自记水位计、压力式自记水位计和超声波式自记水位计,它们各自适用于不同的情况。

(2) 流量。

渠道流量观测是灌区的一项重要任务，是进行按方收费、推动灌区水价改革、实现农业节水的基础性工作。

为了较为精确地测量河渠过水断面的流量，通常要在河渠过水断面上选择多条测流垂线，在测流垂线上测量不同水深的流速，才能计算得到较为精确的流量值。例如，当水面宽度大于 5 m 时，测流垂线不得少于 5 条，在每条垂线上又可根据不同情况选用一点法、两点法、三点法、四点法、五点法进行测速，然后才能计算出流量。由此可见，测量流量不仅复杂，而且费工、费时，特别是在汛期，河流流量变化剧烈，人工测量速度较慢，很难保证测量精度。

这就要求具有反应灵敏、能适应自动化监测的传感元件，配合微机，实现自动化监测。

为了实现灌区水源(特别是河流或大型渠道)水位、流量的自动化监测，首先应当建立能适应自动化监测要求的监测站。

为了保证随时向灌区管理部门提供可靠的河渠水位、流量参数，通常河渠水位、流量的监测应自成系统，选择价格较低、性能可靠且能满足测量要求的微型计算机(如单片机、单板机、苹果机、PC 机及工业控制机等)作为基础，配置适当的接口电路、传感元件、控制电路与控制机构，即可构成河渠水位、流量自动化监测系统。若配置通信接口，则可通过有线或无线向灌区管理部门的高位机定时传输测试成果，以便逐步形成更大的管理系统。

2. 地下水水情信息采集

为了进行地下水的水位、水质监测，我国许多灌区已建立了相应的地下水观测井，通过长期的人工观测，积累了一定资料。采用地下水自动化监测技术将会进一步提高观测精度和效率，增加地下水信息量，逐步扩大观测项目和内容，对合理开发地下水资源、缓解水资源日益紧张的局面具有十分重要的意义。

地下水位的自动化监测可利用浮子式水位传感器、自动水位跟踪传感器、超声波水位传感器等作为信息获取、转换元件。利用微机自动化监测系统对地下观测井群的水位信息进行监测处理，逐步形成地下水数据库，为灌区用水管理与科学研究提供可靠的数据资源。

对农田来说，地下水水质的监测主要是含盐量的监测，其测量方法多采用电导法。电导法测量地下水含盐量的原理是以欧姆定律为基础，将通电的两极插入水中，由于水中含盐量不同，其导电性能也不同，因此，测定导电性即可确定水中的含盐量。

水位传感器的布设如图 8.1 所示。水位传感器由固定架固定于地下水观测井口。若采用浮子式水位传感器,则通过缠绕在水位轮上的绳索使浮子浮于水面,水面上升或下降,浮子也随之而变化。由此,传感器的转换电路即可输出水位变化信息。

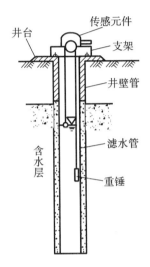

图 8.1　水位传感器的布设

由于地下水含盐量在短时间内变化不大,在实现地下水自动化监测的进程中,地下水含盐量监测可作为第二步完善的项目。但根据各地区的特点,确实需要进行含盐量的监测时,可在地下水观测井口的固定架上装设自动控制的定时传动机构。测试时,自动将电导传感器投入水下;测试结束后,自动将传感器提至一定的高度,以防止电导传感器的极化现象带来不良后果而影响测试精度。

8.3　灌区墒情自动化监测

墒情是作物根系分布层土壤水分的分布状况。土壤水分状况受多种因素的影响,包括气象、土壤、作物生长状况、田间管理技术等,其直接影响着作物的生长、产量及产品的质量。墒指土壤适宜植物生长发育的湿度,墒情指土壤湿度的情况。

8.3.1 墒情信息采集系统

1. 墒情信息采集系统结构

墒情信息采集系统由监测中心、数据传输信道、监测终端(墒情监测点)三部分组成,其结构见图8.2。

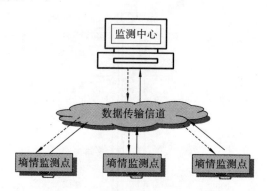

图8.2 墒情信息采集系统结构示意

注:实线箭头—上行数据流;虚线箭头—下行指令流。

(1)监测中心:远端查询监测终端属性数据;远端设置监测终端运行模式;远端召测、巡测监测终端采集的土壤含水率数据;执行省防办抗旱信息系统指令,实时采集和上传墒情数据。

(2)数据传输信道:实现监测中心和监测终端的双向数据传输,包括监测中心向监测终端发送的指令数据和监测终端向监测中心发送的采集数据。本系统采用GSM无线通信网络作为数据传输信道。

(3)监测终端(墒情监测点):接收、解析并响应监测中心下达的指令;编制并向监测中心发送采集到的土壤含水率等数据;显示监测终端各设备模块的工作状态;显示监测终端的工作模式和传感器参数。

2. 墒情信息采集系统功能

墒情信息采集系统是一套从土壤含水率数据的采集、传输、存储到大量采集数据的集中管理、统计分析及显示的完整系统,其具体功能描述如下。

(1)终端控制主板:系统监测终端的主要工作平台,实现设置工作模式、设置传感器参数、接收传感器采集的数据、接收并解析GPS(global positioning system,全球定位系统)信号、接收并解析 GSM 信号指令、将采集的数据编制成 GSM 信号并发送、存储采集到的土壤含水率数据等功能。

(2) 设置传感器参数:因为系统在传递数据时会针对不同的传感器参数使用不同的编制解析协议,所以进行土壤含水率数据采集之前,应根据传感器的具体类型和埋深状态重新设置传感器参数,还要设置 SMS(short message service,短信息服务)中心号码和系统监测中心号码。如果确定此次参数与上一次采集数据时的参数完全相同,可以省略这一步。

(3) 采集土壤含水率数据:监测终端的控制主板从土壤水分传感中获取当前时刻当前地点的土壤含水率数据值。

(4) 接收并解析 GPS 信号:GPS 信号是全球卫星定位系统全天候发布的定位信号,其中包含接收信号处的地理位置和时间等信息。监测终端控制主板通过外接的 GPS 接收天线获得 GPS 信号并解析出其中的经度、纬度和时间等信息。

(5) 编制数据信息:监测终端的控制主板将监测终端号码、监测中心号码、传感器参数、采集到的土壤含水率数据及当前时间位置等数据按照某种约定的接口协议编制成 SMS 格式数据。控制主板同时也具有将接收到的 SMS 格式数据按照接口协议解析成相应指令的功能。

(6) 监测终端发送、接收数据:监测终端控制主板通过外接的 GSM 信号天线实现 SMS 的收发,从而与监测中心进行数据交换,包括将编制成 SMS 格式的土壤含水率数据发送给监测中心,接收监测中心发送的 SMS 格式的指令。

(7) 中心监测软件:综合 GSM 无线通信技术、数据库存储和处理等技术开发的专用于实时墒情信息采集系统的中心监测平台,可实现远端测试监测终端硬件状态、远端设置监测终端工作模式、远端查询传感器参数、接收并解析存储监测终端传来的土壤含水率数据、对大量采集数据进行统计和分析等处理、将数据处理结果和监测终端属性等信息进行直观显示等功能。

(8) 监测中心接收、发送数据:监测中心计算机通过与其串口连接的 GSM 信号解析模式和天线实现 SMS 的收发,从而与监测终端进行数据交换,包括将编制成为 SMS 格式的指令信息发送给监测终端,接收监测终端发送的 SMS 格式的土壤含水率数据信息。

(9) 存储信息数据:中心监测软件将接收并解析出的监测终端号码、传感器参数、土壤含水率数据,以及采集数据的时间位置等按照某种格式存储起来,以便于对其进行检索和统计分析。

(10) 界面直观显示:将各监测终端属性和接收到的土壤含水率数据,以及初步统计分析的结果以表格等形式直观显示在界面上。

3. 墒情信息采集系统设备选型

土壤含水率数据（墒情数据）是反映土壤旱情的一个重要指标，传统测定土壤含水率的方法是烘干法，但由于烘干法耗费人力大、测量时间长、人为影响因素大等，在墒情信息采集系统的建设中，不选用烘干法进行站点建设，而选用成熟的自动采集设备，实现墒情数据的自动采集。对于传统的烘干法测量，可利用其数据较准确的优点，对自动采集设备进行校核。

常用的土壤含水率自动采集设备依据测量原理主要分为中子仪测量设备、时域反射（time-domain reflectometry，简称 TDR）测量设备、短波辐射测量设备、张力计测量设备及石膏测量设备等。其中，张力计测量设备和石膏测量设备精度低，对土壤的要求高，在墒情监测系统中很少使用。经多方面对比，优先选用 HT-SMAA 型土壤水分自动采集仪作为墒情监测的硬件设备。

HT-SMAA 型土壤水分自动采集仪由短波辐射型土壤水分传感器、监测仪仪表、GPS 接收机及上位机软件四部分组成，全部在一只仪器箱中。仪器箱中还配有 4 根探针（其中一根探针已安装在传感器上），1 个扳手，1 根充电电源线，1 根通信线，1 张安装光盘。

HT-SMAA 型土壤水分自动采集仪主要功能：①通过 SWR 型土壤水分传感器测量各个指定点的土壤水分值；②通过 GPS 接收机监测各个指定点的具体经度、纬度位置；③能够存储所测各个指定点的土壤水分值，经度、纬度值可通过 RS-232 串口传送给计算机保存与处理。

土壤墒情信息采集与远程监控系统组成结构示意如图 8.3 所示。

8.3.2 墒情监测点布设及精度研究

1. 墒情监测点布设原则

墒情监测点的布局有两种依据，即以国家和省为单位进行布局和以县为单位进行布局。若以国家和省为单位进行布局，要根据国家、省域农业区域和自然条件特点，选择具有较强代表性的县设立墒情监测点；若以县为单位进行布设，则要充分考虑到当地土壤质地、地形、地貌、水文水资源条件等各种因素，一般县设置 3~5 个具有代表性的监测点。要根据主导作物和种植模式进行监测点的布设，以玉米、小麦等作物为主，种植模式依据灌溉、旱作技术和轮作方式区分，

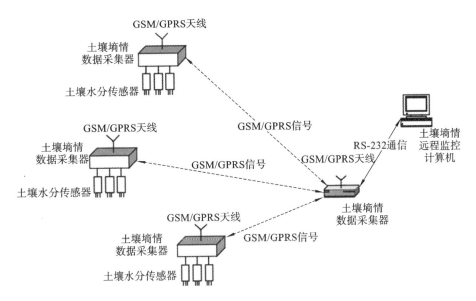

图 8.3　土壤墒情信息采集与远程监控系统组成结构示意

每种主导作物及每种种植方式的监测点应不少于 3 个。

墒情监测点要依据我国水利部发布的《土壤墒情监测规范》(SL 364—2015)选择和布设,此规范为农田土壤含水率的监测方法和要求提供了依据。墒情监测站分为国家和地方两种,如华北水利水电大学高效农业用水试验场属于地方性墒情监测站网,故墒情监测点的布设要遵循地方性准则。

2. 墒情监测点位置确定原则

(1) 墒情监测点的位置应保持相对稳定,监测点位置一经确定不可随意改变,以保证墒情监测信息资料的连续性和一致性。

(2) 墒情监测应选择具有代表性的地块,要考虑种植作物的代表性、气候条件、土壤质地、地形、地貌和水文水资源等条件。

(3) 丘陵地区的墒情监测点不应选择沟底或坡度较大的地块,应选择坡度比较小、面积较大的地块,且选择地块的面积要大于 1 亩。

(4) 平原地区的墒情监测点应选择平整且不易积水的地块,且地块的面积应大于 10 亩。

(5) 基本墒情监测点应布设在距离选择地块边缘、路边 10 m 以上且比较平整的地块中,同时要避免选在低洼易积水地块,与供水渠道和灌溉沟保持 20 m 以上的距离,防止供水渠道和灌溉沟中的水分侧渗影响墒情监测数据。

(6) 人工墒情监测点应该在两条或三条垂线上同时采取，且各测点的深度应相同，取其相同深度的土壤含水率的平均值作为该选择地块在该土层深度的土壤含水率。

(7) 基本墒情监测点用于监测所选地块的墒情，在发生干旱或特干旱的情况下，应增设临时的墒情监测点。增设的临时墒情监测点应根据水文地质条件、土壤质地、旱情程度及作物种类等情况确定。

3. 土壤含水率竖向测点布设原则

(1) 土壤含水率的竖向测点个数及测点深度可依据监测区域的具体情况而采取不同的方案。

(2) 土壤含水率竖向监测点应依据监测目的、土层厚度及水文水资源条件来确定其监测点的个数和测点的深度。

(3) 有特殊要求的墒情监测，可根据需要监测土层深度 10 cm、20 cm、30 cm、40 cm、50 cm、60 cm、70 cm、80 cm、90 cm、100 cm、110 cm、120 cm、130 cm、140 cm、150 cm 处的土壤墒情。

(4) 土壤层薄的山丘地区和地下水埋深较浅的平原地区可根据土层厚度来确定测点的深度，且各测点的深度要保持相同，地下水埋藏较浅的平原地区的测量深度可达到饱和带上界。

(5) 在干旱情况下，在墒情监测点网增设的临时监测点可采用一点法或两点法进行取样。

4. 墒情监测方法及原理

监测墒情的方法很多，有烘干法、张力计法、中子仪法、γ射线仪法、频域反射法(frequency domain reflectometry，简称FDR)、时域反射法及遥感监测法。用得较多的是烘干法、频域反射法、时域反射法。下面介绍常用监测方法的基本原理。

(1) 烘干法基本原理。

取样前对烘干的空铝盒子进行称重，质量记为 m_0；在田间用土钻取有代表性的新鲜土样装入木箱或其他容器，带回室内，将盛有新鲜土样的大型铝盒揭开盒盖放在盒底下立即称重，尽早测定水分，质量记为 m_1；将已称好的土样置于已预热至 (105 ± 2)℃的烘箱中烘烤 12 h，取出，盖好，移入干燥器内冷却至室温(约30 min)，立即称重，质量记为 m_2，则土壤含水率见式(8.1)。

$$\text{土壤含水率} = \frac{m_1 - m_2}{m_1 - m_0} \times 100\% \tag{8.1}$$

式中：m_0 为烘干空铝盒质量，g；m_1 为烘干前铝盒及土样质量，g；m_2 为烘干后铝盒及土样质量，g。

(2) 频域反射法基本原理。

频域反射法是利用电磁脉冲原理，通过测定土壤介电常数的变化引起的仪器振荡频率，来得到土壤的容积含水量。其探头为一个介电传感器，此传感器主要由一对电极（平行排列的金属棒或圆形金属环）组成一个电容，其间的土壤充当电介质，电容和振荡器组成一个调谐电路。调谐电路振荡频率的计算方法见式(8.2)。

$$F = \frac{1}{2\pi\sqrt{LC}} \tag{8.2}$$

式中：F 为调谐电路振荡频率；L 为调谐电路电感；C 为调谐电路电容。

由以上分析知，调谐电路的振荡频率与土壤含水率呈非线性负相关关系，利用传感器在不同土壤含水率中的归一化频率 SF 变化来测定土壤的容积含水量，见式(8.3)。

$$\text{SF} = \frac{F_a - F_s}{F_a - F_w} \tag{8.3}$$

式中：F_s 为传感器在土壤中测得的频率；F_a 为传感器在空气中测得的频率；F_w 为传感器在水中测得的频率。

则土壤容积含水量与调谐电路输出的频率关系见式(8.4)。

$$Q_v = a\,\text{SF}^b \tag{8.4}$$

式中：Q_v 为土壤的容积含水量；a 为由试验地块土壤特性确定的常数；b 为待定系数，由土壤样本标定确定。

(3) 时域反射法基本原理。

时域反射法是从国外引进的先进技术，因其具有较好的测量效果，近年来在国内得到了普遍的应用。时域反射法测定含水量是根据电磁波在介质中传播的频率得出土壤的介电常数 K，自然水的介电常数为 80.36（20℃）、空气为 1、干土壤为 3~5，因此土壤含水率与其相对介电常数成正比关系，根据计算的土壤相对介电常数利用经验公式计算土壤体积含水率 Q_v，见式(8.5)。

$$Q_v = a_0 + a_1 K + a_2 K^2 + a_3 K^3 \tag{8.5}$$

式中：Q_v 为土壤体积含水率；K 为土壤相对介电常数；a_0、a_1、a_2、a_3 为依据土壤类型确定的常数。

而土壤相对介电常数的计算方法见式(8.6)。

$$K = \left[\frac{c(t_1 - t_0)}{2L}\right]^2 \tag{8.6}$$

式中：c 为电磁波在真空中的传播速度，$c = 3 \times 10^8$ m/s；t_0 为示波器捕捉到探针首端反射的信号的时间；t_1 为示波器捕捉到探针末端反射的信号的时间；L 为探针的长度。

5. 墒情监测技术精度对比

各种墒情监测方法都存在着一定的误差，若采集足够多的样本，则烘干法被认为是最准确的方法，因此其常被用于校正其他监测方法。

通过大田试验，从中选择 18 个采样点，分别用烘干法、频域反射法和时域反射法测定土壤的含水量，并将烘干法测得的土壤质量含水量转换为体积含水量。烘干法、频域反射法、时域反射法测得的土壤体积含水量结果如图 8.4 所示。由图 8.4 可知，TDR 法和 FDR 法测得的土壤体积含水率变化趋势与烘干法的变化趋势一致，TDR 法测量的结果与烘干法更接近，而 FDR 法测量的结果与烘干法偏离较大，且偏离程度不一致。TDR 法测得的结果平均绝对误差为 1.01%，平均相对误差为 6%；FDR 法测得的结果平均绝对误差为 2.46%，平均相对误差为 16%。相较于 TDR 法，FDR 法的平均绝对误差增大了 1.45%，平均相对误差增大了 10%。

通过分析图 8.5 可知，TDR 法和 FDR 法测得的土壤体积含水量与烘干法呈线性关系，见式(8.7)和式(8.8)。

$$y_1 = a_1 x + b_1 \tag{8.7}$$

$$y_2 = a_2 x + b_2 \tag{8.8}$$

式中：y_1、y_2 分别代表 TDR 法、FDR 法测量的土壤体积含水率；x 为测量值；a_1、a_2、b_1、b_2 分别为回归系数，其计算值如表 8.1 所示。

表 8.1　TDR 法和 FDR 法与烘干法的关系系数及相关性计算结果

测量方法	系数		相关性
	a	b	R^2
TDR 法	0.9166	1.3075	0.9784
FDR 法	1.1296	−4.6511	0.9655

由表 8.1 知，相较于 FDR 法，TDR 法与烘干法测量结果相关性更高，两者间的相关系数达到 0.9784；FDR 法与烘干法测量结果的相关系数为 0.9655，也

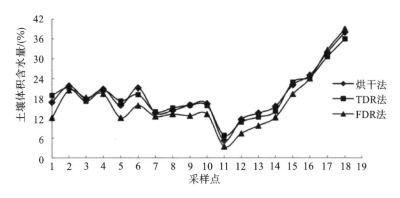

图 8.4 TDR 法、FDR 法和烘干法测得的土壤体积含水率结果

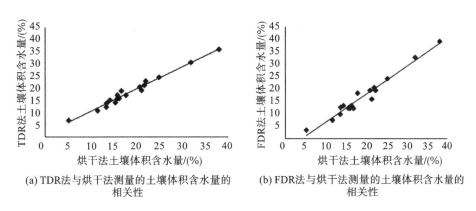

(a) TDR法与烘干法测量的土壤体积含水量的相关性

(b) FDR法与烘干法测量的土壤体积含水量的相关性

图 8.5 TDR 法和 FDR 法与烘干法测量的土壤体积含水率的相关性

较高,但其平均绝对误差及平均相对误差都较 TDR 法大较多,故 TDR 法精度更高,可快速、准确地测量墒情。

8.3.3 墒情实时监测系统的应用

监测墒情(即土壤含水率)对科学地控制和调节土壤水分、合理灌溉、实现科学用水具有重要的作用。为适应灌区信息化发展趋势,在河南省××灌区范围内建立墒情实时监测系统,对作物土壤水分指标进行远程采集、存储、分析和处理,指导灌区节水灌溉,促进农业生产。下面将以河南省××灌区墒情监测为例,详细介绍墒情实时监测系统的实际应用要点。

1. 河南省××灌区基本情况介绍

××灌区位于开封市东,黄河大堤以南,惠济河以北,西连黑岗口灌区,东界三义寨引黄灌区,涉及开封市郊区、祥符区及杞县,控制面积为40724 hm^2,耕地面积为30900 hm^2。该灌区辐射11个乡,82个行政村,拥有人口35万人。由于多年来灌区渠系工程年久失修等,灌区有效灌溉面积萎缩严重,目前仅祥符区杜良乡的大部分区域、袁坊乡、曲兴镇的小部分地区和开封近郊能用上水,其他地区根本用不上水或不能及时用水,灌区有效灌溉面积不足1/10。

2. 墒情实时监测系统技术要点及核心技术

为综合分析和预测灌区农作物精确的需水量,墒情实时监测系统架构了一套远程信息采集与处理系统,主要是实现灌区田间墒情信息获取与分析,提高农作物需水信息的准确性,进而为相关预测预报工作提供确切的数据。

(1) 组织实施技术路线。

①前期工作:基础资料收集、测点布置。

②软件开发:数据库、采集模块、信息收集处理、信息传输存储。

③示范推广:平台测试、技术培训、平台应用及效果评价。

(2) 墒情监测点布控。

根据《土壤墒情监测规范》(SL 364—2015)对监测点的布设要求,结合××灌区内作物种植结构,设立9处具有代表性的监测点,分层布控水分传感器、架设采集架、安装太阳能采集板、安装墒情信息采集传输设备。

(3) 墒情实时监测系统核心技术。

系统采用AM-SCKX水文水资源测控终端技术,该技术基于GPRS/SMS等无线数据传输,实现无线连接通信,可实现提供开关量、模拟量信号和智能仪表的数据采集及开关量控制功能。该终端包括实时采集软件和监测软件,实时采集软件提供设备上报数据的接收、分析及存储的功能;监测软件提供行政区信息、设备信息、灌溉面积、土壤类别、数据展示和统计分析、数据远程遥测等功能。软件建设包括数据库设计、功能设计、模型设计、前台界面设计、服务器终端代码等。

3. 墒情实时监测系统参数的校验

墒情实时监测系统对土壤含水率计算采用的参数在不同区域、不同土壤环境中存在一定差异,为确保墒情监测系统监测的数据更加准确、可靠,历时6个月,在灌区监测站点人工实测162组土壤含水率数据,与同时间机测土壤含水率数据进行比测,找出每个站点两种监测方式下含水率存在的系数关系,对系统后台参数进行修正。

4. 墒情实时监测系统展示

系统平台采用B/S(browser/server,浏览器/服务器模式)结构,进行多终端开发,手机、平板电脑等终端只需登录浏览器访问特定域名,便可实现系统访问。

系统主界面可进入系统导航,包括远程操作、监测数据、基本信息三个子页面。子页面包括测站编码、设备在线状态、远程命令、测控工程通信详情、测控工程历史及图像数据等,主页面及子页面并发布局都采用Bootstrap Web前端CSS框架结构。

5. 项目效益

(1) 经济效益。

墒情实时监测系统能够对墒情进行实时监测,灌区管理者可根据墒情变化合理安排取水和灌水,提高水资源的利用效率。就冬小麦而言,利用墒情实时情报指导灌溉,生育期内较传统浇灌方式灌水次数下降至3～4次,节水约20%,为灌区农作物节水丰收提供科学保证。

(2) 生态效益。

墒情信息采集系统采用太阳能供电,节能环保、低碳无污染,对土壤墒情进行原位测定,不破坏土壤结构、无放射性物质。该监测系统指导灌溉减少了灌水量,减少了水分的深层渗漏,从而避免了肥料流失,相应地减少了化学肥料使用量,减轻对环境的污染。

(3) 社会效益。

××灌区地处河南省粮食核心区,农业用水量占到总用水量的60%以上,但灌区对水资源的调控能力弱,许多区域的农业用水明显不足,沿惠济河两岸长期引用污水灌溉,严重影响灌溉区域的土壤、作物以及浅层地下水的水质。墒情信息实时采集与管理是发展精准农业的基础,大力发展节水高效农业也是××灌区经济可持续发展和社会和谐稳定的必然要求。

墒情实时监测系统采用数字化网络技术,完成墒情的自动监测和数据无线传输,并将土壤墒情数据生成报表、统计分析,真正意义上实现了脱离现场的监测活动,为相关预测预报工作提供确切的数据。该系统对××灌区的规划设计、灌区用水管理和粮食核心区的建设都具有重要的指导作用。

8.4 灌区用水信息化管理

计划用水、科学用水的一切措施都取决于正确的用水信息。因此,灌区用水管理本质上就是灌区用水信息管理。

8.4.1 灌区用水信息管理系统

灌区用水信息管理系统是以微机系统为基础,包括数据采集系统、通信系统、数据库与数据处理系统、用水计划编制与水量调控系统等的综合系统。

1. 灌区用水信息的主要内容

(1) 水源信息:河流、水库、地下水等的水位、流量、物理成分、化学成分等。

(2) 气象信息:气温、湿度、日照、降水、风力、风向、蒸发量等。

(3) 土壤信息:土壤含水率、含盐量、温度等。

(4) 作物信息:作物生育阶段、叶水势、叶面温度等。

(5) 农业生产信息:作物种类、种植面积、灌溉面积、施肥标准、耕作措施等。

上述内容属于基本信息。对这些基本信息及历史资料进行加工处理,可以得到一些二级信息(如作物需水量、土壤储水量等),进一步就可以得到三级信息,即用水管理信息,如灌溉水量日期预报(灌水量、灌水日期等)、土壤水分预报、作物需水量预报及用水计划自动编制,如图8.6所示。

2. 灌区用水信息管理系统主要内容

(1) 灌区信息管理中心。

灌区信息管理中心的任务是控制和管理各有关子系统。信息管理中心可和灌区用水管理中心结合为一体,以使信息管理与灌溉运行管理紧密结合。它可以接受来自信息采集系统的信息、外部机构(水文、气象部门)提供的信息和灌区历史资料,并通过数据管理系统送入数据库。数据处理辅助系统可进行数据加工存储,调用数据库中的数据,并与灌区用水信息管理系统所采集的信息一同送往计划用水子系统进行处理,以获得用水管理的反馈信息,显示和打印成文件,

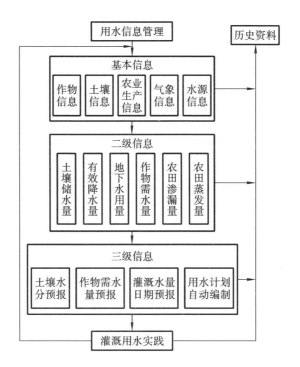

图 8.6 灌区用水信息管理示意

根据灌区用水信息管理系统所提供的用水信息进行灌溉系统运行管理。例如，按照用水配水计划或应急计划进行闸门及灌溉设施的远程操作；与管理站（段）进行通信，下达管理指令，并进行渠道和泵站的水位、流量监测。为此，管理中心需配有微机系统和通信系统。

（2）灌区用水信息采集——传输子系统。

灌区用水信息采集——传输子系统的任务是通过各种传感器、数/模（D/A）、模/数（A/D）装置及电信传输系统把所接收到的各种气象、水文、土壤、作物等信息传送到信息管理中心，由以下部分组成。

①气象信息采集系统：采集并传输气温、湿度、日照、风力、蒸发量和降雨量等数据。

②水文信息采集系统：采集并输送河流水位、流量、泥沙及地下水位和含盐量等数据。

③土壤信息采集系统：采集并传输土壤含水率、土壤温度和土壤盐分数据。

④作物信息采集系统：采集并传输农作物生长发育状况、植物叶水势和植物顶冠温变等数据。

此外,关于农业生产计划、耕作栽培方法、施肥制度等,作为农业生产资讯,亦可纳入灌区用水信息管理系统。

(3) 数据库管理系统。

数据库管理系统的主要任务是管理灌区各种数据(包括来自外部的资讯),即进行数据的存取、增补、修改、加工、检索和打印等。

(4) 灌溉计划用水信息管理系统。

接收信息管理中心的指令,并从数据库管理系统和信息采集系统获取数据,进行加工处理,进行水源预报和灌溉预报(包括作物需水量预报、土壤含水率预报),拟定灌溉制度,制定和修改灌区用水计划,进行灌区用水管理。

(5) 渠系配水管理系统。

进行渠道水位、流量监测,闸门及灌溉设施的远程操作,以及与管理站(段)进行通信。

(6) 信息管理辅助系统。

信息管理辅助系统包括数据处理、文书档案管理、复印和绘图打印等。

灌区用水信息管理系统功能可通过微机屏幕显示出来,包括主菜单(图8.7)和各级分菜单。图8.8为主菜单的下级菜单之一。

灌区用水管理系统	
1.灌区概况	2.灌区数据库
3.作物灌溉制度	4.灌溉预报
5.水源预报	6.灌溉用水计划
7.实验观测数据处理	0.退出管理系统

图 8.7　灌区用水信息管理系统主菜单

灌区概况	
1.灌区基本情况	2.灌区平面图
3.灌区气象图	4.河流流量图
5.灌区盐碱化图	6.渠道统计表
7.灌区土地统计表	8.灌区灌溉制度表
9.灌区农业统计表	0.(返回主菜单)

图 8.8　灌区用水信息管理系统二级菜单之一

8.4.2 灌溉用水管理决策支持系统

决策支持系统(decision support system,简称 DSS)是综合利用各种数据、信息、知识,特别是模型技术,辅助各级决策者解决半结构化问题的人机交互系统。它以数学模型为基础,对管理信息系统提供的大量数据进行分析、处理,综合决策层次上的辅助信息,为决策者提供决策服务。

决策支持系统解决的是半结构化问题。结构化问题是常规的和完全可重复的,每一个问题仅有一个求解答案,可以通过计算机用程序加以实现。非结构化问题不具备求解方法或用若干种求解方法所得结果不一致,计算机难以处理,而人是处理这类问题的能手。半结构化问题就是介于这两者之间的一类问题,只有将计算机和人有机结合才能有效处理半结构化问题,而决策支持系统就具有人机有机结合的特性,因此可以解决这类问题。

决策支持系统不同于管理信息系统(management information system,简称 MIS),管理信息系统是一个由人、计算机结合的对管理信息进行收集、传递、储存、加工、维护和使用的系统,它能对大量数据进行有效的管理和处理,为管理者和决策者提供信息概念并起辅助决策的作用——以数据形式辅助决策。而决策支持系统在管理信息系统的基础上增加了模型部件,按决策方案形式辅助决策,它交给决策者的不仅仅是一系列数据,而是一些决策方案,所以说 MIS 是 DSS 的初级形式。

决策支持系统不同于专家系统。专家系统辅助决策的方式是定性分析,其结构中核心是"知识库、推理机和动态数据库"三部件,"知识库"用于存放专家知识,"推理机"完成对知识的搜索和推理,"动态数据库"存放已知的事实和推出的结果。而决策支持系统辅助决策的方式是定量分析,其三部件为"模型、数据和人机交互系统"。

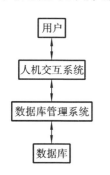

图 8.9 管理信息系统结构

三者结构分别如图 8.9~图 8.11 所示。

从结构图上可看出,决策支持系统由人机交互系统、数据库系统(包括数据库与数据库管理系统)和模型库系统(包括模型库与模型库管理系统)三大部件组成。

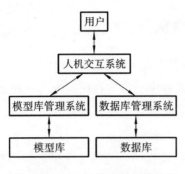
图 8.10 决策支持系统结构

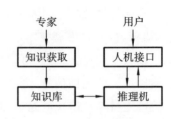
图 8.11 专家系统结构

1. 人机交互系统

决策支持系统不能代替人的决策,只能支持人的决策,因而人机交互部件是 DSS 的重要组成部分。其主要功能有三个。

(1)提供多种多样的显示和对话形式。目前,常见人机界面技术有菜单、窗口、多媒体等形式。其中,菜单可用于引导用户逐级进入系统和使用系统,对初级用户更加适用,用户只需按照菜单提示,按动几个选择键,即可操纵和使用系统。窗口、多媒体形式能增加系统的美观及直观程度,能大大地提高系统的友好度和使用效率。

(2)输入和输出转换。系统在输入中与用户的对话,要转化成系统能够理解和执行的内部表示形式。当系统运行结束后,应该把系统的输出结果按一定的格式显示或打印给用户。

(3)问题处理。编制的 DSS 程序,能控制人机交互、模型运行、数据调用达到有机的统一。

2. 数据库系统

数据库系统包括数据库和数据库管理系统。数据库主要把大量的数据以一定的组织结构进行存放,以便查询和利用,可以说,数据库就是存放数据的仓库。数据库管理系统对已建立的数据库进行统一管理和控制,其主要功能如下。

(1)描述数据库:描述数据库的逻辑结构、存储结构、语义信息和保密要求。

(2)管理数据库:控制整个数据库的运行,控制用户并发性访问,执行数据的检索、插入、删除、修改等操作。

(3)维护数据库:控制数据库初始数据的装入,修改数据库,重新组织数据库。

(4) 数据通信:组织数据的传输。

3. 模型库系统

模型库是在计算机中按一定组织结构形式来存储多个模型的集合体,它用来存放模型,有自己的特征。

(1) 表示形式:以某种计算机程序的形式表示,如数据、语句、子程序甚至于对象等。具体表现为模型名称及计算机程序、模型输入输出数据、控制参数的属性。

(2) 模型的动态形式:以某种方法运行,进行输出、计算等处理。

8.4.3 灌区用水信息化管理的信息传输

信息传输技术的飞速发展为灌区信息化建设提供了坚实的基础,根据灌区信息采集及传输的实际需求,建议在进行需求分析的基础上,依据信息点的类别,选择不同的网络传输方式,同时应尽可能利用现有的社会或自有通信资源,以减少通信基础设施的投资和管理维护升级费用,有利于灌区信息化的可持续发展。

1. 灌区管理信息需求分析方法

尽管对灌区信息存在各种不同分类方法,但总体来看,动态信息仍是最为基本和有效的分类途径。依据需要检测的时间自下而上,定义经常发生的信息为动态信息,当然,绝对静止的信息是不存在的,定义在一定尺度内和一定检测手段条件下,没有明显变化的信息为静态信息。因此,动态信息都有时效性,不同的是,动态信息时间尺度较短。一般而言,灌区管理包括工程管理、供水管理、组织管理、财务管理、土地与环境管理等多个方面。很显然,不同的管理方面涉及不同的信息需求,同时,也对信息的时效性具有不同的要求。在灌区信息化建设过程中,要确定信息传输的方式,首先必须进行信息需求分析,这种分析一般而言应是自上而下的。

自上而下分析法,也就是从存在的信息出发,在明确信息的基本属性之后,向上传递,根据可能的需求对象,送达不同的管理部门,由相应的管理部门进行取舍,并为相应的决策目标服务。对一个灌区而言,存在的信息是巨大的,其中,部分信息在一定阶段可能并不是急需的。显然,这种方式存在一种不确定性,一方面,收集的信息可能是不需要的;另一方面,所需要的信息也可能没有收集。因此,实践中,这种方式具有一定的局限性。

就灌区用水管理而言,动态配水是实现计划用水和定额管理的关键技术,为实现这一目标,需要了解渠道的过流能力、渠道断面的实际过流量和灌区的用水情况等,其中,部分信息具有时间特性。为满足灌溉管理实际需求,对不同的信息选择不同的时间尺度,是十分必要的,在灌溉系统运行过程中,每分钟更新一次过流信息,可视化监控每个闸门的自动启用,但这不一定是必要和切合实际的,而所有这一切都将或多或少地影响灌区信息建设的信息传输网络方案的选择。

2. 灌溉用水管理中的动态信息点

(1) 实时影像可视化监测信息点。

实时影像可视化监测,即在现场安装摄像设备,通过一定的信息传输途径,将现场的环境和工况,"搬入"监控中心,对这类信息点,首先必须明确监测目的、监测内容、监测范围、监测频率,同时,根据目的的不同,对图像质量、图像色彩、信息使用方式和使用对象也应明确界定。就关键闸门的实时影像可视化监测而言,在确有必要的前提下,应明确监测点的监测内容,如闸室的环境监测、闸门开度的监测、电动机运行状况的监测等,必须在需求分析的基础上合理确定,脱离实际需求的配置不仅造成信息点投资的浪费,也势必加大信息传输系统投资。

(2) 实时模拟可视化监测信息点。

实时模拟可视化监测,即在现场仅仅安装传感器,通过一定的手段将数据取回,并在计算机上模拟现场对象运行工况,如对闸门的监测,不仅可以通过影像来可视化监测,而且也可以通过对闸门开度的监测,通过数据分析,在控制中心计算机上模拟闸门的运行状态,在现场背景照片的衬托下,同样可以达到可视化监测的目的。而与实时影像可视化监测相比,实时模拟可视化监测不仅可以减少现场的设备费用,也可以大幅度降低信息传输的费用。

(3) 实时采集信息点。

在灌区用水管理中,为实现计划用水和动态配水,对一些重要的区域和水源地、有防汛要求的渠段、特定用水户、重要建筑物、水位变化频繁的断面等,需要实时予以监测,在完成需求分析后,依据要实现的相应功能,设计信息传输系统,必要时也可以考虑备用信息传输通道。

(4) 实时记录、定期采集信息点。

在灌区用水管理中，部分信息更新的频率要求并不是特别高，对这类信息完全可以以一个相对较短的时间间隔进行实时记录，由于每一条记录均带有时间标识，即便相隔较长的时段采集存储设备中的数据也完全可以满足管理决策的要求。实践中，可以根据信息点的重要程度、反映信息变化和制定决策需要的时间尺度等因素，综合考虑以确定实时记录的时间间隔和定期采集间隔，由于实时记录由就地仪器仪表完成，信息传输网络则主要由定期采集时间间隔和传输信息量来确定。

（5）人工观测记录信息点。

根据我国生产力发展水平，灌区完全实现信息采集自动化还有相当长的路要走，在可以预计的将来，灌区仍有相当数量的信息采集需要依靠人力来完成，人工观测取得的信息也是灌区信息化建设的重要组成部分。事实上，灌区信息化并不排斥人工观测，人工观测也是信息化的重要来源。在灌区信息化建设管理中，关键问题是如何处理和利用从不同途径得到的信息。

随着信息产业的不断更新换代，灌区用水管理信息化管理工作势在必行，信息需求分析和信息点分类完成之后，如何将分散、孤立的信息进行汇总和处理是规划信息传输网络的重要依据。传输途径主要包括人工报送模式、转储模式、短信服务模式、移动公网模式、自建无线传输模式、有线光纤模式、电话传送模式、电力载波模式和卫星传输模式等。根据部分灌区的经验，有线电话、短信服务模式和无线短波混合可以满足现阶段大多数实时数据采集的需要；对非实时采集的信息点，介质转储可以满足实际需求；对需要进行实时影像可视化监测的信息点，由于传输系统投资一般较大，实际中应详细规划与比较，对确有必要的信息点才应考虑实时影像可视化监测的问题。需求分析应成为所有工作的基础。信息传输方案的选择应从基础设施的投资、通信设备的投资、管理维护费用、更新升级费用、运行可靠性、人力资源等多方面予以综合评估，总体上应以满足实际需要为原则，并尽可能利用现有的或者公共通信资源。

第 9 章　中坪灌区农田水利改造工程设计案例

9.1　工程基本情况说明

9.1.1　工程地理位置

中坪灌区位于南雄市的坪田镇、乌迳镇境内,是一宗综合灌区工程,其主要取水水源为中坪水库。中坪水库拦截浈水一级支流水源用于灌溉,水库主要用于中坪灌区灌溉,无其他生活供水、工业供水任务。

灌区灌溉干渠总长为 27.10 km(包含中坪水库坝后电站至中坪电站引水渠段)。出于种种原因,灌区规模不断萎缩,现实灌溉农田 1.25 万亩,中坪灌区农田水利改造可研阶段计划恢复灌溉面积 0.75 万亩,恢复后可达到 2.0 万亩灌溉面积,其中水田 1.4394 万亩,旱地 0.5606 万亩。本次初步设计总体上根据可研阶段成果进行局部调整,现实灌溉农田 1.25 万亩,实际恢复 0.6842 万亩,恢复后达到 1.9342 万亩灌溉面积,其中水田 1.4665 万亩,旱地 0.4677 万亩。

中坪灌区改造后灌溉面积可达 1.9342 万亩,灌区灌溉范围涉及背迳、老龙、长坑、龙口、小塘、横岭、黄塘、官门楼、响联、龙迳、山下、新田、孔塘、坪塘 14 个村委会,耕地比较分散。本次改造渠系基本按现有渠线布置,对险工险段进行加固或新建暗涵等。

9.1.2　工程兴建过程

中坪灌区位于广东省南雄市境内,以灌溉坪田镇及乌迳镇为主。中坪水库及灌区始建于 1957 年,1963 年基本完善,开挖干渠总长 29 km,支渠 30 km。中坪灌区建成之初,灌区未进行配套建设,仍是旧时渠系,直到 1994 年才进行局部配套建设。主要配套内容为:①干渠中 16.774 km 的渠道上采用广东省马坝防水材料厂生产的复合土工膜防渗,侧墙采用 5 cm 厚预制混凝土板保护,底板采用5 cm厚现浇混凝土保护；②干渠中3.43 km采用8 cm厚水泥土防渗；③对险工段或山边渠堤地段及原断面过宽地段建浆砌石堤防加固防渗，长0.805 km；④加固及配套排洪设备。此后，灌区陆陆续续进行了一些配套扩建，主要建设内容包括渠道的清淤、渡槽的加固改造、新开渠道延长等，但受资金、政策等因素的影响，其绝大部分的灌溉渠道仍为土渠。

9.1.3　工程地质情况概述

（1）中坪灌区位于南雄盆地东部边缘，本区属盆地丘陵地貌，南雄盆地由白垩系上统南雄群粉砂质泥岩夹砂岩、钙质粉砂岩、砂砾岩，以及第三系丹霞群粉砂质泥岩夹钙质粉砂岩、砂岩、砂砾岩地层组成。

（2）中坪灌区大部分为土渠，沿线渠基大多为第四系残坡积层砂砾质土，部分为全风化至强风化粉砂质泥岩夹砂岩、粉砂岩、砂砾岩，局部渠基为第四系冲积层砂质黏土、砂卵砾石。渠基透水性属中等，渗透系数为 $10^{-4}\sim10^{-3}$ cm/s。渠基渗漏是主要的工程地质问题。部分地段存在傍山渠道边坡因渠基渗漏或边坡过陡引起的塌方问题。

（3）中坪灌区野猪石渡槽，其支撑排架基础为白垩系上统南雄群粉砂质泥岩夹砂岩、钙质粉砂岩、砂砾岩，承载力满足要求，未见基础不均匀沉降现象，结构也未见开裂、变形、错位等现象，但槽身老化渗漏严重，钢筋外露。

（4）灌区沿线拟重建、新建或加固水闸共47座，保留10座，其对工程地质条件要求不高，工程区内冲积含砂粉质黏土、残坡积含砾粉质黏土和全风化砂砾岩均可作为其潜在持力层，承载力满足设计要求，但透水性属中等透水至弱透水，需要做好基础防渗工作。

（5）中坪灌区主要渠系建筑物中，拟重建、新建或加固人行桥25座，保留28座，重建排洪桥1座。由于沿线农桥规模较小，对工程地质条件要求不高，工程区内冲积含砂粉质黏土、残坡积含砾粉质黏土和全风化砂砾岩均可作为其潜在持力层，承载力满足设计要求。

（6）工程用石料选用花岗岩石料。天然建筑材料质量及储量均能满足工程要求。

（7）建议施工阶段加强水闸、农桥等主要渠系建筑物基础开挖的施工地质工作。

9.1.4 灌区改造的必要性

(1) 与相关规划的相符性。

为认真贯彻《中共中央 国务院关于加快水利改革发展的决定》(中发〔2011〕1号)、《中共广东省委 广东省人民政府关于加快我省水利改革发展的决定》(粤发〔2011〕9号)和中央水利工作会议、省水利工作会议精神,切实加强农田水利薄弱环节建设,广东省委、省政府出台了《广东省农田水利万宗工程建设方案》,明确提出,从2011年起,用10年时间在全省实施农田水利万宗工程建设,基本形成较为完善的农田灌排工程体系。

南雄市中坪灌区于2011年列入了《广东省中型灌区续建配套与节水改造工程规划(2011—2020年)》。南雄市中坪灌区续建配套与节水改造工程已被列入《全国中型灌区续建配套与节水改造实施方案(2021—2022年)》。

(2) 农业发展的需要。

根据2017年的韶关市灌区数据调查表,南雄市中坪灌区担负着南雄市2万亩农田的灌溉任务,南雄市灌区多建于20世纪50—80年代,当时设计标准低,社会经济落后,由于资金的投入有限,其绝大部分渠道仍为土渠,经过多年运行,现渠道渗漏严重,渠系水利用系数日趋下降,现渠系水利用系数仅为0.4。由于渠道渗漏严重,灌区下游及上游引水渠水未能完全到达,灌溉面积不断萎缩,现灌溉面积的设计保证率从90%下降到50%左右,且渠道的渗漏及灌区渠道泄洪设施不够,经常出现垮渠现象,严重影响工程的正常运行和威胁人民的生命财产安全。对此,灌区群众意见大。

灌区下游农业灌溉水源不足,已严重影响到当地的经济发展,当地经济形势的发展对农业提出了更高的要求,相应对水利灌区的需求也更大。现实却是,因为灌区老化等,农业生产近年来已持续倒退,灌溉面积不断减小。因此,急需改造灌区水利设施,缓解当地供水与用水失衡的矛盾和农田浸没问题。

综上所述,为发挥灌区工程应有的效益,保障灌区农业高产、稳产,形成良性循环,稳定灌区管理职工队伍,必须对灌区工程进行改造。

(3) 区域经济发展的需要。

南雄市近年来经济得到高速发展,其中工业增长更是突飞猛进。区域经济的快速发展对水量提出了更高的要求。由于灌区干渠及支渠渠道沿线渗漏量大,水量损失严重,灌区管养单位不得不加大提水流量来尽量保证农田用水,导致运行成本逐步走高,而机电设备的老化也消耗了更多的人力、物力来维护。当地农民耕作积极性受到极大影响,作物减产,灌区管养单位也因此不堪重负。进行灌区改造将有效促进当地的经济快速发展,保障灌区农业高产、稳产,形成良性循环,稳定灌区管理职工队伍。

(4) 革命老区发展、稳定、振兴的需要。

2010 年 5 月 6 日,中共中央党史研究室确认南雄为"中央苏区县"。革命老区发展滞后,与其自然条件和产业基础密切相关。灌区加固改造涉及南雄市农业经济发展问题,对灌区加固改造工程的大力支持必将推动当地农业大跨越发展。项目所在地的干部群众对灌区工程改造亦呼声迫切,多次向上级有关部门反映汇报,积极争取。可以说,该灌区改造已直接影响到革命老区发展稳定及和谐社会构建。

(5) 保障国家粮食战略安全的需要。

保障我国粮食安全,对构建社会主义和谐社会和推进社会主义新农村建设具有十分重要的意义。近年来,我国粮食生产发展和供需形势呈现出较好局面,为改革发展稳定全局奠定了重要基础。但是必须清醒地看到,农业仍然是国民经济的薄弱环节,随着工业化和城镇化的推进,我国粮食安全面临着一些新情况和新问题:粮食生产逐步恢复,但继续稳定增产的难度加大;粮食供求长期处于紧平衡状态;农产品进出口贸易出现逆差,大豆和棉花进口量逐年扩大;主要农副产品价格大幅上涨,成为经济发展中的突出问题。

"藏粮于地、藏粮于技"是中央确保粮食产能的新思路。这意味着我们将不再一味追求粮食产量的连续递增,而是通过增加粮食产能,保护生态环境,促进粮食生产能力建设与可持续增长。但现有灌区配套设施无法支持粮食生产能力的增长,因此开展灌区续建配套与改造项目很有必要。

9.2 工程布置及主要建筑物

9.2.1 工程等级和洪水标准

1. 灌区工程规模

根据《灌区改造技术标准》(GB/T 50599—2020)、《水利水电工程等级划分及洪水标准》(SL 252—2017)及《防洪标准》(GB 50201—2014),中坪灌区设计灌溉面积1.9342万亩,渠首设计引水流量为2.36 m³/s,灌区为中型灌区,工程规模为中型。灌区工程等级根据灌溉面积确定为Ⅳ等小(1)型工程。

2. 干渠工程级别

根据《水利水电工程等级划分及洪水标准》(SL 252—2017)、《防洪标准》(GB 50201—2014)、《灌溉与排水工程设计标准》(GB 50288—2018)的规定,对于灌溉设计流量小于5 m³/s或排水设计流量小于10 m³/s的灌溉渠道与排水沟道,灌溉渠道及排水沟道级别为5级,临时性建筑物为5级。中坪灌区总干渠灌溉流量小于5 m³/s,承担排洪任务的渠段排水流量也均小于10 m³/s,因此各渠段工程级别均为5级(表9.1)。

表9.1 灌溉渠道分级指标

工程级别	1	2	3	4	5
灌溉流量/(m³/s)	>300	100～300	20～100	5～20	<5

3. 渠系建筑物级别

渡槽、水闸、涵洞等渠系建筑物的级别根据过水流量按照《灌溉与排水工程设计标准》(GB 50288—2018)确定,因过水流量均小于5 m³/s,建筑物级别全部为5级(表9.2)。

表9.2 渠系建筑物分级指标

工程级别	1	2	3	4	5
过水流量/(m³/s)	>300	100～300	20～100	5～20	<5

4. 防洪标准

灌溉渠道及渠系建筑物的防洪标准(以重现期表示)应根据其级别按《灌溉与排水工程设计标准》(GB 50288—2018)的第3.3.1条及《防洪标准》确定(表9.3)。

表9.3 灌溉渠道及渠系建筑物设计防洪标准

工程级别	1	2	3	4	5
重现期/a	100～50	50～30	30～20	20～10	10

干渠渠道、渠系建筑物均为 5 级，因此，防洪标准为 10 年一遇。

5．建筑物耐久性

根据《水利水电工程合理使用年限及耐久性设计规范》(SL 654—2014) 和永久建筑物的级别，确定永久建筑物的合理使用年限和钢筋混凝土耐久性基本要求，见表 9.4。

表 9.4　永久建筑物的合理使用年限和钢筋混凝土耐久性基本要求

序号	建筑物类别	建筑物级别	合理使用年限/a	钢筋混凝土最低等级	环境类别
1	渡槽	5 级	30	C25	二类
2	涵洞	5 级	30	C25	二类
3	水闸	5 级	30	C25	二类
4	桥	5 级	30	C25	二类
5	陡坡	5 级	30	C25	二类
6	纳水堰	5 级	30	C25	二类
7	管理房	5 级	30	C25	二类

9.2.2　设计基本资料

（1）水文气象数据。

灌区水文气象情况如表 9.5 所示。

表 9.5　灌区水文气象情况

灌区名称	区域集雨面积/km²	多年平均降雨量/mm	多年平均气温/℃	最高气温/℃	最低气温/℃
中坪灌区	26	1569	19.5	39.5	−6.2

（2）地层岩性及物理力学指标。

按照《水利水电工程地质勘察规范（2022 年版）》(GB 50487—2008) 附录 E 岩土物理力学参数取值原则，并依据原状土土工试验，结合本地区已建工程经验，采用工程类比法，经综合类比后提出灌区岩土体物理力学性质指标建议值，见表 9.6。

表 9.6　灌区岩土体物理力学性质指标建议值

岩土名称		密度/(g/cm³)	承载力/MPa	抗剪强度		摩擦系数
				凝聚力/kPa	内摩擦角/(°)	
冲积层	砂质黏土	1.82	0.14	30	18	—
	砂卵砾石层	—	0.35～0.4	—	—	—
残坡积层	砂砾质土	1.88	0.15	30	19	
丹霞群、南雄群 粉砂质泥岩、砂砾岩、砂岩	全风化	1.85	0.18～0.25	22	18～24	—
	强风化	2.1	0.4～0.5	—	—	0.45～0.50
	弱风化	2.3	0.7～0.9	—	—	0.53～0.56

注：承载力、抗剪强度内摩擦角、摩擦系数取值可按粉砂质泥岩、泥质粉砂岩取小值，砂砾岩、砂岩取大值。

(3) 本工程主要选用参数指标。

基本荷载组合：挡墙抗滑稳定系数为 1.2，抗倾覆系数为 1.4。

特殊荷载组合：挡墙抗滑稳定系数为 1.05，抗倾覆系数为 1.3。

衬砌糙率：混凝土为 0.017，钢筋混凝土为 0.014。

(4) 地震设防烈度。

根据《广东省地震烈度区划图》(1∶1800000)，本工程地区地震烈度为Ⅵ度，建议本工程地震设防烈度为Ⅵ度。根据《中国地震动参数区划图》(GB 18306—2015)中附录 A、附录 B 和附录 C 中表 C.19：工程区地震动峰值加速度为 0.05g，地震动反应谱特征周期为 0.35 s，地震基本烈度为Ⅵ度，属相对稳定地区。

9.2.3　工程布置

1. 总体布置

中坪灌区主要取水水源为中坪水库，该水库为多年调节水库。灌区灌溉干渠总长为 27.1 km(包含中坪水库坝后电站至中坪电站引水渠段)，灌区设计总灌溉面积 1.9342 万亩，其中水田 1.4665 万亩，旱地 0.4677 万亩。中坪灌区灌溉范围涉及 14 个村委会，耕地较分散。

本工程主要对中坪灌区进行改造。本次改造渠系基本按现有渠线布置，对渠道沿线渠底及侧墙进行防渗衬砌。现有已衬砌部分渠道，对于尚可满足使用要求的,保持现状不变。渗漏严重或损坏严重的,则采取拆除重建混凝土渠的措施。对于现有建筑物,能通过局部加固恢复使用功能的进行加固,无法通过加固恢复使用功能的则进行重建。新建分水涵、水闸、涵洞等渠系建筑物,完善灌区配套。

2. 水源及渠首工程

中坪灌区水源主要为中坪水库,水库死水位为 320.68 m,相应库容为 5.23 万 m^3;水库正常水位为 350.61 m,相应库容为 1432 万 m^3,调节库容为 1417 万 m^3,另外灌区内山塘可向灌区补水。灌区总干渠(中坪水库坝后电站至中坪电站引水渠道长为 4.432 km)渠首接中坪水库坝后电站尾水,通过渠首进水闸引水,进水闸带病运行,闸门及螺杆锈蚀严重,启闭不灵活;本次对进水闸进行重建处理;渠道在三闸陂(桩号 K7+882)处,接入肖屋水,三闸陂上设有冲沙闸及排水闸,现状运行基本满足要求,本次保留三闸陂现状;本次设计新建节制闸进行取水,排水闸以上肖屋水集雨面积约 2.5 km^2,可作为总干渠水源的补充。

3. 渠系工程

桩号 K0+000～K4+432 区间为中坪电站引水渠道,总长为 4.432 km,没有直接灌溉任务,暂不列入本次改造范围。列入改造范围的 K4+432～K27+148 渠道为电站下游灌溉渠道,总长为 22.716 km。其中 6.119 km 保留两侧挡墙及底板,仅对渠道进行清淤;0.447 km 渠道保留一侧挡墙,仅对底板及另一侧渠墙进行改造;16.15 km 为土渠,对渠道两侧及底板进行改造。

4. 渠系建筑物

本次中坪灌区改造工程涉及的渠系建筑物有渡槽、桥、水闸及涵等,根据其现状运行情况判定对其进行改建、扩建、重建、维修等,根据灌溉系统运行需要增设新的建筑物。

9.2.4 渠道及建筑工程设计

1. 渠道纵断面设计

中坪灌区的现状渠系已基本形成,干渠、支渠网络已初具规模,现状渠道纵坡经复核基本合理,故本次灌区改造纵断面总的设计原则有以下方面。

(1) 最大限度地利用原有建筑物,避免大面积、大体积的土方挖填。

(2) 以原控制性建筑物和本次新建建筑物作为控制点,分段进行渠底纵坡设计。

(3) 尽可能满足渠道各段设计流量,在满足渠道不冲、不淤流速的前提下,力求渠道断面最小;尽可能满足渠道上、下游水面衔接,避免上、下游出现大的水面变化,减少局部水头损失。

(4) 渠道纵断面设计和横断面设计相互联系,互为条件,在设计中统筹考虑、交替进行、反复调整,最后确定合理的设计方案。

(5) 现状干渠纵断面上游已基本合理,但局部渠段出现反坡现象,故本次干渠设计在现状纵断面成果的基础上做局部调整,尽可能避免大范围、大幅度的纵断面调整。

本次设计中尽可能减少设计渠底与原渠底高程差,在减少挖填量的同时也尽可能利用现有建筑物工程。渠道局部坡降段受地形影响设陡坡。

2. 渠道横断面设计

(1) 总体设计。

根据现场勘查、测量,各渠道存在的主要问题是渠道塌方、滑坡严重,抗冲能力差,渗漏损失大,冲淤严重,无检修路。针对这种情况,在渠道横断面整治设计中,拟对各段渠道采取混凝土防渗、挡墙修复及坡度治理等处理措施,节约用水,减少渗漏损失并方便日后工程管理,根据渠道情况设检修道路。

(2) 防渗衬砌方案比选。

针对中坪灌区的现状,本次对渠道衬砌改造的设计初步提出如下方案进行比选。

①浆砌石衬砌方案:设浆砌石明渠,顶厚 50 cm。该衬砌形式施工简便,耐久性好,具有一定优势。迎水面砂浆抹面防渗效果较好,符合本工程对防冲、防渗提出的要求。渠道沿线料场储量大、质量满足工程要求。在前期灌区新建和加固中采用浆砌石衬砌形式较多,积累了相关施工和管理经验。但浆砌石结构难以机械化施工,导致施工质量难以保证而且容易损坏,因以人力施工为主,工期也较难控制,同时使用期也比混凝土衬砌短。

②埋铺式塑料薄膜衬砌方案:选用塑料防渗膜料做防渗底层,上设 20 cm 砂黏土保护层。该衬砌形式防渗效果较好,质量轻,运输量小,造价相对低,但塑料

薄膜会对水体造成污染,且土面层糙率大;部分堤段鼠害较为严重,衬砌容易受破坏,使用年限较短,维修管理不便。该衬砌形式在本灌区和邻近灌区中使用较少,故本次改造设计不建议采用此方案。

③现浇混凝土衬砌方案:设C20混凝土衬砌,顶厚根据渠道实际情况确定。该衬砌形式适用范围广,防冲、防渗、耐久性好,使用年限较长(30~50年),缺点是单位体积造价较高,同时本工程渠道弯曲,衬砌模板安装、混凝土振捣困难。但由于采用混凝土衬砌墙体厚度可比浆砌石减少,造价可适当优化;且混凝土施工技术成熟,机械化施工进度快。由于原灌区附近石料较少,且浆砌石砌筑较困难,质量难以保证,故本次设计渠道衬砌加固主要采用现浇混凝土衬砌方案。

干渠衬砌方案比较见表9.7。

表9.7 干渠衬砌方案比较

比较方案	浆砌石衬砌方案	埋铺式塑料薄膜衬砌方案	现浇混凝土衬砌方案
施工	以人力施工为主,工艺简单,材料供应充足,但难以机械化施工	以人力施工为主,受地质、地形影响大,局部质量难以保证	混凝土施工技术成熟,质量易于控制
进度	工期受人力因素影响大,较难控制,但本工程渠线长,工作面多,方便人力铺开平行施工,可一定程度弥补进度不足的缺点	质量轻、运输量小,但工艺烦琐、进度慢	机械化施工,进度可控性好
造价	比现浇混凝土衬砌方案低,比埋铺式塑料薄膜衬砌方案高	初始造价低	相对较高,渠线长,总价高昂
使用管理	使用管理方便	塑料薄膜会对水体造成污染,易被鼠害破坏,维修管理不便,近年多用于微型渠道临时工程	使用管理方便
衬砌效果	符合本工程对防冲、防渗提出的要求	初始效果好,本工程土面层糙率大,后期效果差	符合本工程对防冲、防渗提出的要求

续表

比较方案	浆砌石衬砌方案	埋铺式塑料薄膜衬砌方案	现浇混凝土衬砌方案
耐久性	使用期适中	使用期最短	使用期最长
寿命周期成本	寿命周期成本比现浇混凝土衬砌方案低	寿命周期成本较高,后患难以消除	寿命周期成本高
结论:综合考虑,推荐选用现浇混凝土衬砌方案			

(3)横断面形式、渠道边坡、横断面尺寸。

本工程在原渠道基础上加固,根据渠段选择断面形式:在原渠道已经成形、固化的渠段,渠道按照原渠道形式不变;若渠道未成形,则按新建渠道进行设计。

①过水断面形式比选。

本工程按照三种断面方案进行选择:矩形过水断面、梯形过水断面、复合过水断面。

a. 对于两侧已有直立挡墙的渠段,渠道已有过水断面为矩形,则保留原过水断面形式,节约投资。

b. 对于需全断面新建渠道的渠段,采用梯形过水断面更节约投资,且雨季能更有效排洪。

c. 对于有一侧建有直立挡墙的渠段,保留现有直立挡墙,另一侧新建渠墙(直墙向外安全系数更高且排洪能力更强),故渠内采用复合过水断面(一侧为矩形,另一侧为梯形)。

综上,本次设计断面形式以梯形过水断面为主,根据实际情况,局部采用矩形过水断面与复合过水断面。

②渠墙形式比选。

本工程按照三种渠墙方案进行选择:重力式渠墙断面、仰斜式渠墙断面、复合式渠墙断面。

a. 重力式渠墙断面。

若渠道基本为土渠,现有渠道较宽或渠堤较低矮,为便于墙后填土施工,可将渠道左、右边墙断面设计为重力式渠墙断面。侧墙顶宽度为 0.3 m,背坡铅直,面坡坡度为 1:0.3,墙趾宽 0.3 m,墙趾厚 0.3 m,为 C20 混凝土结构。底板混凝土强度等级为 C20,厚度为 0.12 m。渠道底宽与渠深根据水面线计算结果取值。

b. 仰斜式渠墙断面。

若渠道随山体绕行,现状基本为土渠,部分渠道较窄且陡,现状边坡坡度已经长期维持在1∶0.3,为减小工程量,可将渠墙断面设计为仰斜式渠墙断面。根据渠道实际情况,侧墙顶宽度为0.15～0.3 m,面坡坡度为1∶0.3,墙趾宽0.3 m,墙趾厚0.3 m,为C20混凝土结构。底板混凝土强度等级为C20,厚度为0.12 m。渠道底宽与渠深根据水面线计算结果取值。

c. 复合式渠墙断面。

若渠道现状基本为土渠,右侧为较矮渠墙,左侧为较陡山体,边坡坡度为1∶0.3,能自稳,则根据渠道实际情况,可将右侧边墙断面设计为重力式渠墙断面,以便于墙后填土施工,将左侧边墙断面设计为仰斜式渠墙,以减小开挖工程量。右侧边墙墙顶宽度为0.3 m,背坡铅直,面坡坡度为1∶0.3,墙趾宽0.3 m,墙趾厚0.3 m,为C20混凝土结构。底板混凝土采用C20,厚度为0.12 m。左侧边墙顶面净宽不小于0.2 m,沿原有山体放坡,坡度为1∶0.3。

渠道边坡考虑工程量因素,尽量结合现状已运行多年形成的稳定边坡设计。渠道边坡坡度应根据各渠段所处的地形、地质条件及渠道所需挖方的高度,参照《灌溉与排水工程设计标准》(GB 50288—2018)及地质人员提供的参数选取。新开挖永久边坡的坡度取值:砂质黏土、砂砾质土为1∶1.7～1∶1.6;全风化砂砾岩、砂岩为1∶1.7～1∶1.6;强风化砂砾岩、砂岩为1∶1～1∶0.9;弱风化花岗岩为1∶0.5～1∶0.25。

永久开挖边坡开挖高度较低时,边坡坡度可调整至1∶1。临时开挖边坡坡度取1∶0.3。回填边坡坡度取1∶2。永久开挖边坡需撒草籽进行护坡。

各渠道横断面尺寸根据过流要求结合现状断面拟定,渠段设计流量按明渠均匀流公式计算。

根据自流灌溉所需设计流量复核现状渠道断面是否符合要求,如满足,则在现有断面基础上衬砌加固或清淤平整;如不满足,则予以加高或加宽。考虑到干渠、支渠沿程水头损失,灌区用水及耕作制度改变等不确定因素,《灌溉与排水工程设计标准》(GB 50288—2018)规定:加大流量按规范要求取设计流量的1.3倍,最小流量取设计流量的40%,各段设计流量、设计渠宽及渠高详见水面线计算表。

(4) 不冲、不淤流速。

为了使灌溉渠道不冲、不淤,满足渠床稳定性要求,设计中以临界不冲流速为依据，而以临界不淤流速进行校核。根据《灌溉与排水工程设计标准》（GB 50288—2018），混凝土衬砌渠道的允许不冲流速小于 8.0 m/s，清水小型渠道不淤流速为 0.3～0.5 m/s。

渠道的不淤流速主要取决于渠道含水情况和断面水力要素。渠道不淤流速采用不淤流速经验公式[式(9.1)]计算。

$$v_{cd} = C_0 Q^{0.5} \tag{9.1}$$

式中：v_{cd} 为渠道不淤流速，m/s；C_0 为不淤流速系数，根据渠道流量和宽深比查表可知本工程中 $C_0=0.4$；Q 为渠道的设计流量，m³/s。

(5) 衬砌超高和渠顶高程。

渠道顶超高按式(9.2)计算。

$$F_b = 0.25 h_b + 0.2 \tag{9.2}$$

式中：F_b 为渠道顶超高，m；h_b 为渠道通过加大流量时的水深，m。

渠顶高程 Z 按式(9.3)计算。

$$Z = F_b + h_b \tag{9.3}$$

根据式(9.3)计算出的渠顶高程，即"计算渠顶高程"。按照"低填平、高保持"的原则确定渠顶高程，现状渠顶超高不满足规范要求的，则将渠堤进行加高；现状渠顶超高高于规范要求的，则维持现在渠堤高度不变。

(6) 渠顶宽度。

对于万亩以上灌区，渠顶宽度不得小于 2 m。本次设计拟在中坪灌区总干渠堤顶铺设 2 m 宽维修便道。对于部分渠堤较单薄、无法设置维修道路的渠段，渠顶宽度维持原状即可。

(7) 渠道边墙稳定性计算。

①重力式渠墙稳定性计算。

a. 计算公式。

根据《水工挡土墙设计规范》(SL 379—2007)的相关计算公式，对挡土墙的抗滑稳定性、抗倾覆稳定性和基底压应力进行计算。

b. 荷载组合。

荷载组合包括基本组合和特殊组合。渠道边墙稳定性计算荷载组合见表 9.8。

表 9.8 渠道边墙稳定性计算荷载组合

荷载组合	计算工况	自重	附加荷载	土压力	水重	静水压力	扬压力	淤沙压力	风浪压力	冰压力	土的冻胀力	地震荷载	其他	说明
基本组合	正常水位工况	√		√	√	√								
特殊组合	水位骤降工况	√		√	√	√								
	施工工况	√	√	√									√	考虑施工中临时荷载

分别对基本组合和特殊组合的各种工况进行抗滑稳定性、抗倾覆稳定性及基底压应力进行计算。

c. 计算典型断面。

选取基础落在砂砾质土的断面(墙高 1.50 m)作为典型断面,并进行抗滑稳定性、抗倾覆稳定性及基底压应力计算。

d. 计算基本资料。

渠道边墙稳定性计算荷载参数如表 9.9 所示。

表 9.9 渠道边墙稳定性计算荷载参数

荷载组合	计算工况	墙前水位/m	墙后水位/m	附加荷载	附载编号	墙前水深
基本组合	正常水位工况	1.000	1.000	×		0.000
特殊组合	水位骤降工况	0.300	1.000	×		0.000
	施工工况	1.000	1.000	√	1	0.000

根据地质勘查报告,砂砾质土摩擦系数 $f=0.45$,地基承载力为 180 kPa。墙体容重 $\gamma=24$ kN/m³。

墙后填土指标:按砂砾质土设计,根据地质勘查报告,天然密度为 1.82 g/cm³,内摩擦角为 18°,凝聚力为 30 kPa。

e. 计算结果。

渠墙稳定性计算结果见表 9.10。

表 9.10 渠墙稳定性计算结果

荷载组合	计算情况	抗滑稳定安全系数 K_c		抗倾稳定安全系数 K_0		最大、最小应力比	
		计算值	最小允许值	计算值	最小允许值	计算值	最大允许值
基本组合	正常水位工况	2.33	1.20	4.41	1.40	1.77	2.5
特殊组合	水位骤降工况	1.35	1.05	4.08	1.30	2.01	3.0
	施工工况	1.92	1.05	3.67	1.30	2.49	3.0

本次计算的 1.5 m 高挡墙为本工程采用的最高挡墙,渠道边墙断面在各计算情况下,最小抗滑、抗倾稳定安全系数值均满足要求。其他尺寸挡墙断面也采用上述方法进行稳定性计算,计算结果亦满足规范要求。

②仰斜式渠墙稳定性计算。

能自稳的渠段采用仰斜式渠墙断面形式,本次选取现渠道自然边坡坡度 1∶0.3 进行稳定性分析,计算渠道正常水位与水位骤降两种工况,计算采用有效应力法,计算参数如表 9.11 所示。

表 9.11 计算参数

土层	容重/(kN/m³)	浮容重/(kN/m³)	有效应力 c/kPa	有效应力内摩擦角/(°)
冲积层	18.2	8.2	30	18

计算结果汇总见表 9.12。

表 9.12 计算结果汇总

荷载组合	工况	应力计算方法	渗流	超孔压 u'	降雨	解法	安全系数
基本组合	正常水位工况	有效应力法	降落前	0	无降雨	毕肖普法	1.24578(左)
特殊组合	水位骤降工况	有效应力法	降落前→降落后	根据孔压系数估算	无降雨	毕肖普法	1.22581(左)

本次仰斜式渠墙衬砌前仅对边坡进行表土清理,对现有长期固结之后的土层结构保留完整,根据计算结果,即使不考虑衬砌的挡土作用,自然边坡的稳定性也满足要求。可以认为仰斜式渠墙稳定性满足要求。

3. 渠系建筑物设计

灌区渠系建筑物有渡槽、水闸(进水闸、分水闸、排水闸、节制闸)、陡坡、涵(涵洞、穿路涵、分水涵)、桥(人行桥、排洪桥)等。

1) 布置原则

(1)对现状布置比较合理、结构比较完好、满足设计过流能力的建筑物进行维修加固处理或直接保留利用。

(2)对布置较合理,但结构破损严重或过流能力不满足设计要求的,在原址拆除重建。

(3)对布置不合理且结构破损严重或过流能力不满足设计要求的,改址重建或报废。

根据以上原则,本次初步设计共涉及建筑物 175 处,其中,改造、重建、新建各类建筑物 105 处,保留现有建筑物 70 处。

2) 渡槽

灌区仅 1 处野猪石渡槽,渡槽已完建且运行多年,本次对槽身进行加固。

(1)渡槽计算。

渡槽的水力计算方法可参见本书第 6.2.2 节内容。

(2)渡槽加固。

现有渡槽为拉杆式矩形槽身,槽壁厚 150 mm,根据《灌溉与排水工程设计标准》(GB 50288—2018),矩形断面渡槽槽身超高可取槽内加大水深的 1/12 加 5 cm。野猪石渡槽槽身分缝老化渗漏,局部钢筋外露,病险主要集中在槽身局部破损或渡槽进出口连接段。故本次加固根据病险特点,重点对槽身予以处理,对下部槽墩破损部位进行加固维修处理。本次改造拟对槽身采用丙乳砂浆防渗,对槽身分缝进行防渗处理,伸缩缝内料采用聚氯乙烯胶泥,外封盖料采用沥青砂浆,对槽身或槽墩破损部位进行加固维修处理。渡槽加固基本情况见表 9.13。

表 9.13 渡槽加固基本情况

名称	起点桩号	终点桩号	渡槽长度/m	断面形式	跨度/m	跨数	断面尺寸(宽×净高)/m	壁厚/m	存在问题	拟处理方案
野猪石渡槽	K7+413	K7+422	9	矩形	9	1	1.5×1.4	0.15	槽身老化渗漏,钢筋外露	槽身用丙乳砂浆防渗,对分缝进行防渗处理,用C25钢筋混凝土修补槽身、槽墩

3）水闸

中坪灌区主要渠系建筑物中,拟重建进水闸1座;改造分水闸1座、重建分水闸1座、新建分水闸9座;重建排水闸4座、新建排水闸4座;重建节制闸2座、新建节制闸2座。

(1) 进水闸。

①进水闸现状情况及设计方案。

进水闸布置在干渠的进口,主要作用是在汛期防止过大洪水流入渠道及在进行渠道维护时切断来水。总干渠进水闸现为钢筋混凝土闸门,由于运行时间长,部分漏水、结构损坏严重,本次在原址进行重建。进水闸下游渠道有衬砌,防止水流对渠道冲刷,可不设消力池。

水闸采用整体式C25钢筋混凝土底板,底板厚0.5 m;边墩厚0.5 m,采用C25钢筋混凝土浇筑。闸门采用一体式钢闸门,每孔闸门配设一台简易手动螺杆式启闭机。

②闸底板高程的确定。

进水闸底板高程主要结合现状渠底高程及附近地形、地质条件进行确定,本次设计同渠底高程。

③闸孔净宽的确定。

闸孔净宽按照《水闸设计规范》(SL 265—2016)采用宽顶堰流量计算公式进行计算。

④进水闸尺寸。

进水闸根据现场情况初步确定尺寸,原则上以不小于现状尺寸为标准,再根据所确定的尺寸对过流能力进行复核后综合确定。根据现场情况,进水闸尺寸定为 2.8 m×1.5 m,当采用与渠道同宽的进水闸时,水闸过流能力为 3.71 m³/s,大于设计过闸流量 2.36 m³/s,水闸过流能力满足要求。

选取最不利工况(上游加大水位,下游无水)进行闸室稳定性计算,水闸抗滑稳定安全系数为 11.45,满足要求;基底最大、最小压应力比为 1.20,满足要求。

(2)分水闸。

①分水闸现状情况及设计方案。

分水闸根据渠道调配流量的要求设置,主要布置在各分灌区干渠与支渠的分水口处。按照渠系的布置,中坪灌区现共有 4 座分水闸,位于总干渠桩号 K10+715、K12+019、K12+389、K15+627 处。

K10+715 分水闸闸门及排架损坏严重,但闸墩、渐变段仍运行良好。闸门现有闸槽尺寸为 1 m×1.5 m,本次采用一体式钢闸门进行加固。拟在现有闸墩上凿出 100 mm×200 mm 的矩形槽,槽内埋设预埋件。安装一体式钢闸门后浇筑 C30 混凝土。同时紧靠闸门增设尺寸为 1.5 m×1 m×0.15 m 的 C25 钢筋混凝土盖板作为分水闸操作平台。

K12+019、K15+627 现状运行良好,予以保留。

K12+389 分水闸闸门及排架损坏严重,本次设计将现有水闸拆除,采用一体式钢闸门方案进行重建。

对现状无闸门控制的分水口新建分水闸,本次新建 9 座分水闸。水闸采用整体式 C25 钢筋混凝土底板,底板厚 0.5 m;边墩厚 0.5 m,采用 C25 钢筋混凝土浇筑。

分水闸下游大部分支渠未衬砌,水流易对周边产生冲刷,需设消能防冲设施。闸下游段设置 C25 钢筋混凝土消力池,池长 5 m,池深 0.5 m,消力池底板布置 DN50 PVC 排水管,以梅花形布置,纵、横间距为 1.5 m。闸门采用机闸一体式钢闸门,每孔闸门自带手动螺杆式启闭机。闸门在满足泄量要求的前提下,应尽量统一尺寸,以方便运行管理。

②闸底板高程的确定。

各分水闸底板高程主要结合现状渠底高程及附近地形、地质条件进行确定。

③闸孔净宽的确定。

闸孔净宽按照《水闸设计规范》(SL 265—2016)采用宽顶堰流量计算公式进行计算。

④分水闸尺寸。

分水闸根据现场情况初步确定尺寸,原则上以不小于现状尺寸为标准,再根据所确定的尺寸对过流能力进行复核后综合确定。根据现场情况,分水闸设计尺寸见表9.14。

表9.14 分水闸设计尺寸

涵闸编号	分水流量/(m³/s)	桩号	设计尺寸(宽×净高)/m	现状	改造方案
15#	0.08	K10+715	1×1.5	闸墩正常、无闸门	改造
16#	0.04	K11+532	0.6×0.6	无	新建
18#	0.30	K12+019	1×1.5	正常	保留
19#	0.05	K12+389	2×1.5	混凝土闸门	重建
22#	0.04	K13+460	0.6×0.6	无	新建
27#	0.04	K15+627	2×1.5	正常	保留
32#	0.03	K18+756	0.6×0.6	无	新建
33#	0.07	K18+834	0.6×0.6	无	新建
34#	0.28	K19+185	2×1.5	无	新建
35#	0.04	K20+605	0.6×0.6	无	新建
36#	0.04	K20+934	0.6×0.6	无	新建
38#	0.10	K22+899	0.8×1	无	新建
39#	0.11	K23+073	0.8×1	无	新建

对分水闸过流能力进行复核,计算结果如表9.15所示。

表9.15 分水闸过流能力计算结果

尺寸(宽×净高)/m	上游设计水深/m	水闸过流能力/(m³/s)	分水闸设计过流流量/(m³/s)
2.0×1.5	0.8	3.08	0.28
1.0×1.5	0.8	1.48	0.08

续表

尺寸(宽×净高)/m	上游设计水深/m	水闸过流能力/(m³/s)	分水闸设计过流量/(m³/s)
0.8×1.0	0.5	0.46	0.11
0.6×0.6	0.4	0.31	0.07

根据计算,初定的分水闸尺寸满足过流能力要求。

选取最不利工况进行闸室稳定性计算,计算结果如表 9.16 所示。

表 9.16 分水闸稳定性计算结果

尺寸(宽×净高)/m	荷载组合	计算情况	抗滑稳定安全系数 K_c		最大、最小应力比	
			计算值	最小允许值	计算值	最大允许值
2.0×1.5	特殊组合	上游加大水位,下游无水	9.88	1.05	1.23	3.0
1.0×1.5			7.93	1.05	1.29	3.0
0.8×1.0			27.95	1.05	1.06	3.0
0.6×0.6			16.44	1.05	1.11	3.0

根据计算,水闸抗滑稳定安全系数(不小于 1.05),基底最大、最小应力比(不大于 3.0)均满足要求。

(3) 排水闸。

①排水闸现状情况及设计方案。

排水闸布置在傍山渠道洪水入渠段的下游或邻近河道及排洪渠地段,用于宣泄多余水量及冲泄上游渠段淤积的泥沙,以保障下游渠段或重要建筑物的安全。现有结构完好、能正常使用的水闸予以保留。对于排架、闸门损坏严重且影响正常使用的排水闸,本次设计拆除重建。对现状无闸门、需要泄水的位置,新增排水闸。中坪灌区保留现有排水闸 7 处,重建 4 处,新建 4 处。

排水闸采用开敞式,进口底板与渠道底板齐平,闸室长为 1.7 m,闸室净宽为 0.6~2.0 m,设计排洪面积为 0.01~0.22 km²,设计排洪流量为 0.08~1.86 m³/s。水闸采用整体式 C25 钢筋混凝土底板,底板厚 0.5 m;边墩厚 0.5 m,采用 C25 钢筋混凝土浇筑。下游段设置 C25 钢筋混凝土消力池,池长 5 m,池深

0.5 m，消力池底板布置 DN50 PVC 排水管，以梅花形布置，纵横间距为 1.5 m。闸门采用机闸一体式钢闸门，每孔闸门自带手动螺杆式启闭机。闸门在满足泄量要求的前提下，应尽量统一尺寸，以方便运行管理。

②闸底板高程的确定。

各排水闸底板高程主要结合现状闸底板高程及地形、地质条件进行确定。

③闸孔净宽的确定。

闸孔净宽按照《水闸设计规范》(SL 265—2016)采用宽顶堰流量计算公式进行计算。

④排水闸尺寸。

排水闸根据现场情况初步确定尺寸，原则上以不小于现状尺寸为标准，再根据所确定的尺寸过流能力进行复核后综合确定。

(4) 节制闸。

①节制闸现状情况及设计方案。

节制闸用于控制渠道水位，调节流量；根据渠道调配流量的要求设置，主要布置在渠道断面急剧变化处、排水闸或分水闸被泄（分）水渠道下游处等需要壅高水位、调节或截断渠道水流的位置。按照渠系的布置，中坪灌区新建节制闸 2 处、重建节制闸 2 处。

水闸采用整体式 C25 钢筋混凝土底板，底板厚 0.5 m；边墩厚 0.5 m，采用 C25 钢筋混凝土浇筑。闸门采用一体式钢闸门，每孔闸门配设一台简易手动螺杆式启闭机。

②闸底板高程的确定。

各节制闸底板高程主要结合现状闸底板高程及地形、地质条件进行确定。

③闸孔净宽的确定。

闸孔净宽按照《水闸设计规范》(SL 265—2016)采用宽顶堰流量计算公式进行计算。

④节制闸尺寸。

节制闸根据现场情况初步确定尺寸，原则上以不小于现状尺寸为标准，再根据所确定的尺寸对过流能力进行复核后综合确定。水闸宽度尽量与渠道接近以减小闸体对水流的影响。节制闸高度同设计渠高。

4) 陡坡

中坪灌区 K13+502～K13+504 现有陡坡段 1 处，坡度为 1∶1，现底板及边墙为浆砌石结构，抗冲刷能力较差，陡坡底部已经被冲刷破坏，本次拟进行拆除,重建为钢筋混凝土陡坡,且在陡坡下游段设置 C25 钢筋混凝土消力池,池长为 5 m,池深为 0.5 m,消力池底板布置 DN50 PVC 排水管,以梅花形布置,纵横间距为 1.5 m。

K14+804~K14+814 与 K18+226~K18+229 渠段局部地形变化较大,局部基岩露出,按照渠道方案实施将大大增加工程投资,本次拟将此 2 段建设成为陡坡,根据现有地形,坡度分别设置为 1∶8 和 1∶1.4,且在陡坡下游段设置 C25 钢筋混凝土消力池,池长为 5 m,池深为 0.5 m,消力池底板布置 DN50 PVC 排水管,以梅花形布置,纵横间距为 1.5 m。

经计算,消力池池深取 0.5 m、池长取 5 m 是合适的。

5) 涵

(1) 涵洞。

中坪灌区现有涵洞 2 座,结构为钢筋混凝土结构,现状结构完好,涵洞淤积严重。本次对 2 座现有涵洞进行清淤。K9+138~K9+287、K15+004~K15+154、K20+045~K20+285、K16+576~K16+711 新建 4 处涵洞。

对渠道边坡较陡、边坡出现不同程度垮塌渠段,或穿越房屋密集区、施工空间狭窄渠段,本次设计采用涵洞方案。本次设计新建 4 处涵洞,对浆砌石明渠衬砌方案、钢筋混凝土箱涵方案、钢筋混凝土盖板涵方案三种方案进行比选,并从中选择合理的方案,方案比选简述如下。

①浆砌石明渠衬砌方案。

优点:施工工艺成熟,耐久性好。

缺点:结构稳定性较差,渠墙占地面积较大。渠段两侧浆砌石边坡高、陡,易发生不同程度的垮塌,且两边山体容易塌落至渠道,影响正常运行。

②钢筋混凝土箱涵方案。

优点:箱涵是四边封闭的钢筋混凝土结构,对地基不均匀沉陷适应性好,并可调节宽高比以满足过流要求;断面占地面积较小。渠道窄、边坡陡峭、开挖困难的渠段,采用此方案能降低开挖量。该方案适用于地基较差的无压或低压涵洞,或窄、陡、开挖困难渠段。

缺点:造价比钢筋混凝土盖板涵方案高,施工难度大。

③钢筋混凝土盖板涵方案。

优点:施工技术简单,施工工艺成熟,机械化施工进度快,能够较好地控制施工质量与进度。盖板涵顶部还可覆土,可较好地解决两边山体垮塌入渠道的问题,整体受力性能比浆砌石明渠衬砌方案好。

缺点:费用比浆砌石明渠衬砌方案稍高,对地基要求较钢筋混凝土箱涵方案高,盖板下渠墙占地面积较钢筋混凝土箱涵方案大。

K9+138~K9+287、K15+004~K15+154、K20+045~K20+285渠段窄且陡,经常有土体垮塌入渠产生淤堵。这3个渠段采用浆砌石明渠衬砌方案或钢筋混凝土盖板涵方案占地面积较大,开挖将产生较高边坡,故本次采用钢筋混凝土箱涵方案。

K16+576~K16+711渠段穿越居民区,采用浆砌石明渠衬砌方案或钢筋混凝土盖板涵方案将增大占地面积,增加实施难度,故本次采用钢筋混凝土箱涵方案。

从施工工期、管理难度、经济性及技术可行性方面综合分析,应尽量减少占地面积,因此推荐采用钢筋混凝土箱涵方案。

涵洞水力计算同明渠。涵洞尺寸与上、下游渠道尺寸相同。

涵洞顶部设计覆土厚度为0.3 m,考虑到局部垮塌,土方堆积厚度取1.0 m对箱涵结构进行复核。经计算,箱涵结构满足要求。

(2)穿路涵。

灌区现有穿路涵保留24处,重建3处,新建1处。本次设计穿路涵3处采用钢筋混凝土箱涵方案,箱涵为C25钢筋混凝土结构,四周厚度均为0.3 m;1处尺寸较小渠段采用钢筋混凝土盖板涵方案,盖板为C25钢筋混凝土结构,盖板厚度为0.3 m。涵洞尺寸与上、下游渠道尺寸相同,同时兼顾通行需求。顶部覆土厚度为0.6 m。经计算,钢筋混凝土箱涵、盖板涵结构均满足要求。

(3)分水涵。

①分水涵现状情况及设计方案。

干渠沿线现存在较多小型分水口,分水口灌溉流量较小,无须灌溉时用草根封堵管口。目前此类分水口多存在漏水、管道淤堵现象。本次设计根据灌区实际情况设置直径为200~400 mm的预制C25二级钢筋混凝土分水涵管。管口采用手动拍门控制,涵管两侧设台阶方便拍门启闭。对于灌溉流量小于0.01 m^3/s 的分散灌溉区域,设置直径为200 mm的预制C25二级钢筋混凝土灌溉涵管,方便灌溉沿渠农田。

②底板高程的确定。

各分水涵底板高程主要结合现状渠底高程及附近地形、地质条件进行确定。

③尺寸的确定。

分水涵根据现场情况初步确定尺寸,原则上以不小于现状尺寸为标准,再根据所确定的尺寸对过流能力进行复核后综合确定。

6）桥

（1）人行桥。

灌区现有人行桥大部分都采用木头、条石结构，以条石作支撑，以木头作桥面板，由于运行时间较长或使用功能转变，部分人行桥也通行摩托车、三轮车等，桥面宽度为0.5～0.8 m，存在安全隐患，必须拆除重建。

灌区现有人行桥保留28处，重建15处，新建9处。本次设计人行桥采用预制C25钢筋砂浆U形桥面板，总宽为1.5 m，跨度根据渠道横断面确定，两端支撑长度不小于0.3 m。

人行桥设计荷载取3 kN/m² 进行结构复核。

经计算，人行桥结构满足要求。

（2）排洪桥。

K5+823处有一座排洪桥，排洪桥高度不足，同时由于未设置连接段，洪水未能完全进入排洪桥泄洪，而是直接从排洪桥上游侧缺口冲进渠道，导致大量泥沙进入渠道，造成渠道淤积。本次重建排洪桥，同时修建连接段导墙，将洪水引入排洪桥。

本次采用C25钢筋混凝土U形槽形式重建排洪桥，槽底板厚度为0.2 m，排洪桥设计洪水流量为9.33 m³/s，纵坡坡度设计为1∶200，经计算，设计水深为0.7 m。

在此基础上对排洪桥结构进行复核，经复核，排洪桥结构满足要求。

9.3 灌区信息化专项设计

9.3.1 信息化建设概述

1. 建设的必要性

中坪灌区无论是自身管理，还是行业管理，都涉及大量的资料和信息，既有静态（历史归档）资料，也有动态（实时采集）资料；既有属性信息，也有空间信息。目前，由于灌区管理及行业管理信息化建设还比较落后，大量资料信息的获取、传输、管理仍然以传统的手工作业为主，既无法实现对各类资料的有效管理和维护,也难以做到信息共享。传统的管理方式层次多、效率低、费用高、信息沟通不畅。上述问题使灌区自身管理水平的提高和水资源的有效利用受到掣肘,各级水利行业主管部门也难以及时、准确和全面地掌握灌区及行业发展状况。

2. 建设内容

为了改变中坪灌区现行管理手段落后的状况,进一步提高水资源利用的效率,根据中坪灌区管理现状和持续发展的实际需求,通过系统规划,建设中坪灌区信息化管理系统,提高灌区的管理水平和水资源调配能力。项目在总干渠渠首和渠尾各设置1个水位、流量图像监测站点,在各个分水涵管出水口分别设置1个管道式水位、流速、流量、图像监测站点。所采集到的信息通过4G无线通信网络实时发送到管理中心,从而实现信息的自动采集、传输与监测;采集到的数据经过格式转换存储到数据库,作为灌区信息化管理系统的数据来源。

3. 设计原则

灌区信息化管理系统的设计遵循"技术先进、科学合理、安全可靠、经济实用、易于维护"的原则。具体应做到以下几点。

(1) 实用性:充分满足灌区量水监测、灌溉用水调节及信息管理等各个具体工作环节的实际需要。

(2) 实时性:信息采集更新的能力满足水利综合任务信息的要求,数据自动采集更新、传送间隔时间合理,并能随时进行遥测。

(3) 可靠性:选择高可靠性的软、硬件设备,使设备故障率、误报率均降至自动化相应规程规定的限度之内。合理配置备份硬件,充分考虑网络安全。

(4) 先进性:尽量采用当前先进的硬件、信道、网络结构和软件。

(5) 共享性:各类信息源和信息传输都遵循现行标准规范和系统建设中制定的标准或规定,尽量使资源共享。

(6) 标准性:设备结构要标准化、模块化。

(7) 开放性:按开放式系统的要求选择设备和设计网络。

设计中既要保证监测的位置具有代表性,又要使监测在空间分布上具有连续性。应根据工程等级、规模、结构形式、地形地质条件及地理环境,确定具体的监测项目及相应的监测设施。

9.3.2 总体设计方案

1. 设计思路

中坪灌区信息化管理系统总体设计思路是从工程实际需要出发,从经济、实用、先进的角度出发,确定必要的监测项目,建成以信息采集为基础、信息网络平台为支撑、工程的安全运行为主体的信息化系统,实现数据共享、无缝衔接,为信息管理与决策支持创造条件。实现总干渠、各个输水涵管等水位、流量、图像信息采集处理自动化,实现信息传输全面快速、预警预报及时可靠、调度指挥科学智慧,从而全面提升效率,提高灌区管理现代化水平。

中坪灌区信息化管理系统应完成相应的网络部署、硬件系统的集成和管理软件系统的开发部署,以及硬件设备的安装和调试,并配备相应的附属设施。

2. 总体结构

基础设施由监控中心、网络传输层、信息采集层三部分构成。

(1) 监控中心利用数据服务器负责对实时采集的水位、流量、图片等信息进行处理及存档。

(2) 网络传输层是整个系统通信的核心部分,根据中坪灌区的特点,采用4G无线网络作为信息采集系统传输方式。

(3) 信息采集层主要用来采集水位、流量、图片等信息。

3. 管理系统

管理系统由应用子系统(综合展示子系统、实时信息子系统、统计分析子系统、基础信息子系统、系统管理子系统)及综合数据库(灌区基础信息数据库、灌区采集信息数据库、工程运行管理数据库)组成,具体框架见图9.1。

4. 保障措施

保障措施包括技术规范、运行管理标准等内容,从各方面规范和保障工程建设的顺利进行及工程完成后正常运行,发挥工程的效益。

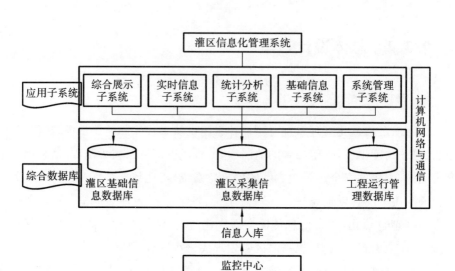

图 9.1 管理系统框架

9.3.3 信息采集系统设计方案

1. 监测站点布置

中坪灌区信息化管理系统共布置 53 个监测站点,其中包括总干渠首尾 2 个量水图像遥测站、分水闸 40 个量水图像遥测站、支渠 11 个量水图像遥测站。

2. 监测站点结构

量水图像遥测站主要由电磁明渠流量计、智能数传模块、免维护蓄电池、太阳能电池板及支架、充放电控制器、摄像头、贴片式水尺、立杆及户外防水机(柜)等设备组成。

各个监测点与监控中心采用无线通信方式进行信息的传递;监控中心服务器安装数据接收软件,将从各个站点接收到的水位、流量、图像等现场监测数据实时展示在系统监控界面,以便工作人员实时查看灌区渠道流量等信息。

3. 站点测量原理

明渠流量测量系统由明渠流量计、流量显示仪构成。明渠流量计安装于渠道中,将测得的水流速度转换成 4~20 mA 标准电流信号通过电缆传送给流量显示仪,同时可以测出明渠流量计所在渠道横断面上的水位高度,同样以 4~

20 mA 标准电流信号传送给流量显示仪。

流量显示仪将流速信号、水位信号及各种渠道参数通过在流量显示仪内设置的水利模型进行数学运算,从而得到过水断面流量:过水断面流量=渠宽×(水位高度-泥位高度)×(平均流速×水利模型系数)。

4. 站点通信方式

为了及时准确地获取有关流量、水位等信息,需要布局合理、准确可靠的传输手段。目前,信息采集系统采用的数据通信方式可简单地分为有线和无线两大类,其中有线通信主要包括光缆、电缆或电话线通信等,而无线通信则包括GPRS 通信、3G 或 4G 无线通信、卫星通信等。

根据本项目的现场情况和技术要求,经过比较分析,选择中国移动的 4G 无线通信作为站点传输数据的信道。

5. 站点供电方式

(1) 电源供电方式的选择。

本项目信息采集系统所设站点地处渠道取水口及主要分水口,属于交通相对不便、供电相对困难的地点,根据本项目的现场情况,采用蓄电池组供电、太阳能电池浮充的供电方式。

(2) 蓄电池容量的选择。

为了保证本系统供电的可靠性,本方案设计采用 12 V/65 A·h 的免维护铅酸蓄电池作为本方案遥测站的直流电源。

(3) 太阳能电池板容量的选择。

太阳能电池板容量的计算与负载的日耗电量、蓄电池的工作电压和放电深度,以及电池板安装地区的地理位置、太阳辐射强度、气候等因素有关。本方案遥测站采用 60 W 的太阳能电池板。

9.3.4 灌区信息化管理系统设计

1. 灌区信息化管理系统结构

中坪灌区信息化管理系统采用 B/S 架构设计模式,主要由综合展示子系统、实时信息子系统、统计分析子系统、基础信息子系统、系统管理子系统组成。中坪灌区信息化管理系统结构组成如图 9.2 所示。

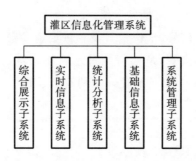

图 9.2　中坪灌区信息化管理系统结构组成

(1) 综合展示子系统。

综合展示子系统主要包括电子地图等。

电子地图采用 GIS(geographic information system,地理信息系统)地图作为底图,包括基础地理图层、遥感影像图和地形图,并在地图上叠加监测站点,以实现查看水位、流量、图像及其他信息。

电子地图载入时,中坪灌区干渠渠首在地图中心,系统将灌区监测站点都标注在电子地图上。电子地图具有放大、缩小、移动的基本功能。调整电子地图的缩放比例可以显示或隐藏灌区中的支渠。点击电子地图中的监测站点名称可以实现定位功能。

(2) 实时信息子系统。

实时信息包括当前时间、站点所在区段、流量、流速、水位、图片等。实时信息子系统具体功能如下。

功能模块以列表的形式显示所有监测站点,列表中的每一项对应监测站点的实时信息。

软件系统为列表中的每个监测站点提供对应的详情页面,详情页面显示站点水位、流量的过程曲线、历史图像及渠道信息。

(3) 统计分析子系统。

统计分析子系统主要包括水位统计、水量统计、渠道特性、排灌建筑物等子模块,各个子模块具体功能如下。

①水位统计子模块。

水位统计子模块是对灌区各个监测站点一段时间内的水位、流量、流速等信息进行统计,并以表格的形式呈现给用户。

②水量统计子模块。

水量统计子模块是对灌区各个监测站点一段时间内的用水量进行统计,并以表格的形式呈现给用户。

系统提供了5种统计用水量的方式,分别为按小时统计、按日统计、按月统计、按季度统计、按年统计。

③渠道特性子模块。

渠道特性子模块是对灌区内渠道的特性,如长度、收益面积、设计流量、实际流量等信息进行汇总,并提供数据导出功能。

④排灌建筑物子模块。

排灌建筑物子模块是对灌区内的排灌建筑物信息进行统计,如水闸、水电站、渡槽、跌水、倒虹吸管等,并提供数据导出功能。

(4) 基础信息子系统。

基础信息子系统主要是对灌区的基本信息进行管理,分为灌区基本信息、灌区工程信息两个子模块。

①灌区基本信息子模块。

灌区基本信息子模块包括灌区概况、行政区划、社会经济、办事指南、政策法规等。

②灌区工程信息子模块。

灌区工程信息子模块包括渠道信息、水闸信息、渡槽信息、倒虹吸管信息、涵洞信息等。

(5) 系统管理子系统。

系统管理子系统主要是对系统用户的基本信息进行管理,包括用户管理、个人信息、权限管理、设备管理等子模块。

①用户管理子模块。

用户可以选择不同的权限登录系统,根据权限设置对数据库中的数据进行维护。例如,管理员可以对数据库进行备份、恢复,对属性数据进行浏览、查询、修改、保存等。

②个人信息子模块。

该子模块显示当前登录用户的基本信息,用户可以对基本信息进行编辑、修改。

③权限管理子模块。

系统将灌区的管理人员划分为"管理员"、"专业用户"和"普通用户"三个类别,并对这三个类别赋予不同的权限,每一种权限都有相应的使用功能。其中,"管理员"能对中坪灌区信息化管理系统的数据进行修改,"专业用户"可以对部分数据进行修改,而"普通用户"则不可以修改数据。

④设备管理子模块。

该子模块显示所有设备的名称、量程、编号、身份标识号、安装人员及安装时间,用户可以对设备管理信息进行编辑、修改。

2. 移动端灌区查询系统

借助 App(application 的简称,多指智能手机的第三方应用程序)用户广泛的特点,在灌区信息化管理系统的基础上进行二次开发,向用户提供中坪灌区各个监测站点信息。

3. 数据库设计

(1) 设计原则。

灌区信息化管理系统建设是一个系统工程。根据软件工程的原理,一个软件系统一般分为数据层、应用层和中间层。数据层是软件系统的基础,是灌区信息化管理系统规划的重点。灌区数据库建设在灌区信息化管理系统建设过程中处于核心地位。根据灌区信息化管理系统的特点,灌区数据层规划采用了数据平台的建设模式,其数据库从框架上规划为灌区基础数据库和地理信息数据库。

灌区数据库建设包括两个方面:数据库结构的建设和数据库内容的建设。其中,数据库结构指通过对灌区的剖析,对灌区的信息进行合理的分类,按照数据库设计的有关理论和方法设计出结构上合理、技术上易于实现、满足应用要求、安全稳定的逻辑数据库和物理数据库。

灌区数据库平台存储和管理的是与灌区工程管理、用水管理和行业管理紧密相关,具有基础性、专业性、时效性和共享性等的相关数据信息。灌区数据库平台可为灌区其他专业信息系统的开发应用提供有益的数据支持。与此同时,灌区数据库平台还应具有较为规范统一的信息格式和数据标准,可在行业内部进行信息的交换、统计分析和评价等。

(2) 基础信息数据库设计。

基础信息数据库主要建设内容包括水情数据库、工情数据库、管理数据库等相关数据库。

①水情数据库。

水情数据库包括水位流量监测站点基本信息,监测站点实时水位、统计水位、雨量、流量、统计流量等基本数据。数据以数字、字符格式存储。数据共享方式为部分外部公开,其余内部共享。

②工情数据库。

工情数据库所管理的资料主要包括水源、渠道工程及附着在其上的水利工程建筑物的资料,包括在建工程和已完工的工程。数据分为工程的基本特征信息、技术指标信息、运行状况信息等。这类数据需要人工输入。

③管理数据库。

管理数据库包括灌区的行政管理信息、经济情况等。

（3）功能设计。

功能设计包括分类管理和存储数据。信息采集系统通过网络直接将数据存入中心的服务器。数据库服务器实时备份数据,并至少存储一年。此外,还应提供保证数据安全的管理手段,并整合现有水情测报站的相关数据。

（4）数据完整性和安全性设计。

①存储过程完整性设计。

为了提高数据库系统的运行效率、增强系统的可维护性、保证数据的完整性与可靠性,采用存储过程策略是十分有效的。具体策略如下。

a. 重复调用的、需要一定运行效率的逻辑与运算处理,采用存储过程实现。虽然客户端应用程序也能进行这样的逻辑与运算处理,但存储过程的运行效率高。因为它是编译与优化好的过程程序,而客户端应用程序的每个 SQL (structured query language,结构化查询语言)语句都要临时送入数据库服务器进行编译和优化执行。如果客户端应用程序包含多条 SQL 语句,客户端应用程序则要通过网络与数据库服务器多次通信才能完成任务,运行效率更低。

b. 易于变化的业务规则应放入存储过程中。把易于变化的业务规则写成存储过程,让客户端应用程序调用此过程来得到数据。当计算该业务规则发生变化时,只需修改存储过程,而应用程序不用做任何改动,增强了应用程序的可维护性。

c. 需要集中管理和控制的逻辑与运算处理应放入存储过程中。存储过程只需在数据库服务器中保存一份复制件,所有的应用子系统均可调用执行该存储过程,而不需要每个应用子系统编写相同的处理程序,这样也便于应用程序的维护与版本的管理。

d. 存储过程可作为保证系统数据安全性和数据完整性的一种实现机制。

e. 需要对基本表的数据进行较复杂的中间过程逻辑处理,才能返回所需的结果数据集,并应采用存储过程完成。在应用程序开发中,经常会遇到这样的情况:应用程序报表数据很难直接从基本数据表处理得到,而需要对基本数据表进行较复杂的逻辑操作或者需要建立若干过渡临时表,才能得到最终的结果数据。如果这些操作均在客户端应用程序完成,则效率是低下的;相反,若采用存储过程实现,诸多问题都可迎刃而解。

②数据安全性设计。

a. 使用关系型数据库的访问控制模型。

此类型模型包括:自主访控(discretionary access control,简称 DAC)模型;强制访控(mandatory access control,简称 MAC)模型;基于角色的访控(role-based access control,简称 RBAC)模型。

由于目前主流的商用 DBMS(database management system,数据库管理系统)都采用了较强的安全管理机制(部分已基本达到 B1 级安全),将 DBMS 安全管理和灌区基础数据库系统有机地结合,将会提高数据库的安全性能。

b. 对数据库加密。

对于灌区中的保密数据,必须给以充分的安全保证,客户端即使装有对应的数据库操作系统也不能进入其中。具体加密过程根据不同的数据库操作系统而不同。

在前台程序中,永远只以一个只读口令访问一台服务器,以加密形式读取要连接应用的服务器主机、数据库类型、用户名、口令,再重新连接应用的服务器。

c. 提供不透明密码的接口。

灌区基础管理系统为不同级别的操作员提供不同的密码并保证相互间的不透明性,同时为其分配不同的操作权限,这样就可以防止操作员冒充他人姓名进行非法操作或越权操作,破坏或丢失数据。

d. 数据备份。

数据库数据的差错、丢失或破坏都将造成巨大的损失,特别是当数据库用于会商调度指挥等方面时,对数据库的可靠性要求更高,故定期制作数据库备份和在数据出错时及时恢复数据库是非常必要的。本次灌区数据库系统采用在服务器端通过 SQL 语句设置服务器硬盘分时备份的机制,同时也进行人工手动备份。

③数据存储管理方式。

考虑到当前技术发展、系统的软硬件投资、功能要求和体系架构设计,数据存储方式如下:监测信息数据采用分布的模式存储在不同区域,由于是采用分布式管理模式,要求通过异步复制或人工交互的方式保持数据库的一致性,考虑到目前采集点技术力量和硬件设备环境的薄弱,采用完全复制的模式将数据完全存放在信息管理中心,依托中心强大的技术力量和先进的存储设备完成安全监测数据的维护工作,若下属分中心数据出现丢失,可以从管理中心申请恢复,从而减轻分中心数据库维护工作量。

9.3.5 系统集成方案设计

(1) 系统集成目标。

实现不同数据源的数据实时集成,满足各子系统使用相关数据的要求;整合不同开发商不同功能的独立应用软件,使各部分从数据贯通到系统风格都完全融合;整合系统软硬件设施设备,构建功能完善的灌区信息化管理系统。

(2) 系统集成内容及运行环境。

南雄市中坪灌区信息化管理系统监控中心设立在中坪灌区管理所,通过 4G 无线通信网络将信息采集单元所采集的信息上传到监控中心。

监控中心配置工作站、数据服务器等设备。监控中心完成水位、流量、图像信息的监测,并对数据进行预处理,完成信息汇集及管理。

监控中心系统运行环境要求如下。环境温度:10~35 ℃。相对湿度:45%~65%。尘埃:小于 0.5 μm。震动:地震 8 度。磁干扰限制(1 m 处):10 V/m。磁相容性极限:1000 A/m。浪涌冲击抑制能力(2/50 μs):4000 V。

(3) 系统集成原则。

系统集成遵循如下原则。

①操作的方便性和灵活性。

系统将实现在友好人机界面下的模型集成;将支持鼠标操作和键盘操作,大部分操作功能利用鼠标点击操作即可完成;必要的数据输入用鼠标和键盘相结合的方法即可实现,并提供常用功能的快速反应键。同时要求系统整体结构清晰,系统界面简明直观。

②信息表达形象直观。

信息表达形象直观向来是信息系统建设所追求的目标。系统将采用图形用户界面技术进行人机交互界面的开发。系统将采用分层、分级的灌区地图作为基本工作界面;采用多窗口、多页面技术,实现多种信息的复合表达;可面向图形操作,即实现地理空间信息查询与指令操作;以图形方式表达各种数据统计情况。

③系统的可扩充性。

在开发工具、软硬件环境选择、程序设计方法等方面,切实做到系统的可扩充性。能增加新的信息,完善、改进和增加各项操作功能。

④系统的高效率运行。

在系统的软硬件环境选择及开发设计过程中,将选择运行及开发效率高的开发工具,采用面向对象和组件式的程序设计方法,使信息查询、检索、图形缩放、分层显示等功能操作尽可能在接近实时的方式下完成。

⑤技术的先进性。

针对系统的具体需要,选择先进而适用的软硬件技术,采用符合主流技术发展方向的技术方案,来设计和开发系统的各模块。

⑥安全性。

采用授权制度控制用户权限,保证数据安全;按需求将用户分成系统管理员、业务用户、数据查询用户等,并采用密码服务防止非法用户登录。

(4) 系统集成任务。

制定各类基础数据与信息汇集平台之间实现数据贯通、共享的数据接口标准、结构;制定不同开发平台基本都可以实现的人机交互界面标准;按照已有标准或共同制定的规则编制或引用各种要素的编码;根据数据接口标准和结构升级已有系统。

(5) 集成技术路线。

SOA(service-oriented architecture,面向服务的架构)是一种构造分布式系统的先进技术方法,它将业务功能以服务的形式提供给最终用户或其他系统使用,服务基于开放的标准,与具体实现技术无关,服务间保持松散耦合。为保持系统的灵活性和扩展性,SOA 的所有的服务作为插件挂接在总线上,由总线实现服务间智能化集成与管理。

针对灌区信息化管理系统建设的需求,并考虑未来发展的要求,各部分系统集成可采用 SOA 设计思想、服务总线+组件的技术方法,基于流程驱动的总线集成模式,通过适配器组件集成技术,使得各子系统之间能够以互操作的方式交换业务信息,解决信息服务多元化,以及系统之间的信息共享、一致性等问题。

灌区信息化管理系统主要运用 Web Service 技术、XML(一种文件格式)数据交换技术,业务系统主要基于 B/S 模式设计开发。

参 考 文 献

[1] 陈守伟.大型灌区续建配套与节水改造工程的建设与管理[J].工程建设与设计,2019(22):114-115.

[2] 代颖,陈伟华.大数据背景下的灌区信息化建设[J].灌溉排水学报,2021,40(7):159.

[3] 戴菊英,尹飞翔.灌区工程设计与实例(下册)[M].郑州:黄河水利出版社,2021.

[4] 高子乐,孙晋锴,张子敬,等.土壤墒情实时监测系统在柳园口灌区的应用[J].河南水利与南水北调,2019,48(4):18-19.

[5] 郭旭新.农业灌溉排水工程技术[M].北京:中国水利水电出版社,2017.

[6] 郭元裕.农田水利学[M].3版.北京:中国水利水电出版社,2017.

[7] 国家统计局.中华人民共和国2022年国民经济和社会发展统计公报[EB/OL].(2023-02-28)[2023-08-28].http://www.stats.gov.cn/sj/zxfb/20230228_1919011.html.

[8] 江苏省水利勘测设计研究院有限公司.水工挡土墙设计规范:SL 379—2007[S].北京:中国水利水电出版社,2007.

[9] 交通运输部公路局,中交第一公路勘察设计研究院有限公司.公路工程技术标准:JTG B01—2014[S].北京:人民交通出版社,2015.

[10] 赖昌平.小型农田水利工程规划设计问题及注意事项探究[J].工程建设与设计,2022(19):119-121.

[11] 李翠娜,王柏林,张广周,等.自动土壤墒情监测管理系统设计与应用[J].气象科技,2016,44(3):381-386.

[12] 李欢欢.土壤墒情监测技术与PLC自动灌溉系统研究与应用[D].郑州:华北水利水电大学,2018.

[13] 李小东.U型渡槽设计优化[J].工程建设与设计,2016(17):113-115.

[14] 李玉庆,王康.农田水力学[M].北京:中国水利水电出版社,2018.

[15] 李宗尧.灌区管理与调度[M].南京:河海大学出版社,2006.

[16] 李宗尧.农田灌溉与排水[M].北京:中国水利水电出版社,2002.

[17] 刘瑞霞,曹宇隆,李文军,等.浅议灌区用水信息化管理[J].内蒙古水利,2012(5):103-104.

[18] 柳长顺,杜丽娟.中国农田水利发展对策与用水管理研究[M].北京:中国水利水电出版社,2020.

[19] 马银汉.水闸地基处理设计研究[J].工程建设与设计,2023(13):109-111.

[20] 倪福全.农业水利工程概论[M].北京:中国水利水电出版社,2016.

[21] 水利部水利水电规划设计总院,长江水利委员会长江勘测规划设计研究院.水利水电工程地质勘察规范(2022年版):GB 50487—2008[S].北京:中国水利水电出版社,2022.

[22] 水利部水利水电规划设计总院,黄河勘测规划设计有限公司.防洪标准:GB 50201—2014[S].北京:中国标准出版社,2015.

[23] 水利部水利水电规划设计总院,陕西省水利电力勘测设计研究院,黑龙江省水利水电勘测设计研究院,等.灌溉与排水工程设计标准:GB 50288—2018[S].北京:中国计划出版社,2018.

[24] 水利部水利水电规划设计总院,长江勘测规划设计研究有限责任公司.水利水电工程等级划分及洪水标准:SL 252—2017[S].北京:中国水利水电出版社,2017.

[25] 孙泉.水利工程管理中存在的安全问题及改进策略[J].工程建设与设计,2022(23):263-265.

[26] 孙西欢,周义仁,马娟娟,等.灌区量水技术及其自动化.北京:中国水利水电出版社,2014.

[27] 王春堂.农田水利学[M].北京:中国水利水电出版社,2014.

[28] 王全九.土壤物理与作物生长模型[M].北京:中国水利水电出版社,2016.

[29] 王晓晓.浅谈我国农田水利的现状与对策[J].黑龙江粮食,2022(8):60-62.

[30] 杨江勇.农田水利工程灌溉规划设计的要点研究[J].工程建设与设计,2020(24):107-108.

[31] 姚姗姗.基层水管单位岗位培训教材[M].太原:山西经济出版社,2017.

[32] 翟学军,徐向广,宋秋波,等.海河流域农村水利手册[M].天津:天津科学技术出版社,2015.

[33] 张春娟.小型水工建筑物设计[M].北京:中国水利水电出版社,2017.

[34] 张宏.小型水工建筑物设计与管理[M].北京:中国水利水电出版社,2016.

[35] 张莉,张平生,刘钢,等.灌区水量信息采集系统组成及其终端功能[J].现代农业科技,2011(3):46,49.

[36] 张穗,杨平富,李喆,等.大型灌区信息化建设与实践[M].北京:中国水利水电出版社,2015.

[37] 中国地震地球物理研究所,中国地震灾害防御中心,中国地震局工程力学研究所,等.中国地震动参数区划图:GB 18306—2015[S].北京:中国标准出版社,2016.

[38] 中国电建集团昆明勘测设计研究院有限公司.水利水电工程合理使用年限及耐久性设计规范:SL 654—2014[S].北京:中国水利水电出版社,2014.

[39] 中国灌溉排水发展中心.灌区改造技术标准:GB 50599—2020[S].北京:中国计划出版社,2020.

[40] 中国水事.实录|中共中央宣传部举行党的十八大以来水利发展成就新闻发布会[EB/OL].(2022-09-13)[2023-08-28].https://baijiahao.baidu.com/s?id=1743861123916066918&wfr=spider&for=pc.

[41] 中华人民共和国住房和城乡建设部.灌溉与排水工程设计标准:GB 50288—2018[S].北京:中国计划出版社,2018.

[42] 周维博.水资源综合利用[M].北京:中国水利水电出版社,2013.

[43] 周玺.小型农田水利工程中灌溉渠道的设计研究[J].工程建设与设计,2022(20):101-103.

[44] 左毅军,蒋兆英,常宗记.农田水利基础理论与应用[M].北京:科学技术文献出版社,2021.

后 记

党的十八大以来,习近平总书记站在中华民族永续发展的战略高度,提出"节水优先、空间均衡、系统治理、两手发力"的治水思路,确立国家"江河战略",擘画国家水网等重大水利工程,为新时代水利事业提供了强大的思想武器和科学行动指南,在中华民族治水史上具有里程碑意义。2022年2月,《国务院关于印发"十四五"推进农业农村现代化规划的通知》提到:"强化农业资源保护。深入推进农业水价综合改革,健全节水激励机制,建立量水而行、以水定产的农业用水制度。发展节水农业和旱作农业,推进南水北调工程沿线农业深度节水。"这些都充分表明了国家对农村地区农田水利工程建设工作的高度重视。国家在农田水利行业建设投资力度的不断增大,使得现有的农田水利工程在灌溉和节水方面的技术水平不断提升。

然而农田水利工程通常具有较强的综合性和技术性特点,在项目的建设与管理过程中会遇到很多难题,如果无法得到合理的管理和解决,就会影响到农田水利工程的正常运行与发展,也会造成较多的质量安全隐患。

这就要求我们对农田水利予以高度重视,不断学习和熟练掌握农田水利先进技术,结合实际情况采取有效措施,通过多样化手段推进农田水利工程的开发与建设,保证其整体质量和应用性能,做好工程的维护与管理。这样才能更好地服务于我国农业生产,有效地促进农村地区经济水平的不断提升。